가슴 뛰는 기업을 찾아서

이채원의 가치투자

이채원의 가치투자
가슴 뛰는 기업을 찾아서

1판 1쇄	2007년 1월 11일
1판 36쇄	2024년 1월 5일

지은이	이채원 이상건
펴낸이	김승욱
책임편집	김승관
펴낸곳	이콘출판(주)
출판등록	2003년 3월 12일 제406-2003-059호

주소	10881 경기도 파주시 회동길 455-3
전자우편	book@econbook.com
전화	031-8071-8677
팩스	031-8071-8672

ISBN 978-89-90831-31-6 13320

이 도서의 국립중앙도서관 출판예정도서목록(CIP)은 서지정보유통지원시스템 홈페이지(http://seoji.nl.go.kr)와 국가자료공동목록시스템(http://www.nl.go.kr/kolisnet)에서 이용하실 수 있습니다.(CIP제어번호: CIP2007000007)

가슴 뛰는 기업을 찾아서

이채원의 가치투자

이채원·이상건 지음

이콘

차례

들어가며 · 8

제1장 ● **나의 투자 이력서** · 19

- **01** 신출내기 영업사원, 고객 돈을 다 날리다 · 22
- **02** 한국이동통신과 성창기업에 미치다 · 26
- **03** 드디어 가치투자를 만나다 · 33
- **04** 뜨겁고도 처절했던 작전주의 시대 · 36
- **05** 눈을 뜬 얼뜨기 가치투자자 · 39
- **06** 기술주 열풍과 가치투자자의 숙명 · 44

제2장 ● **종목 선택의 비밀** · 51

- **01** 잃지 않는 주식 투자 : 벤저민 그레이엄 따라잡기 · 55
- **02** 생활 속의 발견 : 피터 린치 따라잡기 · 70
- **03** 한국의 코카콜라를 찾아서 : 워런 버핏 따라잡기 · 79
- **04** 독점의 진실 : 가장 좋은 비즈니스 모델 · 100
- **05** 더 이상 내려갈 곳이 없다 : 해저 3만리형 주식 · 108
- **06** 튼튼한 안전장치 : 배당 예찬 · 123
- **07** 1만 원으로 산 꿈 : 가치투자자의 소박한 투기 · 140

08 부동산형 주식 : 부동산도 간접투자처럼 · 144
09 지상 최고의 내부자 정보 : 자사주 매입 · 150
10 크기가 중요하다고? : 우량주에 대한 진실 · 157
11 손해 보지 않는 게임 : 아비트리지 · 162
12 더럽고 지저분한 기업들 · 168
13 답안지를 보고 푸는 문제 · 173
14 대주주와 행동을 같이하라 · 179
15 가치투자자와 삼성전자 · 185
16 10년간 보유하고 싶은 주식들 · 192

제3장 ● 가치투자의 사고 체계 · 195

01 욕심 많은 부정적 사고의 의심병 환자들 · 200
02 위험이 싫은 손실 혐오증 환자들 · 204
03 가치투자자는 '복리의 마술'을 믿는다 · 208
04 가치투자자는 사업 분석가 · 213
05 주식 투자는 일종의 임대사업 · 216
06 모든 자산에는 이익률이 존재한다 · 220
07 가치투자자의 부동산 투자법 · 224
08 시장이 효율적이라고? 천만에! · 234

__09__ 택시 안에서의 명상 · 238
__10__ 도대체 '가치'란 무엇인가? · 242
__11__ 가치 분석의 방법들 · 245
__12__ 경제학적 관점에서 본 가치투자 · 248

제4장 ● 가치투자에 대한 오해와 진실 · 253

__01__ 가치투자자는 기술주를 싫어한다? · 255
__02__ 가치투자자는 중소형주만 좋아한다? · 258
__03__ 무조건 오래 들고 있어야 가치투자? · 260
__04__ 이혼이 무서워서 결혼을 못 한다고? · 263
__05__ 가치투자자는 '투기'를 싫어한다? · 267
__06__ 성장주 투자와 가치주 투자는 다르다? · 270
__07__ 가치주는 지수 상승기엔 오르지 않는다? · 273
__08__ 지수 1300포인트냐 아니면 6000(?)포인트냐
  : 종합주가지수에 대한 오해와 진실 · 276
__09__ 주식이냐 부동산이냐 예금이냐 : 수익률에 관한 오해와 진실 · 281

마치며 | 가슴 뛰는 기업을 찾아서 · 286

| 들어가며 |

> 원칙에 시효가 있다면, 그것은 원칙이 아니다
>
> _ 워런 버핏

겁 많고 소심한 투자자

나는 겁이 많다. 겁이 많으니 소심하다. 투자를 할 때도 돈을 벌기 위해 애쓰기보다 잃지 않으려고 노력한다. 돈을 잃는 게 무섭기 때문이다. 위험도 싫다. 공격적인 투자는 아예 하질 않으려 한다. 아무 위험 없이 돈을 벌 수 있다면 아예 그런 방법을 찾고 싶다. 수천억 원의 자금을 운용하는 펀드매니저 생활을 10년 넘게 한 사람이 이런 '비겁한(?)' 태도를 보이니 의아하게 생각하는 독자들도 있을 것이다. 하지만 내가 겁쟁이에 소심하고 돈을 잃지 않기 위해 매사를 의심하는 의심병 환자인 것은 분명 사실이다.

내가 겁쟁이가 된 것은 주식으로 돈을 버는 데 있어 가장 중요한 것은 일단 시장에서 살아남는 일이라는 걸 깨닫게 되면서부터다. 살아남으려면 일단 돈을 잃지 말아야 한다. 돈을 잃으면 재기전을 치를 수 없는 곳이 투자의 세계이기 때문이다. 그 깨달음을 얻은 것은 '가치투자'

를 만나면서부터다. 돈을 벌려는 마음을 버리고 돈을 잃지 않으려고 노력하자 자연스레 수익이 따라왔다. 버는 것에서 잃지 않는 것으로 사고방식을 바꾼 것은 내 투자 인생에서 '패러다임의 전환'을 의미하는 것이었다.

지난 2005년 인기리에 방영된 드라마 중에 「불멸의 이순신」이라는 역사물이 있었다. 이순신 장군의 일대기를 다룬 이 드라마는 이순신 신드롬을 일으키며 많은 국민들로부터 사랑을 받았다. 이순신 장군이 한 말 중에 '필사즉생 필생즉사(必死卽生 必生卽死)'라는 말이 기억에 남는다. '죽기를 각오하고 싸우면 살고, 살고자 하면 죽는다'라는 뜻의 이 말을 나는 이렇게 가슴속에 새겼다.

'벌려고 하면 잃을 것이고, 잃지 않으려고 하면 벌 것이다.'

가치투자의 원조 벤저민 그레이엄은 주식으로 돈을 버는 법에 대해 이렇게 말했다.

규칙 제1조 : 돈을 잃지 말라.
규칙 제2조 : 규칙 제1조를 잊지 말라.

이 말은 절대로, 절대로 잃지 않는 투자를 하라는 얘기다. 돈을 버는 게임이 아니라 잃지 않는 게임을 하라는 충고다.

타고난 천성도 천성이지만 잃지 않으려다 보니 소심해지고 의심이 늘어난다. 기업들을 조사할 때도 좋은 점보다 나쁜 점을 먼저 찾는다. 기업 탐방에서 최고경영자를 만날 때도 '저 사람이 혹시 부풀려 얘기하는 것은 아닐까?'라는 의심부터 하게 된다. 이러한 의심병도 가치투자를 받아들이고 난 후 생긴 불치의 병이다.

어찌 보면 가치투자를 따르는 사람들은 승자의 게임이 아닌 '패자의 게임'을 하는 존재들이라고 할 수 있다. 이 세상의 모든 스포츠 경기는 이 두 가지로 구분할 수 있다고 한다. 승자의 게임이란 복싱이나 축구처럼 상대방을 공격해야 이기는 게임이다. 누가 더 많은 골을 넣고 누가 더 많이 때렸는가에 따라 승부가 갈린다. 반면 패자의 게임은 실수를 하지 않은 자가 이기는 게임이다. 골프와 야구가 그렇다. 골프의 경우에는 모든 선수가 같은 숫자의 홀을 돌면서 공을 친다. 실수를 하지 않고 홀에 공을 가장 짧은 타수로 넣은 사람이 승자가 된다.(나는 골프를 해본 적이 없다. 그런데 이상하게도 많은 이들이 내게 골프를 권한다. 그 이유는 '골프가 나 같은 성격의 가치투자자에게 가장 잘 어울리는 스포츠'이기 때문이란다.)

승자의 게임의 룰을 어느 정도 갖고 있지만 야구도 패자의 게임의 룰을 따를 때가 많은 운동이다. 공격도 공격이지만 누가 수비에서 실수를 덜 하느냐에 따라 승부가 갈리는 경우가 많다. 가치투자의 사고는 패자의 게임과 잇닿아 있다. 가치투자자는 성공하는 한 번의 게임을 추구하는 것이 아니라 실수하지 않는 여러 번의 게임을 선호한다. 종합주가지수가 연간 40~50% 하락했을 때 10% 손해본다고 하더라도 남들이 많이 깨질 때 덜 깨졌다고 좋아하지 않는다. 오히려 종합주가지수가 40~50% 올랐을 때 10% 이익을 보는 편이, 그러니까 조금 덜 벌더라도 손해 보지 않는 편이 더 낫다고 생각하는 사람들이다. 한마디로 가치투자를 믿는 사람들은 '돈을 잃는 게 죽도록 싫은 사람'이라고도 할 수 있다.

가치투자, 누가 좋아서 하나

가치투자를 믿고 그에 따라 투자한 덕에 한때 어려움도 있었지만 투자가로서의 삶을 그럭저럭 유지할 수 있었다. 그러나 사실 나도 가치투자를 하기 싫을 때가 많다. 잃지 않는 데 초점을 맞추다 보니 자꾸 소심해지고 낯을 가리는 일이 많아지기 때문이다. 그리고 가치투자는 늘 지루하기 때문에 자주 모멘텀 투자를 하고 싶은 유혹에 빠지기도 한다.

솔직히 말하면 수익률 측면에서 최상의 투자 방식은 모멘텀 투자다. 모멘텀 투자는 장래에 오를 것이라고 판단되면 매수하고 내릴 것 같으면 매도하는 투자 방법이다. 시장 흐름을 예측해 정확히 변곡점을 짚어낼 수 있다면 짧은 시간에 큰 수익을 낼 수 있다. 솔직히 나도 모멘텀 투자를 하고 싶다는 생각이 들 때가 있다. 사실 단기투자에 탁월한 능력이 있다면 종목 하나 잘 골라도 하루에 쉽게 15%를 벌 수 있는데, 배당 5% 받겠다고 연초에 사서 연말까지 주식을 들고 있는 게 얼마나 바보 같은 일이겠는가?

하지만 나의 생각과는 달리 모멘텀 투자를 하면 결과가 늘 좋지 않았다. 주가가 정당한 가치 이하로 떨어질 때 사서 제값을 받고 파는 가치투자 방식으로 접근하면 크게 실수는 하지 않는데, 모멘텀 투자를 하면 꼭 돈을 잃는다. 그래서 어쩔 수 없이 나는 가치투자를 고수할 수밖에 없다. 좋아서 가치투자를 하는 것이 아니라 어쩔 수 없이 한다고 얘기하는 것이 솔직한 심경이다.

한때 미국 최고의 기술적 분석가였던 조지프 E. 그랜빌마저도 늘 시장을 맞출 수는 없었다. 1970년대 후반, 차트를 바탕으로 '그랜빌의 예언'이 적중하면서 그는 단숨에 인기 스타로 떠올랐다. 그가 여는 투자

세미나는 연일 만원이었고, 그의 말 한마디에 시장이 움직이기도 했다. 1980년 4월 22일, 다우지수가 30.72포인트 폭등했는데, 이유는 그랜빌이 매도에서 매수로 입장을 선회했다는 뉴스가 시장에 전달되었기 때문이다. 그의 예측이 얼마나 시장에 영향력을 행사했는지 잘 보여주는 사례라고 할 수 있다. 하지만 그의 말년은 썩 행복하지 않았다고 한다. 1980년대 초, 주가 폭락을 경고했는데, 시장은 그의 예측과 반대로 움직였다. 당연히 사람들은 그를 떠났고, 신통력은 더 이상 힘을 발휘하지 못했다. 천하의 그랜빌도 주식시장에서 영원할 수는 없었던 것이다. 천하를 호령하던 그랜빌도 틀렸는데, 어찌 나같이 시장 감각 부족한 사람이 기술적 분석으로 시장을 맞출 수 있겠는가.

유명한 경제학자 케인스는 단기 투자 전략을 미인선발대회에 비유했다. 이 대회의 규칙은 이렇다. 100명의 후보 사진을 신문에 공개하고 독자들에게 이 중 가장 미인이라고 생각하는 사람 6명에 투표하라고 한다. 그 결과, 독자들로부터 가장 많은 표를 받은 사람이 최고의 미인으로 뽑히고 그 미인에 투표한 사람은 정해진 상금을 받는다. 이 대회에서 선발될 미인을 맞추기 위해서는, 즉 상금을 받기 위해서는 "자신이 판단하기에 가장 예쁜 사진을 선택하면 안 되고, 평균적으로 가장 예쁘다고 생각하는 사진을 선택해서도 안 된다. 참가자 대부분이 판단하기에 평균적 여론이 될 것이라고 기대하는 모습을 예측해야만 하는 것이다." 케인스는 투자의 세계도 이와 비슷하므로 평균적인 여론을 예상해서 투자하라고 한다. 하지만 그 누가 이러한 예지력을 '지속적으로' 발휘할 수 있겠는가? 나는 도저히 자신이 없다.

가치투자와 관련해 경제신문 기자에게 들은 재미난 얘기가 하나 있다. 그 기자는 식사 중 불쑥 "가치투자를 하는 사람은 냉정한 성격을 지녀 쉽게 접근하기가 어렵다"고 말했다. 당시에는 그냥 웃고 넘어갔지만 돌이켜 생각해보니 참으로 일리가 있는 말이었다. 그 순간 사진 속 워런 버핏의 차가운 눈빛을 떠올리게 된 것은 무슨 까닭일까?

가치투자자는 다른 이들이 절망 속에 던져버리는 주식을 기쁜 마음으로 덥석 채가는 주식시장의 하이에나일지도 모른다. 이 변화무쌍한 주식시장의 소용돌이 속에서 자기 자신만은 절대로 손해를 보지 않겠다니, 생각하면 비정하기 짝이 없는 투자 방식이다. 헐값에 주식을 사두었다가 희망과 광기에 사로잡힌 어리석은 투자자들이 주식을 사들일 때, 거꾸로 주식을 팔아 찬물을 끼얹어버린다. 그러고는 엄청난 수익을 챙겨서 유유히 사라지는 황야의 무법자. 이론대로 행동하고 기계처럼 차갑게 감정을 다스리기만 하면 절대로 깨질 수 없는 투자 방식이다. 흥분, 놀람, 낭만, 두려움, 욕심도 없는 철저한 가치의 집행자일 따름이다.

하지만 투자의 목적이 무엇인가? 돈을 벌기 위함이다. 소중한 재산을 재미 삼아 마치 게임 하듯 투기를 할 순 없는 노릇이다. 재미 삼아 몇 만 원으로 경마에 돈을 거는 것과 소중한 가족의 미래를 위해 재산을 늘리는 것은 엄연히 다른 분야다. 투자는 단순한 게임이 아니라 돈을 벌기 위한 행위이다.

비싼 주식이 미운 이유

한 언론사 기자와의 식사 자리에서 있었던 일이다. 기자가 갑자기 나에게 질문을 했다.

"지금까지 만난 종목 중 가장 좋아했던 종목은 무엇이었나요?"

나는 잠시 머뭇거렸다. 머뭇거린 시간이 길었던지 그 기자는 연거푸 질문을 던졌다.

"그런 주식이 없었나 보죠?"

"아닙니다. 뭐, 굳이 하나를 꼽자면 유한양행이나 롯데칠성 정도가 아닐까 싶은데요."

"보통 이런 질문을 던지면 금세 답이 튀어나옵니다. 제가 보기엔 그런 종목이 없으신 것 같은데요."

사실 그랬다. 나는 아무리 좋은 주식이라도 가격이 비싸면 싫다. 아니, 밉다고 표현하는 게 더 정확할 것 같다. 그래서 머뭇거렸다. 사실 유한양행이나 롯데칠성, 농심과 같은 기업들은 지난 1999년에 미칠 듯이 좋아했던 기업들이다. 하지만 그 이후 주가가 적게는 7배에서 많게는 20배 가량 오른 지금은 과거보다 애정이 많이 줄어든 게 사실이다. 주가가 오르면 오를수록, 주가가 내재가치에 근접하면 근접할수록 미워진다.

가치투자란 한마디로 '헐값에 사서 제값에 파는 투자 방법' 이다. 이 원칙을 일관되게 고수하느냐 그렇지 않느냐에 따라 가치투자의 성패가 결정된다. 그런데 이 세상의 다른 물건과 달리 주식이라는 물건은 참 이상한 속성이 있다. 쌀수록 외면하게 되고 비쌀수록 사려고 하는, 아주 특별한 상품이다. 대다수 사람들은 주식이 헐값에 거래됐던 외환위기, 2001년 9·11 테러, 북한 핵 사태, 카드사 대란 등의 시기에 주식을 팔아치웠다. 이들 시기는 '주식 대 바겐세일 기간' 이었는데, 세일 기간에 쇼핑을 하는 사람들은 극히 드물었다.

외환위기 당시, 대한민국 최고의 기업이라는 삼성전자 주식은 35,000원(2006년 1월 31일 현재 740,000원)에, 지금은 국민은행과 합병한 주택은행은 3,000원(2006년 1월 31일 현재 국민은행 76,600원)에 매수할 수 있었다. 1999년 말과 2000년 초에도 대 바겐세일 기간이 있었다. 모든 사람들이 기술주 열풍에 정신이 팔려 있을 때 초우량 내수 기업인 롯데칠성과 태평양은 각각 60,000원(2006년 1월 31일 현재 1,050,000원), 18,000원(2006년 1월 31일 현재 343,000원)에 거래되고 있었다. 이후에도 아주 싼 값에 주식을 사서 정상가에 팔아 수익을 올릴 수 있는 기회가 많이 있었다.

어찌 보면 가치투자란 특별한 방법이 아닐 수도 있다. 우리가 쇼핑을 할 때 좋은 물건을 흥정을 통해 싸게 사려고 하듯이 가치투자자들은 가치에 비해 가격이 하락하는 시점에 주식을 사들인다. 주식 투자와 쇼핑의 차이점은 흥정할 상대방이 한 쪽은 사람이라는 점이고, 다른 한 쪽은 주식시장이라는 점뿐이다. 콩나물 한 봉지를 살 때도 10원이라도 싸게 사려고 하는 대한민국의 주부 정신을 가슴에 새기고 투자에도 적극 활용해야 할 것이다.

비싼 옷보다 내 몸에 맞는 옷을 골라라

나는 비싼 옷보다는 몸에 맞는 옷이 낫다고 생각한다. 투자도 마찬가지다. 나는 굳이 기술적 분석을 하는 사람들에게 가치투자를 하라고 권하지는 않는다. 만약 그 사람들이 기술적 분석을 통해서 투자에 성공할 수 있다면, 그 사람들에게 기술적 분석은 몸에 맞는 옷일 것이기 때문이다. 기술적 분석에서 성공하려면 남에게 알려지지 않은 자기만의 투자 방식을 사용해서 욕심 부리지 않고 투자하면 된다.

일본에는 2천 명이 넘는 파친코 프로가 있다고 한다. 사람들은 보통 파친코가 완전히 운에 좌우된다고 생각하지만, 그 사람들은 수십 개의 파친코 기계를 놓고 분석을 한다. 전체 기계를 놓고 보면 성공 확률이 높은 기계와 당첨되는 패턴을 알 수 있다. 심지어 노트를 가지고 와서 기계마다 배당이 터지는 패턴을 그리는 사람도 있다. 그 패턴을 분석하고 당첨 확률이 높은 쪽에 베팅을 해서 수익을 올리는 것이다. 이런 방법을 통해 하루에 1만 엔만 들고 가서 많게는 1~2만 엔, 우리나라 돈으로 1~2십만 원 정도의 수익을 올린다. 이 사람들은 많이 잃어도 1만 엔이고, 벌어도 1~2만 엔 이상 가져가지 않는다. 매일 와서 수십만 엔씩 가져간다면, 파친코 가게 주인이 가만히 있지 않을 것이다. 돈을 많이 버는 것도 이런 상황에선 하나의 리스크가 되는 것이다.

  이와 마찬가지로 기술적 분석을 하는 사람들 중에도 원금을 정해놓고, 차트상의 신호를 보면서, 철저한 원칙 아래 투자 원금 3,000만 원으로 한 달에 300~600만 원씩 벌어가는 전문가들도 있다. 하지만 이와 같은 기술적 분석은 유감스럽게도 나에게는 맞지 않는 방법이었다. 나도 투자 초기에 모눈종이에 직접 차트를 그려가면서 그런 방법으로 투자를 해봤지만 도저히 안심하고 투자할 수가 없었다. 내 몸에 맞는 것은 가치투자밖에 없었다. 이것이 내가 가치투자자가 된 이유다. 그래서인지 몰라도 나는 다른 누구에게 가치투자만이 유일한 방법이라고 강요할 생각이 전혀 없다.

  그리스 신화에 보면 프로크루스테스라는 도적이 나온다. 이 도적은 나그네를 불러들여 자신의 침대에 눕히고는 침대보다 작으면 늘려서 죽이고 침대보다 크면 잘라서 죽인다. 그는 결국 영웅 테세우스의 손에 똑같은 방법으로 죽임을 당하고 말았다. 나는 프로크루스테스와 같은 최후를 맞이하고 싶은 생각은 추호도 없다.

사실 기술적 분석이 최고니 기본적 분석이 최고니 주장할 필요가 뭐가 있겠는가. 거시 경제 분석을 토대로 투자 의사결정을 하는 하향식(top-down)이면 어떻고 반대로 개별 기업에 집중하는 상향식(bottom-up)이면 어떤가. 모멘텀 투자를 하든 가치투자를 하든 무슨 상관이 있겠는가. 본인의 가치 판단 기준을 남에게 강요할 필요가 없는 것이다. 본인의 여건에 가장 적합하고 취향에 맞고 소질이 있는 투자 방식을 찾는 것이 중요하다. 나는 이 책을 시작하면서 독자들에게 이렇게 말하고 싶다.

"좋은 옷보다는 몸에 맞는 옷, 잘 어울리는 옷을 입는 것이 중요하다."

만류귀종(萬流歸宗, 천하의 흐름은 만 가지이나 하나로 귀결된다)이라 하지 않았던가. 무엇이든 궁극에 달하면 결과는 같은 것이다. 방식이 중요한 것이 아니고 결과, 즉 수익이 중요한 것이다. 워런 버핏, 조지 소로스, 필립 피셔 등 위대한 투자자들은 투자 방식이 모두 달랐다. 하지만 이들의 투자 방법이 서로 다르다고 해서 누구는 옳고 누구는 그르다고 말할 수 있는 것은 아니지 않은가.

이 책을 쓰기 시작한 것이 3년 전의 일이다. 말하자면, 이 글은 과거의 내용이 대부분이며, 소개된 기업들을 둘러싼 조건과 환경이 상당히 변한 경우도 있다. 따라서 이 책에 소개된 과거의 잣대로 기업들의 현재 가치를 평가하는 우를 범하지 말아야 할 것이다.

끝으로 이 책에 소개된 모든 종목은 독자의 이해를 돕기 위한 참고 사례일뿐 특정 종목을 권유하거나 추천하기 위한 의도는 전혀 없다는 사실을 밝혀둔다.

제1장

나의 투자 이력서

| 신출내기 영업사원, 고객 돈을 다 날리다 | 한국이동통신과 성창기업에 미치다 | 드디어 가치투자를 만나다
| 뜨겁고도 처절했던 작전주의 시대 | 눈을 뜬 얼뜨기 가치투자자 | 기술주 열풍과 가치투자자의 숙명

나의 투자 이력서

먼저 나의 주식 투자 이력부터 얘기해야 할 것 같다. 사실 이력을 남들에게 장황하게 늘어놓는 것은 낯가림 심하고 소심한 내 성격과는 맞지 않는 일이다. 그런데도 주식 투자 이력서를 펼쳐놓는 것은 다른 투자자들도 나와 비슷한 고민을 했을 것이라는 생각에서다. 주식시장은 기쁨과 슬픔, 희망과 절망, 환호와 탄식이 섞여 있는 곳이다. 나는 가끔 주식시장은 어찌 보면 인간 감정의 복합체라는 생각을 하곤 한다. 갓 입사했던 풋내기 시절부터 펀드 운용 담당자에 이르는 길지도 짧지도 않은 나의 주식 인생에도 여러 감정이 섞여 있다. 어느 한 감정으로 표현하기 어려운 게 주식시장이다.

01 신출내기 영업사원, 고객 돈을 다 날리다

평생 밥벌이가 된 증권회사에 첫 발을 내디딘 것은 딱히 특별한 이유가 있어서가 아니었다. 나는 원래 대기업의 중역이 되고 싶었다. 샐러리맨으로 시작해 대기업 임원이 되는 게 어려서부터 멋있어 보였다. 경영학을 전공하지 않고 이공계를 나왔다면 아마도 제조업체를 지원했을 것이다. 그런데 아무리 생각해봐도 경영학을 전공한 사람이 제조업에 들어가면 이공계 출신에 비해 경쟁력이 없을 것 같았다. 무릇 경쟁력의 원천은 자질(재능)과 취향(적성)이 만나는 지점에서 생긴다. 나는 이공계 분야에 자질도 취향도 없었기 때문에 경영학과 출신이 그나마 경쟁력을 가질 수 있는 금융이나 무역 분야를 선호했다. 특별히 거창한 포부나 이유는 없었다.

졸업과 동시에 동원증권에 입사했고, 당시 대부분의 증권사 신출내기들이 그랬듯이 영업점에서 직장 생활을 시작했다. 고객에게 오를 종목을 찾아주기 위해 기업의 재무 정보를 담은 투자편람을 끼고 살 정도로 종목 찾기에 열을 올렸다. 이때는 주식에 완전히 미쳐 있었다. 당시

1986년부터 폭등하던 증시는 1989년 4월을 정점으로 급락했다.

상장기업 600개의 전 종목 코드를 몽땅 외우고 있었다. 지점에서 누가 무슨 종목을 물으면 입 밖으로 코드 번호부터 튀어나왔다. 수험 공부 하듯 『상장기업편람』을 외웠던 시절이었다.

내가 증권사에 입사했던 시점은 88올림픽 특수와 3저 호황에 힘입어 증시가 폭등했던 시점이었다. 이때 증시를 주도했던 종목은 트로이카주로 불렸던 건설, 무역, 금융 주였다. 화학 업종에 포함된 건설화학이 회사 이름에 '건설'이란 글자가 들어 있다는 이유로 주가가 오를 정도로 트로이카주의 시세 분출은 대단했다. 1986년부터 89년까지 폭발적인 활황세를 보였던 증시는 1989년 4월 1007.8포인트를 찍고 급락했다. 1989년 4월 1일의 종합주가지수 1007을 피크로 해서 1992년 8월 21일의 지수 458까지 무려 54.4%나 폭락했다.

한마디로 천당에서 지옥으로 떨어지던 시기였다. 호황에 힘입어 급상승했던 증시는, 경기가 꺾이고 주식 공급 물량이 늘어나면서 침체 국면으로 급격히 돌아섰다. 당시 정부는 3년 동안 증시가 활황세를 보이자 1989년 증시 정책의 우선 목표를 '증시를 통한 기업들의 자금 조달'에 두었다. 기업들은 앞 다투어 기업을 공개하고 유상증자를 했다. 1989년 1년 동안 이런 식으로 기업이 조달한 자금은 무려 21조 원에 달했다. 공급이 이렇게 늘어났으니 증시 수급이 나빠지는 것은 당연했다.

증시가 장기 침체에 빠지자 정부는 증시를 살릴 요량으로 '12·12 증시 부양 대책'을 내놓았다. 이 대책의 요지는 한국은행의 발권력을 사용해서라도 투신사에 증시 매입 자금을 무제한 지원하겠다는 것이었다. 한마디로 돈을 찍어 증시를 떠받치겠다는 것이었다. 이때 나온 조치 중 하나가 현금이 없어도 갖고 있는 주식을 담보로 매입 주문을 낼 수 있도록, 즉 외상 주문이 가능하도록 한 것이다. 지금은 주식을 팔면 이틀 후에 매도금이 들어오는 3일 결제 시스템이지만 당시에는 2주까지도 결제를 연기할 수 있었다. 외상으로 주식을 사고 2주 안에만 미수금을 갚으면 되었다.

거품 붕괴 후 투자 손실로 망연자실해 있던 개인 투자자들은 이 조치를 적극 이용해 손실을 메우고자 했다. 내가 관리하던 한 고객도 마찬가지였다. 그 고객은 투자 원금 4천만 원과 미수를 이용해 투자했다가 손실이 나자 집을 팔아 받은 잔금 3천만 원을 추가로 투자했다. 그런데도 결국은 총투자금액 7천만 원을 다 날리고 3천만 원의 미수금이 발생한 상태였다. 당시 미수금에 대한 연체이자가 18%였다. 당시 나는 관리자로서의 책임을 느끼고 어떻게 하든 그 미수금을 책임져야겠다고 생각을 했었다.

그러나 12·12 증시 부양 대책은 더 큰 후유증을 남겨 증권시장은 더욱 더 깊은 침체의 늪에 빠져들었다. 정부는 급기야 1990년 10월 10일 '10·10 반대 매매 조치'라는 긴급 조치를 발표하게 된다. 이 조치는 악성 매물로 증시를 억눌러온 장기 미수금을 증시 안정 기금을 통해 일시에 소화시키는 것이었다.

이 조치 후 주가는 급등해서 이 고객은 미수금 3,000만 원을 메우고 약 700만 원 정도까지 만회했다. 결국 원금 7,000만 원이 10분의 1 토막 난 셈이다. 그 고객은 그렇게 원금 손실을 입었는데도 나에게 불만의 말 한마디 하지 않았다. 다른 직원들은 고객의 항의에 멱살을 잡히는 등 분위기가 매우 살벌한 상태였다. 나는 그 고객에 대해 고마움과 함께 무한한 책임감을 느꼈다. 700만 원에서 다시 시작해 나는 고객의 돈을 꾸준히 불려나갔다.(1999년, 이 고객이 투자 손실을 다 메울 때까지 나의 마음은 커다란 돌덩이가 짓누르는 양 무겁기만 했다. 국제영업부에서 일할 때나 펀드매니저로 일할 때나 이 고객만 생각하면 늘 마음이 편하질 않았다. 이 고객이 투자 손실을 모두 만회하고 그 돈으로 새 아파트를 구입한 다음에야 비로소 내 마음은 가벼워질 수 있었다.)

이 일이 있고 나서 두 달 뒤, 그러니까 1990년 12월에 나는 국제부에서 일하라는 제안을 받았다. 국제영업부에서 일본 쪽을 강화한다는 방침이 정해진 것이 계기가 됐다. 주식을 잘 이해하면서 일본어를 할 줄 아는 사람을 찾다 보니 청소년 시절을 일본에서 보냈던 내가 적임자로 뽑혔다.

02 한국이동통신과 성창기업에 미치다

국제영업부에서의 경험은 외국인들이 우리나라 주식을 보는 관점과 매매하는 방식을 처음으로 접할 수 있던 계기가 되었다. 여기서 하는 일은 일본에 우리나라의 주식을 파는 일이었다. 한국어로 된 기업 분석 자료나 거시경제 분석 자료를 번역하는 일도 했다. 이런 작업을 하면서 기업의 사업 내용과 가치를 보는 기본적 분석을 처음으로 접하게 됐다. 기술적 분석에도 접근했었다. 주식에 미쳐 있던 시기라 주식과 관련된 모든 분석 방법에 대해 목말라 하던 시기였다.

처음에는 감으로 투자를 하고 그 다음에는 기술적 분석을 공부했었다. 주식 투자에 성공하는 방법을 찾기 위해 온갖 짓을 다했던 시절이었다. 다행히 나중에 가치투자를 공부하면서 투자의 달인 워런 버핏도 가치투자를 만나기 전까지 '주식으로 돈을 벌기 위해 온갖 짓을 다했다'는 말을 듣고 스스로를 위로할 수 있었다.

저는 여섯, 일곱 살 때부터 주식에 관심을 갖고 있었기 때문에 그때(가치투자의 창시자 벤저민 그레이엄을 만날 때)까지 차트를 그리거나 분석하는 등의 이른바 기술적 분석이라는 것을 쭉 해오고 있었는데요, 재미는 있었지만 별로 돈을 벌지는 못했습니다.

투자 천재도 이러했을진대 하물며 나 같은 범부가 오죽했겠는가.

국제영업부에서 일하던 시기는 한마디로 '블루칩(우량주)의 시대'였다. 1992년, 국내 증시에 외국인 투자가 허용되면서 블루칩인 삼성전자, 포스코 등의 주식이 폭등했다. 외국인들의 매수세에 힘입어 1993년도에는 종합주가지수가 1,000포인트를 뚫었다. 드디어 우리나라에도 처음으로 블루칩 시대가 열린 것이다. 이때 활약했던 펀드매니저들이 한국투자신탁의 강신우, 김석규, 박종규와 대한투자신탁의 서임규 등이었다. 이들 몇몇의 뛰어난 펀드매니저들이 한국의 블루칩 시대를 열었던 것이다.

외국인들의 매매 패턴을 보면서 주식에 대한 시야를 조금씩 넓혀갔지만 이때만 해도 가치투자에 대한 명확한 개념은 없었다. '아, 외국인들은 이런 식으로 투자를 하는구나.' '주식시장에 트로이카 종목 이외의 것들도 있구나.' 정도의 어슴푸레한 이해 수준이었다. 이때 집착했던 개념은 '자산' '현금흐름' '감가상각' 같은 것들이었다. 지금 와서 생각해보면 왜 이런 개념에 많은 관심을 기울였는지는 모르겠다. 아마도 어디선가 얻어들은 풍월이었던 것 같다.

이 당시, 땅이나 현금 등 자산이 많은 회사가 좋은 회사라는 생각으로 관심을 가졌던 종목이 지금의 SK텔레콤인 한국이동통신과 목재회사

내가 갖고 있는 상장기업편람

초보 투자자 시절 나는 상장기업편람을 끼고 살았다.

인 성창기업이었다. 나중에 안 일이지만 성창기업은 가치투자 초보자들이 한 번쯤 손을 대는 종목이었다. 땅이 많았기 때문이다. 『상장기업편람』을 늘 끼고 살던 시절이라 재무제표를 살펴보다 이 두 종목을 만나게 됐다.(나는 지금도 당시 발간된 『상장기업편람』을 모두 갖고 있다.)

한국이동통신의 경우, 1993년 12월 말 당기순이익은 768억 원인데, 감가상각은 이보다 많은 781억 원이었다. 믿을 수 없는 수치였다. 감가상각이란 설비 등에 투자한 돈을 여러 해에 걸쳐 나눠서 회계상으로 비용 처리하는 것으로, 숨겨진 이익이나 다름없는 것이다. 감가상각만 끝나면 이익의 증대가 확연히 드러난다. 그 비용이 곧바로 이익으로 잡히는 것이다. 한국이동통신은 과대 감가상각을 하고 있었던 것이다.

주가의 저평가 여부를 나타내는 지표인 PER(주가수익비율)도 10에 불과했다. 게다가 통신업은 외국인 주식보유한도가 정해져 있는데, 한도가 다 찬 후 외국인들끼리 장외에서 15만 원짜리 주식을 30만 원에 거래하고 있었다. 정신 나가지 않았다면 이런 짓을 할 리 없다고 생각했다. 사지 않을 이유가 없었다. 그래서 주변 사람들에게도 이 주식을 사라고 권했다.

성창기업에 관심을 가진 것은 세밀한 종목 분석을 통해서는 아니었다. 어디선가 성창기업이 보유한 땅의 가치가 주당 10만 원 정도 된다는 얘기를 들었다. 당시 성창기업이 보유하고 있었던 땅이 전 국토의 0.1%라는 소문도 있었던 것 같다.(나중에 안 사실이지만 성창기업이 보유하고 있던 부동산 현황을 자세히 조사한 사람이 실제로 있었다고 한다.) 당시 주가는 13,000~14,000원 선이었다. 주당 10만 원의 가치를 가진 땅을 보유한 회사를 13,000원대에 산다면 손해 볼 것 같지는 않았다. 한국이동통신과 마찬가지로 주위 사람들에게도 추천했다. 1993년 초의 일이다.

지금 생각해보면 가치투자에 대한 개념이 전혀 없었던 시절임에도 본능적으로 가치투자 쪽으로 움직였던 것 같다. 나중에 알게 됐지만 가치투자를 받아들인 사람은 조금씩 이런 기질들이 있는 듯하다. 마치 워런 버핏의 다음과 같은 말처럼 말이다.

> 1달러 지폐를 40센트에 산다는 생각은 사람들에게 즉각 먹히든가 아니면 전혀 먹히지 않는다는 사실이 나로서는 참 흥미롭다. 예방접종과 비슷하다. 어떤 사람이 이 생각을 곧바로 받아들이지 않는다면 그 사람을 붙들고 몇 년이고 같

은 말을 해봐야 별반 차이가 없는 것이다. 어떻게 해도 그 개념은 받아들여지지 않는다. 그뿐이다. 린 게린(저명한 가치투자자) 같은 사람은 경영 교육을 전혀 받지 않았지만, 가치 차원에서 투자에 접근해야 한다는 개념을 금방 이해하고 그로부터 5분 뒤에는 그걸 써먹는다.

한국이동통신 얘기를 하다 보니 한 가지 에피소드가 생각난다. 사원 시절에 번역 일을 도와주다 보니 동원기술개발금융(현 한국투자파트너스)에 왔다 갔다 할 일이 많았다. 당시 이 회사의 사장이던 김정태 전 국민은행 행장과 점심 식사를 같이하게 됐다. 당시만 해도 회사 규모가 작았기 때문에 사원급과 윗사람이 같이 밥을 먹는 일이 흔했다. 특히 김 사장은 실무진과 대화를 즐기는 스타일이었다. 이 자리에서 김 사장이 나에게 "좋은 종목이 있느냐"고 물어왔다. 주식에 미쳐 있는 풋내기 사원이었던 나는 한국이동통신에 대해 입에 거품을 물며 말을 했다. 감가상각은 숨겨진 이익이라는 둥 그것만 끝나면 회계상으로도 현금흐름이 엄청날 것이라는 둥 감히(?) 사장 앞에서 이러쿵저러쿵 열을 올렸다.

그 뒤 나는 국제영업부에서 일본 동경사무소로 발령이 나는 바람에 근무지를 옮겼다. 이 일이 있은 후 김 사장이 일본에 출장을 왔는데, 나를 보자마자 대뜸 이런 말을 던졌다.

"너, 한국에 있었으면 혼날 뻔했다."

아니 혼날 뻔했다니, 무슨 소리인가? 내막은 이랬다. 나의 이야기를 듣고 한국이동통신을 조사했던 김 사장이 회사 자금으로 이 회사 주식을 사들였던 것이다. 정확한 매수 규모는 기억이 나질 않지만 당시로는 꽤 큰 규모였던 것 같다. 벤처 투자가 활성화되기 전이라 창업투자회사들은 자금 운용으로 돈을 벌던 시절이다. 그런데 주가 하락으로 주당 2~3만 원의 손실이 발생했다. 그래서 김 사장이 나에게 그런 말을 했던 것이었다. 여기저기 추천을 했으니 한국에 남아 있었으면 정말 큰 원망을 들었을지도 모를 일이었다.

하지만 김 사장의 선택은 결과적으로 좋았다. 30만 원 이상에 팔아 두 배 가량의 매각 차익을 얻었던 것이다. 사원의 말도 허투루 듣지 않았던 김 사장의 혜안에 나는 지금도 존경심을 가지고 있다.

재미난 점은 내가 추천한 한국이동통신 주식으로 돈을 번 사람은 김정태 사장밖에 없다는 사실이다. 대부분의 사람들은 주가가 15만 원에서 10만 원으로 빠졌다가 다시 15만 원이 되자 안도의 한숨을 내쉬며 주식을 모두 팔았다고 한다. 1995년도에 다시 한국에 돌아와서 보니 한국이동통신 주식을 계속 보유했던 사람은 김정태 사장밖에 없었다. 이 주식은 이때부터 1999년까지 정확히 30배가 올랐다. 엄청난 대박 종목이었다.

김정태 사장에게는 재미있는 일화들이 많다. 동원그룹 창업주인 김재철 회장이 김정태 사장에게 "당신, 일본어 공부 안 하나? 그 정도 머리면 한 달이면 일어를 할 텐데 말이야."라며 일본어 공부를 하라고 다그쳤다고 한다. 이후 김 사장은 개인 교습을 받았고, 몇 달 만에 일본어를 유창하게 구사했다. 김 사장의 일어 구사 능력을 보고 깜짝 놀랐던 것이 지금도 생각난다.

성창기업의 경우는 결과가 괜찮았다. 동경사무소로 옮겨와 얼마 지나지 않아 사람들에게서 국제전화가 왔다. 성창기업이 어느 새 8만 원대까지 갔다는 축하 전화였다. 하지만 내 주식저축 계좌에 이 주식은 하나도 없었다. 영업에 전념하기 위해서 주식을 모두 정리했기 때문이다. 정작 나는 이 두 종목으로 돈을 번 것이 없었다. 단지 다행스러운 점은 7,000만 원에서 700만 원으로 10분의 1 토막 난 영업점 시절의 가련한 깡통 고객에게 한국이동통신을 매수 추천했다는 것이다.

    이 두 종목을 통해 나는 한 단계 업그레이드될 수 있었다. 기술적 분석에서 빠져나와 기업이 창출하는 현금흐름이나 자산 등에 주목해야 한다는 가치투자의 초보적인 개념을 익혔던 시기였다.

03 드디어 가치투자를 만나다

일본에서 근무할 때 나의 투자 운명이 바뀌는 계기를 만났다. 아니, 내가 가야 할 길을 처음으로 발견했다. 성공적인 주식 투자에 목말라 있던 내게 벤저민 그레이엄의 『현명한 투자자』는 오랜 가뭄 끝의 단비와도 같았다. 벤저민 그레이엄의 책을 만났을 때 나는 온몸에 전율이 흘렀다. 이 책도 읽지 않고 지금까지 투자를 한 나 자신이 수영을 할 줄도 모르면서 물속에 뛰어든 아이와도 같아 부끄러운 생각만 들었다. 내가 지금까지 해온 것은 투자가 아니라 단순한 투기에 불과했다. 특히 나를 전율에 휩싸이게 만든 것은 그의 투자와 투기에 대한 개념 정의였다.

> 투자 행위란 철저한 분석에 바탕을 두고 투자 원금의 안정성과 적당한 수익성이 보장되는 것을 말하며, 이런 모든 조건들을 충족시키지 못하는 모든 행위는 투기라고 말할 수 있다.

그가 이런 정의를 내린 지 무려 70여 년이 지났지만 나는 그 이전에도 그리고 그 이후에도 이처럼 명쾌한 정의를 들어본 적이 없다. 그레이엄에 따르면, 아무리 몇 배의 수익을 올릴 가능성이 있더라도 손실을 볼 가능성이 있고, 철저한 분석에 근거하지 않은 방식은 모두 투기라고 볼 수 있다는 것이다. 사람들이 흔히 주식 투자에서 많은 실패를 경험하게 되는 이유는 그레이엄이 보는 것과는 전혀 다른 방향에서 주식 투자를 바라보기 때문이라는 생각이 들었다.

그레이엄과 더불어 나를 사로잡은 존재는 월가 역사상 가장 뛰어난 펀드매니저로 불리는 피터 린치였다. 그의 책을 읽은 후 그에게 완전히 매료됐다. 아니 더 정확히 말하자면 그에게서 '나의 이상형'을 발견했다. 대학교수였던 그레이엄이 주는 이미지는 근엄함이었는데, 묘하게도 린치는 동네 아저씨 같은 친근함을 주었다. 마치 내가 잘 아는 사람처럼 느껴졌다. 주식을 너무 좋아했고, 마음에 드는 주식을 보면 마구 사들였던 그의 경험담을 읽으면서 나는 린치의 투자 세계에 푹 빠져들었다. 수십 번 읽은 『전설로 떠나는 월가의 영웅(One Up Wall Street)』에는 "정기 건강검진 때 나는 의사에게 내가 하는 운동이라고는 치실로 이빨 사이에 낀 음식물을 제거하는 일뿐이라고 고백했다."는 말이 나온다. 그가 얼마나 주식에 빠져 지내왔는가를 간접적으로 엿볼 수 있는 대목이다. 나는 이 문장에 밑줄을 그으며 이렇게 생각했었다.

'이 사람 정말 주식에 미쳐 있구나.'

피터 린치를 잘 모르는 독자 여러분을 위해 그를 간단히 소개한다. 피터 린치는 1969년 피델리티 인베스트먼트 사에 입사해 1977년부터 정식으로 마젤란 펀드를 운용하기 시작했다. 그가 마젤란 펀드를 처음 맡았을 때 펀드의 자산 규모는 불과 1,800만 달러에 불과했고 보유 종목 수도 40여 개 안팎이었다. 하지만 그가 가족과 함께할 시간을 갖기 위해 은퇴한 1990년에 마젤란 펀드는 자산 규모 140억 달러에 종목 수도 1,400개로 불어나 있었다. 게다가 13년 동안 단 한 번도 마이너스 수익률을 기록한 적이 없었다. 한두 종목이 아니라 무려 1,000여 개 종목을 보유하면서 올린, 이 놀라운 성과는 그 이전에도 그 이후에도 볼 수 없는 것이었다. 연평균수익률도 무려 29%나 됐다. 만일 린치가 펀드를 처음 맡았던 1977년부터 그가 은퇴했던 1990년까지 마젤란 펀드에 돈을 묻어두었다면 2,700%라는 경이적인 투자수익률을 올렸을 것이다.

1995년에 나는 다시 서울 본사의 국제영업부로 복귀했다. 당시 국제영업부는 외국인들에게서 위탁을 받아 역외펀드를 운용하는 것이 대유행이었다. 동원증권도 마찬가지였다. 나는 1,000만 달러짜리 역외펀드를 위탁 받아 운용했다. 일부 증권사의 역외펀드는 수익률이 안 좋았지만 다행히 내가 운용했던 펀드는 양호한 수익률을 기록했다.

이 일을 계기로 나는 동원투신에 펀드매니저로 발탁되었다. 1996년도의 일이다.

04 뜨겁고도 처절했던 작전주의 시대

　1995년만 해도 온갖 작전주가 판을 치는 장세였다. 1994년 초, 종합주가지수가 1,000포인트 고점을 찍고 대형주들이 조정에 들어가면서 중소형주 개별 장세가 펼쳐졌다. 내 주식 인생에서 두 번째 1,000포인트였다. 개별 장세가 증시를 후끈 달구면서 온갖 작전과 루머가 난무했다. 이때 시세를 주도했던 종목들은 중소형 제약주와 신기술 관련주였다. 이런 종목들은 루머를 타고 순식간에 몇 십 배씩 오르는 진풍경이 연출됐다.

　지금 생각하면 참으로 우습지만 그때 루머의 힘은 대단했다. 한 제약회사가 개발했다는 혈전용해제의 경우, 죽은 개에 주입했더니 개가 다시 살아서 두 시간 동안 걷다가 죽었다는 루머가 퍼졌다. 이 주식은 루머의 힘을 타고 순식간에 상한가 행진을 이어갔다.

　플라즈마로 매연을 없애는 기술을 개발했다는 회사도 있었다. 매연저감장치라는 기술이었는데, 나중에 알고 보니 이 기술은 자동차가 정지된 상태에서 시동을 걸면 효과가 있지만 운행 중에는 효과가 없었다. 그래도 그 당시에는 상한가를 치며 시세를 이끌었다.

'기적의 물' 루머도 있었다. 이 기적의 물을 랩에 묻혀 음식을 싸두면 한 달 동안 썩지 않고, 어항에 넣으면 물고기에게 밥을 주지 않아도 된다는 소문이 퍼졌다. 마찬가지로 이 종목도 상한가를 쳤다.

역외펀드를 운용할 때 탐방했던 회사 중에는 폐수 정화제를 개발한 곳도 있었다. 기업 탐방 현장에서 구정물에 정화제를 넣자 그 물이 순식간에 맑아졌고 이어서 사장이 직접 그 물을 마셨다. 이 주식도 매일 상한가 행진을 이어갔다. 나중에 안 일이지만 이 정화제는 연못이나 호수, 강에서는 활용할 수 없는 것이었다. 용량이 적은 곳에서만 효과를 볼 수 있는 것으로 전혀 경제적 효율이 없는 제품이었던 것이다. 하지만 시장은 이런 경제적 효율을 전혀 따지지 않았다.

급속 냉각 캔 기술을 개발했다는 기업도 있었다. 이 캔에 음료나 맥주를 담으면 냉장고에서 냉장 보관할 필요가 없다는 것이었다. 이 주식은 대단한 인기를 누렸는데, 아직도 상품화에 성공하지 못한 것을 보니 아마도 경제성이 떨어졌던 것 같다.

이렇게 루머가 판을 치고 작전주가 기승을 부린 탓에 자본금이 100억 원 넘는 회사들은 시장의 관심 밖이었다. 주가 움직임이 무겁다는 게 이유였다. 이 시대를 한마디로 표현하지만 '처절한 작전주의 시대'라고 할 수 있다.

당시에는 은행들도 주식 투자를 많이 하던 때라 투신사들은 은행들을 대상으로 자문 서비스를 제공했다. 역외펀드 운용 성과를 인정받아 펀드매니저로 발탁돼 일하게 된 동원투신도 마찬가지였다. 그런데 자문 은행의 포트폴리오를 보니 투자 규모는 700억 원인데, 종목 수는 무려 300여 개에 달했다. 포트폴리오도 삼성전자, 포스코, 한전 같은 대형 우량주는 하나도 없고 제약회사, 종금사 등 중소형주들로 꽉 차 있었다. 기관투자가들도 개별 장세 흐름에 편승해 있었음을 보여주는 사례라고 할 수 있다. 아이러니하게도 기관투자가들이 주식을 다 사게 되면 그 주식은 더 이상 오르기 어렵다. 이제 누가 과연 이 주식들을 더 사주겠는가.

1995년에서 97년까지 쭉 이런 장세가 펼쳐졌다. 나는 작전주가 판치는 중소형주 개별 장세에 전혀 적응하지 못했다. 작전주가 판을 치는 세상이다 보니 어떻게 해야 할지 개념을 잡을 수 없었다.

그래서 현금이나 부동산 등을 많이 보유하고 있는 자산주를 주로 샀다. 롯데제과, 태영, 대성산업 등 우리나라의 대표적인 자산주들을 선호했다. 그렇다고 정확한 수치와 꼼꼼한 분석을 통해 이들 종목을 골랐던 것은 아니다. 왠지 많이 오른 급등 종목과 루머 종목에 손대기 싫었을 뿐이다. 그런데도 수익이 괜찮았다. 1997년도에는 내가 운용했던 펀드가 신설 투자신탁회사들이 운용하는 100억 원 이상 펀드 중에서 현 신영투신운용 이상진 전무가 운용했던 신영투신의 펀드에 이어 전체 수익률로 2등을 차지했다.

05
눈을 뜬 얼뜨기 가치투자자

하지만 행운은 오래가지 못했다. 외환위기라는 직격탄을 맞게 된 것이다. 운용하는 펀드의 수익률이 20~30% 가량 하락했다. 종합주가지수도 반 토막이 났다. 자산주 위주로 포트폴리오를 들고 있었던 탓에 하락 폭이 다른 펀드에 비해 작았지만 나는 이 일로 회의에 빠졌다. 펀드매니저의 성과는 종합주가지수 상승률(혹은 하락률)보다 얼마나 더 좋은 실적을 거두었는가로 평가 받는다. 이를 시장수익률이라고 한다. 지수 대비 초과 수익률 기준으로 나의 수익률은 +10%였다. 하지만 나는 이런 식의 기준을 더 이상 받아들일 수 없었다. 종합주가지수의 하락률보다 덜 하락했다는 것이 도대체 무슨 의미란 말인가. 고객의 입장에서 보면 원금을 깨먹은 것이다. 원금을 깨먹었는데 무슨 시장지수 대비 수익률이란 말인가.

외환위기는 나에게 결정적인 방향 선회를 요구했다. 일본에서 가치투자의 대가들인 벤저민 그레이엄과 워런 버핏 그리고 월가 역사상 가장 위대한 펀드매니저 피터 린치의 책을 읽었지만 나는 이를 체화하지 못했었다. 내 몸속에 본능적으로 가치투자자의 성향이 있었지만 그들의 말을 제대로 이해하지 못하고 있었다. 외환위기로 펀드가 깨지는 것을 보면서 전에 읽었던 가치투자 대가들의 생각이 불현듯 떠올랐다. 다시 공부를 시작했다.

1997년도에는 때마침 가치투자의 고전인 벤저민 그레이엄의 『현명한 투자자』가 번역되어서 나왔다. 당시에 교보생명에서 펀드매니저로 활동하던 박정구 사장(현 가치투자자문 대표)이 자신이 직접 번역한 이 책을 나에게 선물했다. 지금도 나는 이 책을 가지고 있는데 이 책이 나에게는 가치투자에 대한 확신을 심어준 그야말로 '소중한 선물'이 되었다. (우리나라를 대표하는 가치투자자 중 한 명인 박정구 사장은 엄청난 독서량의 소유자로 당시 벤저민 그레이엄의 책을 원서로 하루 종일 읽던 사람이며, 벤저민 그레이엄 방식에 가까운 절대적 가치투자자라고 할 수 있다.)

외환위기 당시 내가 가지고 있던 종목들은 엄밀하게 따지면 가치투자 철학과 방법론을 적용한 것이 아니라 단순히 피상적인 개념만을 적용한 것들이었다. 보유 종목들도 진정한 우량주라고 보기에는 어려운 것들이 대부분이었다. 분석 능력이 떨어지다 보니 규모의 경제나 브랜드 가치 같은 질적인 분석보다 그저 단순 지표를 활용했던 것이다. 국민은행이 규모의 경제나 브랜드 가치 면에서 지방은행들보다 뛰어남에도 불구하고 겉으로 드러나는 단순 지표만을 보고 주로 지방은행주를 편입하는 식이었다.

먼저 대대적인 종목 재편에 나섰다. 외환위기 발발 이후 기존 보유 종목을 싹 팔고, 삼성전자나 포스코처럼 절대 망하지 않을, 업종 내에서 최고의 경쟁력을 가진 기업 위주로 포트폴리오를 재구성했다. 얼뜨기 가치투자자였지만 '주가가 빠지면 오히려 싸게 살 수 있는 기회'라는 믿음을 갖고 내린 결정이었다.

외환위기를 겪으면서 나는 뭔가 정리되는 느낌을 받았다. '주식 투자에서 깨지지 않으려면 가치투자 외엔 방법이 없겠구나.'라는 자각을 하게 된 것이다. 가치투자를 다시 공부하면서 회사에 가치투자 철학을 바탕으로 한 펀드를 운용하자는 제안을 했다. 다행히 승낙이 떨어져서 나는 1998년 12월 국내 최초로 가치투자 전용 펀드인 '동원 밸류 1호' 운용을 맡게 됐다. 여전히 내공이 부족했기 때문에 주로 저PER주, 저PBR주, 규모가 크고 브랜드 가치가 높은 시장 지배력이 높은 기업들 위주로 투자했다.

이런 기준으로 산 주식들이 신도리코, SK텔레콤, 롯데칠성, 포항제철, 대한화섬, 한국전력공사, 신영와코루, 유한양행, 한국단자, 삼성전자, LG화학, BYC, 삼성화재 등이었다. 하지만 종목의 면면을 보면 깊이 있는 분석이 없었다. 단순하게 PER가 낮거나 자산가치 대비 주가가 낮은 주식들 또는 대형 우량주들이었다. 다행스럽게도 투자의 성과는 좋게 나왔다. 1년도 지나지 않은 1999년 8, 9월경에는 127%의 수익률이 나왔다. 당시 모든 펀드 중에서 최고의 수익률이었다.

또 이때는 과거 작전주 장세 시절(1995년~1997년) 철저히 소외됐던 우량 대형주들의 대돌진이 시작되었던 시기이기도 하다. 작전주가 장을 이끌 때에는 동국제강의 PER가 20~26배이고, 포항제철의 PER는 6~7배 정도였는데도 동국제강을 사는 분위기였다. 포항제철이 기업 내용도 좋고 저평가되어 있음에도 회사가 크다는 이유로 투자자들이 기피했던 것이다. 동종업계 내에서도 대형주가 싸게 거래되는 풍경이 연출됐다.

하지만 상황이 변하자 이번에는 대형주들이 힘을 얻기 시작했다. 대형 우량주의 시대가 다시 열린 것이다. 이런 대형 우량주의 행진이 1997년 이후에는 '바이코리아 펀드'로 대표되는 펀드 투자의 열기로 이어졌다. 많을 때는 주식형 펀드로 하루 3조 원이 들어오던 시절이었다. 어떤 투신사는 '닥치는 대로 주식을 사달라는 주문을 낸다'는 말이 나돌 정도로 투신권으로 정신없이 돈이 들어왔고, 투신권은 대형 우량주를 엄청나게 사들였다. 덕분에 내가 보유했던 주식들도 많이 올랐다.

펀드 수익률도 수익률이지만 내 마음 속의 무거운 돌덩이를 내려놓을 수 있었다. 투신사로 발령이 난 후 변변한 투자 조언을 못 해드렸던 영업점 시절의 고객이 드디어 손실을 만회했기 때문이다. 1998년 외환위기 한파가 맹위를 떨치던 시절, 고객으로부터 전화가 왔다. 당시 1,300만 원의 현금을 보유하고 있었던 그 고객은 "지금이야말로 자신이 큰 승부를 걸 기회"라며 "대신증권 우선주에 베팅을 하겠다"는 얘기를 했다. 펀드매니저 신분에다 증권주에 대해서는 그리 썩 달가운 입장이 아니었던지라 나는 시장 상황이 좋지 않으니 좀 더 지켜보면 어떻겠느냐고밖에 말할 수 없었다. 하지만 그 고객은 내 말을 듣지 않았다. 1,300원에 산 대신증권 우선주는 1998년에 3~400원대까지 하락했다가 반등에 성공해 이후 1만 원을 돌파했다. 결국 그 고객은 15,000원에 매도를 했고, 그 돈으로 아파트를 한 채 샀다.

이 일로 나는 마음의 빚을 조금이나마 갚을 수 있었다. 재미난 것은 그 고객이 나의 충고를 따르지 않고 대신증권 우선주를 샀기 때문에 오히려 내가 마음의 무거운 돌덩이를 내려놓았다는 점이다. 역시 나는 주가를 예측하는 데는 정말 소질이 없는 모양이다.

그리고 1999년 9월, 기술주 버블이 왔다.

06 기술주 열풍과 가치투자자의 숙명

　1999년, 대형 우량 기업들의 주가가 상투를 치는 한편, 10월부터는 코스닥을 중심으로 기술주 열풍이 불기 시작했다. 정말 엄청난 열기였다. 하지만 내가 보유하고 있는 가치주 스타일의 종목들은 조금씩 하락했다. 시장에서 가치주가 철저히 냉대 받던 시절이었다. 코스닥의 인터넷 관련주나 거래소의 통신주, 기술주만 올랐다. 종합주가지수는 올랐지만 내가 보유한 종목들은 빠졌다. 1999년 10월경부터 본격적으로 불기 시작한 기술주 열풍이 정점을 향해 달리기 시작했다.

　이때 기술주를 하나도 갖고 있지 않았던 나는 투자자들에게 엄청난 항의를 받았다. 한때 127%까지 갔던 수익률이 12월에는 87%로 하락했다. 수익률이 하락하자 투자자들로부터 포트폴리오를 공개하라는 요청을 받았다. 결국 종목을 공개했다. '롯데칠성, 농심, 삼성화재, 삼성SDI 같은 주식을 팔고, 빨리 통신주나 코스닥 주식으로 갈아타라. 내일까지 안 팔면 회사로 쳐들어오겠다.'는 전화를 하루에도 수십 통 받았다. 이런 전화도 있었다.

"너, 거기 사무실이 몇 층이냐?"

"14층입니다."

"당장 창문 열고 밖으로 뛰어내려! 이 ×××야."

그때는 정말 죽고 싶었다.

통신주와 닷컴 주식의 무서운 상승세는 계속되었다. 1999년 말, KT와 KTF가 각각 20만 원, 30만 원에 거래됐다. 닷컴 주식의 상승세는 더 무서웠다. 2000년 2월까지 코스닥 질주는 계속됐다. 그래도 나는 도저히 이런 주식들을 살 수 없었다. 투자자들은 내가 보유한 종목을 안 팔면 죽이겠다고 하고, 회사 내의 일부 직원들은 PER가 1~2배 되는 주식을 팔고 3,000배짜리 닷컴 주식을 사라고 충고했지만, 나는 절대로 그럴 수 없었다. 당시 일세를 풍미하던 모 기술주의 경우 1999년 순이익이 10억 원이었는데, 시가총액은 무려 5조 원 이상이었다. 이는 PER가 5천 배라는 의미이고, 이 기업에 투입한 자금을 회수하는 데 전년도 이익 기준으로 무려 5천 년이 걸린다는 얘기다. 정말 뜨거운 거품의 시대였다.

1999년 12월 15일 일본의 마이니치신문에는 '인터넷 기업은 적자가 클수록 성공한다?'는 내용의 기사가 실린 바 있다. 이 기사는 '고수익·고배당을 목표로 삼았던 과거 기업 경영의 기본적인 이념이 투자자들이나 경영자들로부터 마치 구시대의 유물처럼 취급받고 있다'며 '인터넷 기업들이 기업 경영의 개념을 뒤바꾸고 있다'고 적고 있다. 그러면 바뀐 기업 경영의 개념은 무엇이란 말인가? 기사는 이에 대해 다음과 같이 말하고 있다.

'경영의 개념을 완전히 뒤집어놓은 데는 인터넷 기업의 공적이 크다. 그들은 손실이 계속돼도 주식을 상장해 유리한 조건으로 사채(社債)를 발행하고, 높은 주가를 바탕으로 다른 기업을 인수하는 동시에 가입자를 늘리고 시장을 독점해나간다. 이 과정에서 그들은 경영 간부와 주주들의 주머니를 두둑하게 만들어주고 시가총액으로 수십억 달러라는 시장가치를 획득할 수 있음을 증명했다. 그 사이 물론 손실은 계속 늘어났지만 반대로 시장과 고객 규모도 동시에 늘어났다. 즉 투자가들 입장에서 당면한 목표가 모두 달성됐다면 적자는 별로 문제될 게 없는 것이다.'

기사의 내용처럼 '손실은 계속 늘어났지만 반대로 시장과 고객 규모도 동시에 늘어난' 결과는 어떠했을까. 그것은 말할 필요도 없을 것 같다. 이 기사는 뜨거운 거품의 시대를 보여주는 생생한 증거라고 할 수 있다.

기술주 열풍으로 펀드 수익률이 하락하고 투자자들의 항의가 이어지자 나는 피가 거꾸로 역류하는 느낌이 들고 손이 떨렸다. 연말에 라식수술을 받았는데, 스트레스로 인해 수술도 실패했다. 귀에는 물이 찼고 온몸이 구석구석 아팠다. 거의 2주 동안 매일 혈변이 나왔다. 보이지 않는 회사 안팎의 압력이 너무 심했다. 여름휴가와 연월차를 모두 모으니 23일간 휴가를 갈 수 있었다. 펀드를 인수인계하고 쉬겠다는 의사를 회사 측에 밝혔다. 내가 살 수 있는 길은 회사를 그만두는 것밖에 없는 듯했다. 회사 내부에서도 '왜 그리 고집을 부리느냐'는 얘기가 있었지만 나는 투자 방식을 바꿀 수 없었다. 이제야 가치투자를 이해할 수 있을 것 같은데, 그리고 그 방법이 내게 맞는데, 내가 모르는 주식에 투자할 수는 없었다.

2000년 2월 11일, 업무를 인계한 후 휴가를 갔다. 휴가를 갈 때만 해도 휴가를 마치고 돌아와 회사를 그만둘 생각을 했다. 몇몇 회사에서 스카우트 제의도 있었지만 펀드를 이렇게 해놓고 다른 회사에 갈 수는 없었다. 그런데 우연의 일치인지 휴가 가는 날이 정확히 상투였다.

휴가를 마치고 돌아오니 회사에서는 그만둘 생각 말고 다른 일을 해보라는 제안을 했다. 당시 회사 경영진은 뭘 해도 좋으니 회사에 남아만 있어달라는 말까지 했다. 리서치센터에 가고 싶으면 보내줄 것이고 새로운 부서를 하나 만들고 싶으면 만들어주겠다고 얘기했다. 그러면서 시간을 두고 몸과 마음을 추스르라는 따뜻한 조언도 해주었다.

때마침 회사 자금을 운용하는 고유계정 주식 담당자가 공석이었다. 3~5년을 내다보고 소신껏 운용해보라는 제안에 나는 흔쾌히 승낙했다. 회사 자금을 운용하는 일이다 보니 투자자들의 항의도 없을 것이었다. 말하자면 고객이 한 명밖에 없는 셈이니 그 한 명의 고객, 즉 회사만 설득하면 될 일이었다. 2000년 4월 1일자로 동원증권 주식운용팀장으로 발령이 났다.

이때 나에게 큰 도움을 준 사람이 당시 부사장이던 김남구 현 한국금융지주 사장이다. 김 사장이 아니었다면, 다시 주식을 운용하기 힘들었을 것이다. 개인적으로도 이때 많은 고통을 겪고 한 단계 성숙할 수 있었다. 기업의 가치에 대한 생각도 많이 할 수 있었다. 그때 정말 고민을 많이 했다. '내가 정말 잘못 생각한 것일까' '기업의 이익이 늘고 PER가 낮은데, 이 주식이 과연 못 올라갈까' 라는 생각을 하루에도 수십 번씩 했다. 아무리 생각해봐도 아니었다. 김 사장에게 "말도 안 되는 가격에 거래되는 기업들이 많습니다. 너무 싸서 사고 싶은 주식들이 지천에 널려 있습니다. 정말 사고 싶은 주식이 많습니다."라고 하소연했다. 김 사장이 "그러면 주식을 많이 사면 되는 것 아닌가?"라고 말씀하셨다. 이 순간 나는 가슴이 뭉클해졌다. 김 사장이 새로운 인생의 기회를 나에게 준 것이다.

지금도 나는 당시의 느낌을 생생하게 기억하고 있다. 김 사장은 회사 여유자금 한도 내에서 최대한 운용해보라고 말하면서 농담으로 "그렇다고 네가 조 단위로 주식을 사겠다는 것은 아니잖아?"라고 말했다. 그때 내가 순수하게 느낀 바로는 '2~3천억 원 정도는 사도 괜찮겠다'는 생각이 들 정도로 김 사장의 배포는 컸다. 하지만 현실은 순수한 나의 생각과는 달랐다. 결국 700억 원 정도를 한도로 해서 돈을 배정 받았는데, 초기에는 500~600억 원 내외에서 운용을 시작했다. 회사 내부 특히 기획조정실 쪽에서는 운용한도를 300억 원으로 줄여야 한다고 틈만 나면 나를 설득하려 했다.

회사 내부에서 'K-펀드'라고 불렸던 이 펀드를 나는 2000년 4월부터 2006년 1월 말까지 무려 6년 동안 운용할 수 있었다. 이 기간은 내 인생에서 가장 중요한 시기 중 하나였다. 사고 싶은 주식을 정말 원 없이 살 수 있었다.

처음 맡았을 때 담당자가 공석이었던지라 펀드에는 30억 원어치 주식이 삼성전자와 SK 두 종목밖에 없었다. 먼저 내가 한 일은 둘 다 파는 일이었다. 둘 다 내가 관심을 갖고 지켜보는 종목이 아니었기 때문이었다. 당시 반도체 업황이 좋았지만 삼성전자와 SK 주식이 저평가됐다고는 생각하지 않았다. 그리고 나서 미친 듯이 주식을 쓸어 담기 시작했다. 버블이 꺼지기 시작한 시점이라 너무 싼 주식이 많았다.

K펀드의 운용 성과

	K펀드 운용수익률	KOSPI 수익률	KOSPI 변동
2000	11%	-39.23%	860.94 → 523.22
2001	118%	71.17%	523.22 → 895.58
2002	-9%	-40.18%	895.58 → 535.70
2003	37%	64.36%	535.70 → 880.50
2004	50%	9.67%	880.50 → 965.68
2005	18%	39.443%	965.68 → 1346.49
누적수익률	435%	56.40%	

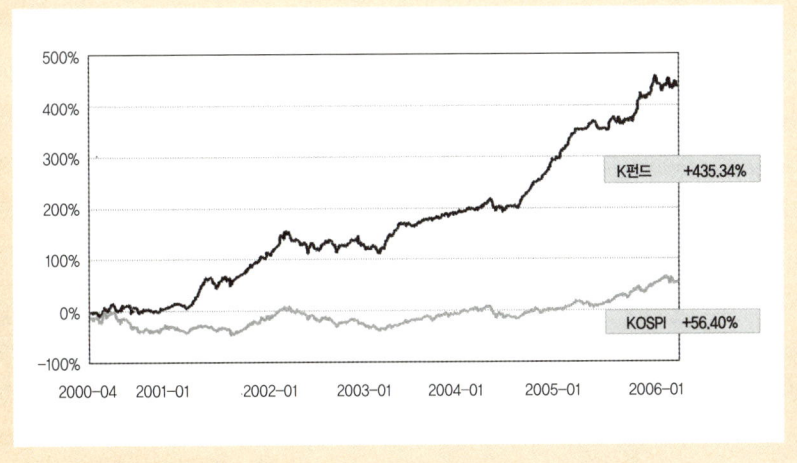

K-펀드를 운용했던 6년은 내 인생에서 가장 중요했던 시기 중 하나였다.

이 6년의 기간은 가치투자자로서 나의 모든 것을 바쳐 일했던 시기다. 이 책에서 말하는 종목에 관한 얘기도 대부분 K-펀드를 중심으로 다룰 것이다.

제2장

종목 선택의 비밀

잃지 않는 주식 투자 : 벤저민 그레이엄 따라잡기 | 생활 속의 발견 : 피터 린치 따라잡기 | 한국의 코카콜라를 찾아서 : 워런 버핏 따라잡기 | 독점의 진실 : 가장 좋은 비즈니스 모델 | 더 이상 내려갈 곳이 없다 : 해저 3만리형 주식 | 튼튼한 안전장치 : 배당 예찬 | 1만 원으로 산 꿈 : 가치투자자의 소박한 투기 | 부동산형 주식 : 부동산도 간접투자처럼 | 지상 최고의 내부자 정보 : 자사주 매입 | 크기가 중요하다고? : 우량주에 대한 진실 | 손해 보지 않는 게임 : 아비트리지 | 더럽고 지저분한 기업들 | 답안지를 보고 푸는 문제 : 대주주와 행동을 같이하라 | 가치투자자와 삼성전자 | 10년간 보유하고 싶은 주식들

종목 선택의 비밀

> 내가 남들보다 멀리 내다본 게 있다면
> 그건 단지 거인들의 어깨 위에 올라서 있었기 때문이다.
> _현대 물리학의 아버지 아이작 뉴턴 경

투자자들의 관심은 결국 '종목 선택'에 있다. 사실 주식 투자는 곧 종목 선택이라고 해도 과언이 아니다. 이는 가치투자뿐 아니라 다른 투자법도 마찬가지다. 가치투자는 한마디로 헐값에 사서 제값을 받고 파는 것이다. 핵심은 싸게 사는 것이다. 주가가 싸지려면 인기를 잃고 버려져야 한다. 주가는 시대와 환경에 따라 그 인기가 달라진다. 그 인기에서 소외되어야 비로소 가치투자자들은 관심을 갖는다. 어찌 보면 시장의 흐름에 역행할 수 있는 힘이 요구되는 투자 방법이 가치투자인지도 모른다. 이런 의미에서 가치투자자는 역발상 투자자(contrarian)이다.

또한 가치투자자는 펀더멘털리스트(fundamentalist)이기도 하다. 가치투자의 산실인 컬럼비아 대학원에서 가치투자를 연구하고 있는 브루스 그린왈드 교수는 개념을 더 좁혀 가치투자자를 미시적 펀더멘털리스트(microfundamentalist)라고 부른다. 가치투자자는 인플레이션, 환율, 수출 동향 등 주가에 영향을 미치는 거시 경제 전반을 분석하는 거시적 펀더멘털리스트(macrofundamentalist)와 달리 개별 기업을 분석하는 데 초점을 맞춘다. 시장의 인기와 유행에서 벗어난 탓에 저평가된 주식을 발견하는 것은 모든 가치투자자들의 꿈이다. 나도 늘 이런 종목들을 찾아 나선다.

01 잃지 않는 주식 투자

벤저민 그레이엄 따라잡기

> 정상적인 시장 아래에서의 올바른 투자는 원금 손실을 초래하지 않는다.
>
> _ 가치투자의 아버지 벤저민 그레이엄

오를 주식보다 더 이상 하락할 수 없는 주식을 사라

사람들은 대부분 오를 주식을 찾지만 나는 반대로 더 이상 하락할 수 없는 주식을 선호한다. 하락하기 어렵다는 것은 상황이 좋아지지 않더라도 별로 손해 볼 것이 없고, 반대로 상황이 좋아지면 그만큼 얻을 수익이 많다는 뜻이다. 그래서 나는 더 이상 하락할 수 없는 주식을 좋아한다. 이런 아이디어는 가치투자의 창시자인 벤저민 그레이엄에게서 얻었다.

가치투자로 전향(?)한 후 안 일이지만 대부분의 가치투자자들이 처음 시작하는 일은 가치투자 대가들의 책을 읽고 그들을 흉내 내는 것이다. 버핏도 마찬가지였다. 열아홉 살 때 처음 『현명한 투자자』를 읽은 후 그가 산 첫 주식은, 다시 말해 가치투자를 받아들인 후 처음으로 산 주식은, 자동차보험사 가이코(GEICO)였다. 버핏이 이 주식에 관심을 가진 이유는 그의 스승 그레이엄 때문이었다. 1951년 스물한 살 때 버핏은 그레이엄이 이 회사의 이사회 의장이라는 것을 알게 됐다. 자신의 스승이 이 회사에 투자하고 있다면 필시 그럴 만한 이유가 있을 것이라 생각하고, 어느 날 무작정 가이코 본사가 있는 워싱턴행 기차를 탔다. 가이코 본사 방문 후 버핏은 자신이 갖고 있던 전 재산 10,282달러를 몽땅 이 회사에 투자했다. 그는 1년 뒤 이 주식을 15,259달러에 팔았고, 나중에는 이 회사의 지분 100%를 인수해 버크셔 해서웨이의 자회사로 만들었다. 버핏은 이때의 경험을 훗날 이렇게 표현했다.

> 1951년부터 제 실적이 날로 향상되었습니다. 그렇다고 식단을 바꾸거나 특별한 운동을 한 것도 아닙니다. 새로운 것이 있다면 벤저민 그레이엄의 생각을 받아들였을 뿐입니다. 대가 밑에서 몇 시간 동안 배운 것이 혼자 10년 동안 고심한 것보다 훨씬 더 많은 교훈을 얻을 수 있었습니다.(1951년은 버핏이 컬럼비아 대학 졸업 후 고향으로 돌아와 아버지 회사에서 주식 브로커로 일하기 시작했던 때다.)

지난 2004년까지 무려 14년 동안 S&P 500 지수 상승률을 능가해, 전설적 펀드매니저 피터 린치 이후 가장 뛰어난 펀드매니저로 불리는 빌 밀러도 그랬다. 레그 메이슨 밸류 트러스트 펀드를 운용하는 밀러는 한 인터뷰에서 자신이 가치투자를 받아들인 계기에 대해 이렇게 말하고 있다.

> (가치투자를 하게 된 것은) 책을 통해서였습니다. 저는 항상 무엇인가를 하는 가장 좋은 방법은 거기서 누가 최고인지 결정해서 그가 무엇을 하는지 보는 것이라고 생각해왔습니다. 그레이엄이 증권 분석 분야의 지적 지도자라는 것

은 너무 당연해 보였습니다. 그 후, 워런 버핏에 대해 읽고 그가 어려운 시기였던 1960년대 후반과 1970년대 초에 어떻게 살아남고 또 성공할 수 있었는지 알게 되면서 정말 눈을 뜨게 되었죠.

나도 예외는 아니었다. 지난 2000년, 나는 남들이 보기에 미련하다고 생각할 만한 작업에 매달렸다. 『상장기업분석』 책자를 놓고 그레이엄이 말하는 저평가 종목을 처음부터 끝까지 하나하나 찾고 있었다.

그레이엄이 생각한 투자에는 두 가지 원칙이 있었다. 생애 두 번의 커다란 경제적 위기를 겪었던 그레이엄은 수익을 내기보다는 위험을 제거하는 쪽으로 자신의 투자 원칙을 발전시켜나갔다.

첫 번째 원칙은 '절대로 손해 보지 않는 것'이고 두 번째 원칙은 '첫 번째 원칙을 절대 잊지 말아야 한다'는 것이다. 그레이엄은 투자는 먼저 원금의 안정성이 보장되어야 한다는 걸 전제로 했다. 이런 '손해 보지 않기 전략'에 적합한 방법으로 그레이엄은 두 가지의 접근법을 제시했다.

첫째, 주가가 순유동자산의 3분의 2 이하로 거래되는 기업의 주식을 사는 것이다. 이는 땅이나 건물, 기계 등 고정자산의 가치는 아예 없는 것으로 치고, 현금 등 유동자산에서 부채를 차감한 순유동자산이 시가총액(주식 발행 수×주가)보다 많은 기업에 투자하는 방법이다. 만약 주가가 그 기업의 순유동자산보다 낮은 가격에 거래되고 있다면, 극심한 불황이 닥쳐 회사가 어려움에 처하는 경우가 생기더라도 그 기업은 결코 쉽게 망하지 않을 것이다. 그리고 망하지 않고 생존해 있다면 언젠가 경기가 회복될 때 불황기에 사라져간 경쟁 업체들의 몫까지 챙기는 행운을 차지할 수 있을 것이다.

둘째, 초저PER주에 투자하는 것이다. PER가 10배란 말은 주가가 주당순이익(EPS)의 10배란 뜻이다. 마찬가지로 PER가 20배라는 것은 주가가 주당순이익의 20배라고 생각하면 된다. 또 이렇게도 해석할 수 있다. PER 10배라는 것은 1원의 수익을 얻기 위해서 10원을, 20배면 1원의 수익을 얻기 위해 20원을 지불해야 한다는 것이다. 즉, PER가 높을수록 같은 수익을 얻기 위해서는 보다 많은 돈을 지불해야 한다는 뜻이며, 다른 한편으로 투자 자금을 회수하는 데 보다 오랜 시간이 걸린다는 뜻이다. 30여 년간 미국의 대표적 가치주 펀드인 윈저 펀드를 운용했던 절대적 가치투자자 존 네프는 헐값의 저PER주 투자로 유명한 인물이다. 거의 종교적 신념처럼 저PER주를 고집했던 존 네프는 저PER주에 대해 이렇게 말한 바 있다.

> 저PER 종목은 헐값에 거래되는 경우가 많다. 대다수 투자자들은 저PER 종목의 수익성과 성장 가능성이 상대적으로 낮다고 판단하기 때문이다. 만일 당신이 저PER 종목에 투자하려고 한다면, 저가로 거래되는 종목 중에서 실제로 성장 가능성이 낮은 종목과 단순히 저평가된 종목을 구분해야 한다.

본질적으로 우량한 기업이 장부가격보다 낮은 가격에 거래되면서 PER가 낮다면 이런 기업의 주가는 하락할 가능성이 매우 낮다. 성장률이 높고 향후 전망이 밝은 기업의 주식을 PER 20배에 매수를 했는데, 갑자기 매출액이나 성장률이 떨어지거나 정체되면 그 기업의 PER는 순식간에 5, 6배까지 떨어질 수 있다. 1999년과 2000년 당시, 일부 인터넷 기업들을 생각하면 쉽게 이해가 될 것이다. '인터넷 = 고PER주' 라는 등식으로 당시 횡행했던 논리들은 거품 붕괴와 더불어 모두 사라졌다. 저PER는 저평가를 의미한다는 기존의 논리를 버려야 한다는 인터넷기업 예찬론자들은 오히려 투자자들의 사고를 혼란스럽게만 했을 뿐이다.

하지만 어떤 기업의 주가가, 그것도 재무적으로 상당히 안정되어 있는 우량 기업의 주가가 PER 2, 3배에 거래된다면 그것은 투자자들이 그 기업의 과거 실적과 불투명한 전망에 실망하고 있음을 반영하는 것이다.(실제로 2000년에는 수많은 우량 기업들의 주가가 그 기업의 주당순이익의 2, 3배에 거래되고 있었다.) 이런 기업은 실망스러운 뉴스가 발표되더라도 다시 큰 폭으로 주가가 떨어지기는 어렵다. 더 이상 PER가 낮아지기가 쉽지 않다는 얘기다. 투자자들의 주목을 받지 못하는 저PER 우량주들은 간혹 놀라운 실적 향상으로 큰 폭의 주가 상승을 가져오기도 한다.

세상에 '공짜 주식'이 있다니!

그레이엄은 기업의 유동자산에서 부채를 모두 차감한 금액보다 훨씬 낮은 가격에 매입할 수 있는 주식에 대한 투자, 즉 순가치투자를 선호했다. 그런 주식을 누가 좋아하지 않겠는가? 그러나 오늘날의 투자 세계에서는 극히 드문 예외를 제외하고는 이러한 투자 방식은 까마득한 전설이 되어버렸다.

하지만 놀랍게도 대한민국의 주식시장에서는 아직도 이러한 불가사의한 일들이 벌어지고 있다. 1만 원짜리 주식을 샀는데 사자마자 그 회사는 나에게 현금 2만 원을 돌려주더니 그것도 모자라 엄청난 보너스를 안겨주었다. 그 기업이 보유하고 있는 모든 고정자산과 영업권, 미래의 현금흐름을 몽땅 나에게 덤으로 주는 것이다. 이런 횡재가 어디 있겠는가? 1999년에서 2000년 사이에 이러한 기업은 부지기수로 존재했다.

기업의 자산에는 현금성 자산인 유동자산이 있고 건물이나 기계 등 고정자산이 있다. 그레이엄 방식으로 나는 고정자산을 0으로 계산했다. 기계나 보유 부동산의 가치는 인정하지 않았다. 여기서 부채를 뺐다. 그리고 또 그 기업의 시가총액을 차감했다. 그래도 남으면, 즉 돈을 회사에 쌓아놓고 있으면 이런 기업은 완전히 공짜다. 게다가 보너스까지 있다. 그 회사가 앞으로 벌어들일 수익, 땅값, 기계 값, 영업권 등을 보너스로 받는 셈이다. 그레이엄이 가장 좋아할 만한 주식이다.

이런 식으로 『상장기업분석』을 놓고 계산기를 두들겨서 발견한 첫 종목이 바로 지난 1998년에 주당 2천 원대(액면분할을 감안한 가격)에 매입한 삼성라디에터(현 삼성공조)였다. 이 주식은 그 다음해 8,000원까지 올라 내게 엄청난 수익을 안겨주었다.(당시 전 상장종목을 일일이 계산해봤는데 삼성라디에타 외에는 해당 종목이 단 한 종목도 없었다. 외환위기 전까지 우리나라 기업들 대부분은 유동자산에 비해 고정자산 비중이 너무 높았기 때문일 것이다.)

나는 삼성라디에터 이후 그레이엄 방식에 재미를 붙였다. 이런 완벽한 주식이라면 집을 팔아서라도 사고 싶어졌다. 몇 개월 후 아예 동원경제연구소에 공식적으로 의뢰해서 전산 작업을 통해 자료를 뽑아보았다. 그 결과 제2의 삼성라디에터라는 불릴 만한 두 개의 주식을 찾았다. 일성신약과 동아타이어였다.

일성신약을 샀던 2001년 당시 매입 가격은 7,000원대였는데, 주당 순유동자산이 15,000원을 상회할 정도로 저평가되어 있었다. 그 후, 1년도 되지 않아 주가는 20,000원 수준까지 상승했다. 내가 매각했던 평

삼성라디에터의 주요 지표 추이

〈주가 관련 지표〉

구분		95.12	96.12	97.12	98.6
주가	최고	91,000	75,000	87,900	49,000
	최저	56,000	45,000	23,600	18,500
주당	순이익	6,094	7,071	3,562	7,178
	순자산	43,024	49,933	53,382	56,974
	매출액	76,015	89,548	90,572	60,808
	Cash Flow	9,887	12,276	8,235	10,912
PER(최고/최저)		14.9/9.2	10.6/6.4	24.7/6.6	6.8/2.6
보통주 배당률		7	5	2	-

〈요약 대차대조표〉

구분	95.12	96.12	97.12	98.6
유동자산	465.5	503.5	558.8	505.9
고정자산	111.7	136	250.9	223.4
자산총계	696.2	764.6	809.8	729.3
유동부채	276.8	283.1	299.9	199.8
고정부채	72.3	80	82.6	73.6
부채총계	349.1	363	382.5	273.4
자본금	40	40	40	40
자본잉여금	6.1	601	6.1	6.1
이익잉여금	301	355.4	381.1	409.8
자본총계	347.1	401.5	427.2	455.9

삼성라디에터는 그레이엄 방식으로 발굴한 첫 종목이었다.

균적인 가격대는 17,000원 수준이었다. 내가 더 이상 일성신약을 보유할 수 없었던 이유는 이익의 지속성 여부에 대한 확신이 없었기 때문이

다. 의약분업으로 인해 일시적으로 이익도 늘었고 주가도 폭등했지만, 17,000원 이상에서 계속 보유하기 위해서는 또 다른 무언가가 필요했는데, 일성신약에는 그것이 없었다. 단지 절대 저평가 주식이었던 것이다. 하지만 이 주식은 나의 판단과 달리 계속 상승세를 보여 2006년 1월 말에는 59,200원을 기록했다. 팔고 나서 세 배나 오른 셈이다.

동아타이어도 나를 몹시 흥분시켰던 주식이다. 동아타이어는 '이 얼마나 완벽한 주식인가!' 라는 감탄사에 딱 맞는 주식이었다. 2000년 5월 당시 주가는 20,000원인데, 순현금성 자산은 주당 38,000원이었다. 내가 20,000원을 주고 동아타이어를 사면, 동아타이어는 나에게 현금 38,000원을 주는 격이었다. 게다가 엄청난 보너스가 딸려온다. 동아타이어가 보유하고 있는 땅과 건물 그리고 기계장치 등을 비롯한 고정자

동아타이어 주가 추이

산과 매년 평균적으로 1, 2백억 원씩 수익을 내는 현재의 수익력과 미래의 현금흐름이 모두 공짜로 딸려오는 것이다.

사고 싶어 안달이 났는데 거래가 터지지 않았다. 이 주식을 너무 갖고 싶은 마음에 증권 브로커를 통해 여기저기 알아봤더니 한 투신사에서 갖고 있다는 얘기를 들었다. 내 추측으론 당시만 해도 이런 이상한(?) 주식을 보유할 만한 펀드매니저는 대한민국에서 신영투신의 허남권 부장(현 이사)밖에 없을 것이라고 생각했었다. 역시 내 추측은 틀리지 않았다. 허남권 이사와는 당시 면식은 없었지만 서로 이름은 들어 알고 있던 사람이었다. 1996년부터 내가 5년째 보유하고 있다가 매도한 종목이 있었는데, 그는 그 주식을 7년째 들고 있을 정도로 지독한(?) 사람이었다. 펀드 만기 구조가 짧고 유행에 민감한 한국 주식시장에서는 보기

드문 장기 투자자였다. 신영투신에 매도 의사가 있느냐고 물었다. 신영투신 쪽에서 7%의 프리미엄을 요구했다. 20,000원을 주고 38,000원의 현금을 받는데, 그깟 7%에 해당되는 1,400원이 대수이겠는가. 이 주식은 그 후 서너 배 올랐다.

이 주식이 나를 사로잡은 이유는 사양 산업 속에서 최고의 수익률을 올리고 있는 기업이었다는 점이다. 세계시장 점유율이 30% 수준인 우량 기업이었고, 순이익이 매년 꾸준히 늘어나고 있었다. 하지만 그 후 수익성이 정체돼 지금은 5, 6천 원대(액면분할을 감안하면 5, 6만 원대)에서 횡보를 하고 있다.

유화증권에 대한 투자도 비슷했다. 어느 날 유화증권의 재무제표를 자세히 들여다보다가 나는 깜짝 놀랐다. 이 회사가 보유하고 있는 채권 때문이었다. 2001년 11월 당시 회사에서 보유하고 있는 채권이 주당 15,000원이었다. 반면 주가는 6,000원이었다. 6,000원을 주고서 15,000원짜리 채권을 사는 셈이었다. 더구나 대부분의 채권이 원금 보전을 걱정할 필요가 없는 국공채였다. 모든 부채를 빼고 여의도에 있는 사옥을 0으로 계산해도 이런 수치였다. 이자 수입만으로도 먹고살 수 있는 회사였다. 수익 구조를 들여다보니 수수료 수입 비중이 20%도 안 됐다. 한마디로 완전히 '공짜 기업'인 것이다.

나는 유화증권을 보면서 대한민국에서 채권 사는 사람들은 바보라는 생각마저 들었다. 연 10%도 안 되는 채권에 투자하는 것보다 아예 15,000원짜리 채권을 6,000원에 사는 것이 훨씬 더 나은 투자이기 때문이다. 당시 나는 '집 팔아서 유화증권을 사라'는 말을 못해도 속으로는 다음과 같은 말을 수백 번이고 되뇌었다. '채권 팔아서 유화증권을 사라.'

이후 유화증권은 다른 주식이 대여섯 배 오를 동안 두세 배밖에 오르지 못했다. 그래도 나는 유화증권 같은 주식이 대여섯 배 오른 다른 주식보다 훨씬 좋다. 기다리면 절대 잃을 수 없는 주식이다. 6,000원이라는 가격의 유화증권은 그야말로 완벽한 주식이었다.

그레이엄 식으로 접근한 종목 중 잊을 수 없는 것이 하나 더 있는데, 바로 부국철강이다. 그 당시 부국철강은 시가총액보다 두 배나 많은 유동자산을 들고 있었다. 이는 마치 100억 원짜리 건물을 사는데, 건물 속에 200억 원이 든 금고가 있는 격이었다. 2002년 12월, 나는 이 주식을 '금고 딸린 건물'을 사는 심정으로 약 11,000원 정도에 마구 사들였다. 사실 부국철강이 손꼽히는 대기업도 아니고 시장 지배력이나 성장성이 뛰어난 기업도 아니었지만 11,000원이라는 가격은 너무나 매력적이었다.

주식을 사자마자 큰돈을 벌 수 있는 이런 유형의 기업들이 때로는 시장의 오해와 무관심으로 인해 저평가되는 경우가 심심치 않게 일어난다. 그래서 나는 지금도 제2의 삼성공조 같은 유형의 기업들을 주기적으로 뽑아보곤 한다.

초저PER주 투자

이번에는 초저PER주들을 찾아보기 시작했다. 초저PER주 투자법을 이해하기 위해서는 먼저 가치투자자들의 위험과 보상에 대한 사고방식을 이해할 필요가 있다.

일반 재무이론에서는 높은 수익을 얻기 위해서는 높은 위험을 감수해야 한다고 주장한다. 하지만 가치투자자들은 이 생각에 동의하지 않는다. 이들이 생각하는 위험은 일반 재무이론의 주장과는 사뭇 다르다. 지난 1984년 벤저민 그레이엄과 데이비드 도드가 쓴 『증권 분석』 출간 50주년 기념 연설에서 워런 버핏은 위험에 대한 가치투자자들의 인식에 대해 다음과 같이 말한 바 있다.

> 때로는 위험과 보상이 맞물려 양(+)의 상관관계를 이루기도 한다. 만일 누가 내게 '여기 리볼버 권총이 있는데 여섯 발 중에 한 발만 넣어두었다. 당신이 몇 바퀴 돌린 다음 방아쇠를 당겨서 죽지 않으면 당신에게 1백만 달러를 주겠다.'라고 말한다면, 나는 아마도 1백만 달러는 부족하다며 거절할 것이다. 그러면 그는 5백만 달러를 줄 테니 방아쇠를 두 번 당겨보라고 할 것이다. 위험과 보상이 양의 상관관계를 이룬다는 말은 바로 이런 경우를 두고 하는 말이다! 하지만

가치투자는 정확하게 이 반대 경우에 해당된다. 1달러 지폐를 60센트에 산다면 1달러를 40센트에 사는 것보다 위험이 크지만, 보상에 대한 기대치는 후자가 더 크다. 가치 포트폴리오에서는 기대되는 보상이 클수록 위험이 작다.

버핏의 얘기처럼 절대 저평가 종목을 찾아내기만 한다면 '기대되는 보상이 클수록 위험은 작아진다.' 설사 분석을 조금 잘못하는 실수를 범하더라도 결코 폭락까지 가는 상황은 없을 것이다. 실패하더라도 죽거나 회생 불가능한 상태로 가지 않고, 가벼운 상처만 입을 것이다. 저PER주에 투자하는 것은 버핏의 이런 위험과 보상의 사고방식에 딱 들어맞은 투자 방법이다.

동원증권으로 자리를 옮긴 지난 2000년, IT 버블이 꺼지기 시작하던 때, 롯데칠성의 지분을 다시 매입하기 시작했다. 당시 롯데칠성의 주가는 불과 7, 8만 원 수준이었다. 주식을 많이 사들이다 보니 갑자기 롯데 측에서 연락이 왔다. 도대체 무슨 목적으로 주식을 사들이고 있느냐는 것이었다. 무슨 소리인가 했더니 최대 주주인 신격호 회장의 지분보다 많은 주식을 사들여, 혹시 다른 의도가 있는 것이 아니냐는 질문이었다. 당시 신격호 회장의 지분율은 17.4%였는데, 우리 회사가 사들인 지분은 그보다 많아 지분율이 18.4%에 이르렀다. 사실 다른 이유는 아무것도 없었다. 너무 쌌기 때문에 산 것뿐인데 롯데 측에서는 다른 의도가 있는 것으로 오해했던 것이다.

나는 외환위기로 해태그룹이 공중분해 되면서 강력한 경쟁자가 사라진, 다시 말해 음료시장을 완전히 장악한 롯데칠성의 주가가 이 정도 가격대에서 거래되는 것을 도저히 이해할 수 없었다. 그러던 중 2000년 반기 실적이 발표되었다. 롯데칠성의 2000년 반기 순이익은 무려 422억 원. 이 실적은 1999년 전체 순이익이던 208억 원보다 무려 두 배나 많은 실적이었다. 나는 내 눈을 의심했다. 반년 동안 장사를 해서 난 이익이 작년 전체 이익의 두 배라니. 믿을 수 없는 일이었지만 분명 사실이었다. 그래서 부랴부랴 기업 탐방에 나섰다. 기업 탐방을 통해 반기 순이익이 일회성 이익인지 확인해보기 위해서였다. 일회성 이익이 아니

롯데칠성 수익성과 주가 추이

롯데칠성의 주가 추이

롯데칠성의 수익성 추이(단위: 억원)

	2000.12.	2001.12.	2002.12.	2003.12.	2004.12.	2005.12.
매출액	9,225	11,018	11,041	11,087	11,617	10,903
영업이익	1,057	1,381	1,651	1,615	1,503	952
당기순이익	726	973	1,212	1,203	1,175	816

2000년, 나는 황금알을 줍는 기분으로 롯데칠성 주식을 사들였다.

었다. 공장 기계의 감가상각이 거의 끝나가고 있어서 당기순이익이 증가하고 있었고, 유통구조를 개선시킨 효과도 서서히 힘을 발휘하기 시작했다. 그리고 미과즙 음료인 '2% 부족할 때'라는 음료수도 대박이 나서 이 추세가 계속 이어질 것 같다는 판단이 섰다.

얼른 계산기를 두드려봤다. 반기에만 422억 원의 순이익을 냈으니 적어도 1년 순이익이 800억 원 이상은 될 것이라는 계산이 나왔다. 그런데 당시 주가는 9만 원에서 10만 원 정도로 시가총액(주가×총 발행주식수)이 1,200억 원 정도에 불과했다. 그래서 PER는 1.5배(1,200억/800억). 세상에, 롯데칠성이라는 기업을 지금 가격에 사서 1년 반만 보유한다면 투자원금을 회수할 수 있다니. 더 생각할 것도 없이 롯데칠성 주식을 마구 사들였다.

나는 황금알을 줍는 기분으로 롯데칠성 주식을 사들였다. 그런데 다른 투자자들은 이 사실을 아는지 모르는지 롯데칠성 주식을 파는 데 여념이 없어서 짧은 기간에 주식을 사 모을 수 있었다. 회사의 실적은 놀라울 정도로 좋아지고 있었지만, PER가 그렇게 낮은 상황임에도 불구하고 주가가 조금 올랐다는 이유로, 혹은 주가 움직임이 둔하다는 이유로 주식을 팔아댄 사람이 있었던 덕분에 주식을 싸게 살 수 있었다.

2000년도 롯데칠성의 최종 순이익은 726억 원이었고, 2001년도에는 973억 원까지 순이익이 늘었다. 주가도 실적 상승치를 반영해서 2001년도 40만 원대, 2002년도 80만 원대, 그리고 2006년에는 110만 원까지 주가가 올랐다. 롯데칠성에 대한 투자수익률은 400%나 되었다.(하지만 지금 생각해보면 너무 빨리 팔았다는 생각이 든다. 내가 주식을 판 이후 두세 배 가량 주가가 더 올랐다.)

생활 속의 발견

피터 린치 따라잡기

최악의 산업에서 건져 올린 사막의 꽃

주식은 꿈을 먹고 산다. 미래의 성장 가능성이 높을수록 시장은 그 주식에 대해 높은 프리미엄을 지불한다. 반대로 구닥다리 사양 산업에 속한 기업들은 투자자의 관심을 끌지 못한다.

그러나 가치투자자들에게는 최악의 상황에서 투자하는 것이 큰 의미를 가지는 경우가 많다. 여기서 최악의 상황이란 둘로 나눌 수가 있는데, 하나는 경기 사이클에서 나타나는 최악이고, 다른 하나는 사양 산업에 속해 있기 때문에 나타나는 최악이다. 최악의 업종에서 최고의 기업을 찾는 투자 방식이 전자에 해당된다면, 후자는 사양 산업에 속해 있기 때문에 사람들의 주목을 받지 못하는 기업에 대한 투자라고 할 수 있다. 사실 이런 투자 아이디어는 피터 린치에게서 빌려온 것이다. 피터 린치는 이런 기업을 '사막의 꽃'이라고 불렀다. 먼저 이런 아이디어를 투자에 접목해 성공한 린치의 얘기부터 들어보자.

나는 항상 사양 산업에 속해 있는 유망 기업에 관심을 갖는다. 컴퓨터나 바이오 분야처럼 성장 속도가 빠른 첨단산업은 많은 사람들이 관심을 기울이므로 경쟁자 또한 많다. 즉 어떤 산업이 너무 각광을 받으면 그 산업에 투자해서는 더 이상 수익을 올리기가 힘들어진다. (중략) 사양 산업에서는 어떤 기업이 느리게 성장하더라도 취약한 다른 기업들이 도태될 때 살아남는 기업은 시장에서 반사적으로 더 많은 점유율을 확보하게 된다. 침체된 시장에서 점유율을 지속적으로 늘려가는 기업이 호황인 시장에서 떨어지는 점유율을 지키기 위해 고생하는 기업보다 낫다.

내가 투자한 대표적인 '사막의 꽃'은 앞서 언급한 동아타이어다. 이 회사를 처음 주목한 것은 순가치투자법에 따라 분석한 결과, 시가총액보다 내부 현금이 많아서였다. 이 회사는 사양 산업에 속해 있었지만 세계시장 점유율이 20~30%나 될 정도로 재생타이어 시장에서 독보적인 기업이었다.

경남 양산에 있는 동아타이어를 방문했을 때 주식 담당자의 얘기가 지금도 새롭다.

"제가 15년 전에 입사했을 때 재생 타이어와 튜브 산업은 몇 년 안에 없어질 것이니 하루 빨리 신규 사업에 진출해야 한다고 했습니다. 조만간 망할 것 같은 분위기였죠."

그런데 이 회사는 지금도 건재하다. 해태, 대우, 진로 등 유수의 대그룹이 부도날 때도 전혀 흔들림이 없었다. 이런 일이 어떻게 가능했을까? 사양 산업이고 비전이 보이지 않은 탓에 소규모 기업들이 모두 망해버렸기 때문이다. 그래서 국내에 남은 기업은 동아타이어와 흥아타이어 정도였다. 경쟁자가 없어졌으니 자연스레 단가 인하 압력도 없고 가격 결정권도 갖게 됐던 것이다. 이러한 현상은 해외에서도 마찬가지로, 많은 외국 기업들이 문을 닫았다.

나는 동아타이어를 생각할 때마다 피터 린치를 떠올리곤 한다. 린치는 "아이오와 주 머스커틴에 있는 재생타이어를 만드는 기업보다 따분한 기업이 어디 있겠는가?"라며 재생타이어 제조업체 밴닥(Bandag)의 주식을 사들였다. 린치의 아이디어를 빌린 나도 린치처럼 재생타이어 업체를 사들였던 것이다.

피터 린치의 가족과 나의 가족

나는 운전도 못하고 못질도 못하고 골프도 못 치고 수영도 못하고 자전거도 못 타며 심지어는 젓가락질도 서툴다. 아내에게 미안한 마음에 가끔 집안일을 돕는답시고 설거지라도 할라치면 꼭 그릇을 깨뜨린다. 그래서 이젠 설거지도 못하게 됐다. 내가 할 줄 아는 것은 주식밖에 없지만 대신 내 아내는 주식만 빼고는 무슨 일이든지 능숙하게 잘한다. 운전을 못한다고 구박도 하지 않는다. 아내는 결혼 7년 만에 스스로 운전대를 잡는 것 외에는 길이 없겠다고 생각했다고 한다.

아내는 '당신은 가만히 있는 게 도와주는 것'이라며 집안일에 대해서라면 나의 도움을 기대하지 않는다. 동경사무소 주재원으로 있을 때 이삿짐을 싼 적이 있는데, 그때 이삿짐 박스 속에서 만화책을 읽고 있는 나를 본 아내는 그 이후부터는 아예 이삿날에는 늦게 들어오라고 당부할 지경이다.

그러나 내 일에 관해서는 전적으로 돕고(?) 인정해준다. 기업 탐방을 한 날이면 나는 집에 와서 아내에게 미주알고주알 그 기업에 대해 이야기하기를 좋아한다. 주식 투자나 기업 분석에 대해 전혀 모르는 아내지만 나름대로 자신의 판단을 들려준다. 수치 하나 없이 오로지 느낌에 근거해서 '좋아 보이는데요' 혹은 '그게 뭐야. 이상하잖아요.' 등의 반응을 보인다. 나는 아내의 이런 느낌을 중요하게 생각한다. 사실은 아내는 잘 몰랐겠지만 아내와의 일상적인 대화가 내게는 많은 도움이 되었다. 주부라는 직업은 그 어떤 직업보다 강력한 소비자요 제품의 평가자이기 때문이다.

가족을 주식 투자의 조사자로 활용한(?) 대표적인 인물이 피터 린치다. 린치는 크리스마스 때 딸들을 데리고 벌링턴 백화점에 가는데, 사실 자신의 속내는 종목 개발이 목적이었다고 한다.

"딸들이 어떤 기업의 제품을 좋아해서 그 기업의 매장을 찾는다는 것은 바로 그 기업의 주식을 매수하라는 신호였다."

가족과 백화점에서 종목 발굴을 하는 린치가 재미난 말을 했다. 그는 백화점 점원들을 일종의 내부자라고 규정하는데, 그 이유는 "그들은 매일 매일 그 백화점 내에서 일어나는 상황을 알 수 있을 뿐만 아니라 어떤 매장의 매출이 좋고 어떤 매장의 매출이 나쁜지를 동료에게 들을 수 있기 때문"이다. "다달이 엄청난 매상을 올리고 있는 사실을 남보다 먼저 알았으면서도 (의류업체인) 갭이나 리미티드 주식을 사지 않은 백화점 직원들은 노끈으로 꽁꽁 묶어 증권사 객장에 전시해야 할 것이다."

린치에게는 딸 셋과 아내가 있고 내게는 딸 둘과 아내가 있다. 딸의 숫자만 다를 뿐 가족 구성은 같다. 조건이 비슷해서일까. 나도 린치처럼 가족에게서 투자 아이디어를 얻는 경우가 많다. 이런 방식으로 발굴한 종목이 의류업체 한섬과 롯데제과다.

　내가 골프를 치지 않다 보니 주말에는 아내와 함께 쇼핑을 하는 경우가 많다. 아내가 옷을 살 때 자주 동행하는데 언젠가 한번은 한섬 브랜드 매장을 방문하게 되었다. 매장 안은 많은 사람들로 북적거렸다. 아내의 말로는 큰 사이즈가 아예 없어 보통 체격의 여성들도 옷이 작아서 입지 못하는 경우가 많다고 했다. 하지만 디자인이 예쁘고 소재도 좋아 그 당시 최고의 인기 브랜드였다. 가격이 저렴한 편도 아니고 다양한 사이즈를 구비하고 있는 것도 아닌데 이렇게 오랫동안 인기를 지속하고 있다니 '이 회사 재밌다'는 생각이 들었다.

　조사해보니 마케팅 방식도 아주 독특했다. 다른 회사들처럼 비싼 TV 광고를 하지 않고 무명 모델을 써서 잡지 위주로 공략했다. 재무구조도 매우 탄탄했다. 주가 저평가 여부를 나타내는 PER, PBR도 낮았다. 정말 좋은 기업이라는 생각에 2000년 12월경 주당 3,000원 선에 샀다. 하루에 수십만 주씩 매수를 했는데도 끝없이 매도 물량이 출회됐다. 순식간에 100만여 주를 살 수 있었다. 정말 꿈만 같은 일이었다. 아내 덕분에 한섬에 대한 투자로 세 배의 수익을 올릴 수 있었다.

　롯데제과와 롯데칠성은 딸 때문에 기업 분석을 해본 회사이기도 하다. 자일리톨 껌이 나왔을 때 나는 그 껌의 콘셉트가 재미있게 다가왔다. 우리 딸들은 껌을 무척이나 좋아하는데, 충치가 생길까 봐 부모로서는 여간 걱정이 아니었다. 그런데 자기 전에 씹으면 오히려 치아 건강에 좋다니 부모의 걱정 한 가지를 덜게 되는 것 아닌가. 여하튼 우리 딸들에게 이 껌을 무진장 사주었다. 이 환상적인 제품을 보고 어찌 기업 분석을 해보지 않을 수 있을까. 이모저모 따져보니 사지 않을 이유가 없었다.

당시 한 다리 건너 들었던 얘기가 생각난다. 세계적인 헤지펀드 매니저가 기업 탐방을 위해 한국에 왔다가 한 대형 증권사의 리서치팀장과 식사를 하면서 롯데제과에 관한 얘기를 한 적이 있었다. 식사 자리에서 이 펀드매니저는 "내가 전 세계 수많은 기업을 탐방했지만, 이렇게 저평가되어 있는 주식은 처음 봤다. 아마 내 생각에는 세계에서 가장 싼 주식인 것 같다."고 말했다. 당시 얼마나 롯데제과가 저평가되어 있었는지를 알 수 있는 일화다.

그러나 나는 이 주식을 오래 들고 있지 못했다. 13만 원에 사서 20만 원대에 다 처분했는데, 나중에 이 주식은 100만 원까지 올랐다. 개인적으로는 팔고 싶지 않았지만 아쉽게도 회사 내부 룰에 따라 매도할 수밖에 없었다. 사실 당시에 롯데칠성이나 롯데제과와 같은 주식은 거래량이 적다는 이유만으로 작전주로 치부될 정도로 시장의 관심을 끌지 못하던 때였다.

롯데칠성도 아버지의 심정으로 접근한 종목이었다. 콜라나 사이다 등 아이들이 좋아하는 음료는 탄산음료이기 때문에 아이들의 건강에는 좋지 않다. 그런데 롯데칠성의 신제품 '2% 부족할 때'는 기존의 탄산음료와 다른 느낌이었다. 물처럼 느껴졌다. 물을 많이 먹으면 건강에 좋다고 하지 않던가. 아이들의 건강에 나쁘지 않다, 그리고 그것이 부모의 마음을 편하게 한다, 게다가 그것이 잘 팔린다! 현명한 투자자라면 이런 기업은 반드시 분석을 해야 한다. 롯데칠성은 원래 내가 좋아하는 주식이기도 했지만, '2% 부족할 때'로 나는 이 회사의 주식을 더 좋아하게 됐다. 결국 이 종목의 발굴은 성공이었다.

나는 종목 발굴이 안 될 때는 이렇게 가족과 함께 쇼핑을 나서곤 한다. 누구보다 강력한 소비자들인 가족의 발걸음이 옮겨가고 입술이 움직인다면, (피터 린치의 말을 빌려 표현하자면) 매수하라는 신호라고 할 수 있다. 쇼핑은 이마트에서 하고, 화장품은 태평양 제품을 쓰고, 새참으로 신라면을 먹는다면, 신세계와 태평양과 농심이라는 기업에 관심을 가지는 것이 투자자의 자세일 것이다. 종목 발굴의 힌트는 아주 가까운 곳에 있다.

삶, 그 자체에 투자하라

나는 소비자, 즉 사람들과 함께 숨 쉬면서 성장하는 기업을 좋아한다. 필수 소비재인 의식주 관련 기업이나 제약회사가 사람들과 함께 성장하는 기업의 전형적인 예다. 이들 회사는 소비자의 기호가 변하더라도 그에 맞게 변화한다. 유한양행 같은 회사를 생각해보자. 이 회사의 자회사인 유한킴벌리가 만드는 휴지나 생리대 등은 인간이 살아 있는 한 계속 존재할 수밖에 없다. 소비자의 소득이 늘고 기호가 바뀌면 회사는 그에 맞게 고급 제품을 내놓는다. 워런 버핏이 얘기하는 '필수불가결한(inevitable)' 기업인 것이다. 나는 이런 회사들을 '성장형 가치주' 라고 부른다.

음식료회사도 성장형 가치주로 분류할 수 있다. 웰빙 바람을 타고 탄산음료 시장이 줄어들면, 천연 음료를 내면 된다. 생산 라인을 바꾸는 데 큰돈이 들지도 않는다. IT 기업들이 성장주가 아니라 이런 기업들이 진정한 성장주다. 인간의 삶과 함께 성장하기 때문이다.

제약회사도 성장주의 관점에서 바라본다. 제약회사의 주식이 좋은 이유는 계속 새로운 병이 생기는 탓(?)이다. 인간이 살아가는 한 새로운

2000년의 제약업종 주요 지표 (단위: 억원)

	당기순이익	시가총액(전체)	PER
광동제약	-548	403	적자
국제약품공업	16	170	10.4
근화제약	59	384	6.6
녹십자	-85	25	적자
대원제약	60	156	2.6
동성제약	13	143	10.7
동신제약	206	262	1.3
동아제약	209	1,050	5
동화약품공업	-76	345	적자
보령제약	60	271	4.5
부광약품	130	1,020	7.8
삼성제약공업	-58	46	적자
삼일제약	82	151	1.8
삼진제약	42	1,021	24.2
수도약품공업	7	236	34.6
신풍제약	84	158	1.9
영진약품공업	-385	69	적자
오리엔트바이오	31	108	3.5
유유	12	419	35.4
유한양행	335	2,244	6.7
일동제약	52	158	3
일성신약	138	218	1.6
일양약품	20	327	16.2
제일약품	79	181	2.3
종근당	39	460	11.8
중외제약	81	385	4.7
태평양제약	32	318	10.1
한국슈넬제약	-8	85	적자
한독약품	38	251	6.5
한미약품	114	472	4.1
한올제약	50	144	2.9
한일약품공업	18	63	3.6
현대약품공업	51	246	4.9
환인제약	71	539	7.6
제약업종 전체	970	12,529	12.9

2000년은 상장 제약사들의 평균 PER가 대부분 한 자릿수에 머물고 있을 정도로 저평가되었던 시기다.

병이 생기지 않을 수는 없는 노릇이다. 즉 병균들이 진화하는 만큼 제약 산업도 발전하는 것이다. 때문에 제약회사는 계속 새로운 약을 연구한다. 이런 기업들은 인간을 이롭게 하면서 성장을 한다. 그래서 나는 제약회사 주식을 좋아한다. 국내 제약회사 주식 중 사보지 않은 주식이 하나도 없을 정도로 나는 제약회사에 관심이 많다.

쓰레기를 치우는 기업들도 좋아한다. 인선이엔티라는 주식에 푹 빠져 있던 적이 있었는데, 이 회사는 건설 폐기물 처리 회사다. 인간에게 필요 없는 쓰레기를 치우고 돈을 버는 기업인 것이다. 누이 좋고 매부 좋은 기업이다. 그래서 나는 철강이나 화학 업종의 회사와, 음식료나 제약 회사의 PER 등 각종 주가 지표가 같다면, 무조건 음식료나 제약 회사의 주식을 산다. 친인간적이고 친사회적이며 친환경적인 기업을 살 때면 마음이 편해진다. 반대로 뭔가 인간을 해롭게 하고 환경을 해치는 기업에는 투자하지 않는 것이 좋다. 언제 어디서 갑자기 새로운 규제가 튀어나와 그 기업의 발목을 잡을 가능성이 높기 때문이다.

03 한국의 코카콜라를 찾아서

워런 버핏 따라잡기

Franchise
1 (정부가 개인·단체·회사에 주는) 특권, 특허 2 공민권, 시민권:참정권 3 《미》 독점 판매권, 체인점 영업권
4 【야구】 프랜차이즈 5 (스포츠 경기의) 방송권, 방영권 6 【보험】 면책 비율

新가치투자의 핵심 개념, '프랜차이즈'

자본주의 사회에서 수익은 희소성에서 나온다. 희소할수록 가격 협상에서 우위에 설 수 있다. 다이아몬드가 다른 보석에 비해 비싼 것은 희소성 때문이다. 다이아몬드뿐만 아니라 희소한 토지나 희소한 브랜드 혹은 고유한 능력을 가진 조직(뛰어난 조직은 모방하기 어렵다) 등이 있어야 지속적인 수익 확보가 가능하다. 이런 능력을 가진 기업이라야 진입장벽을 가질 수 있다.

진입장벽의 전형적인 예가 '벤츠와 루이비통'이다. 벤츠는 도요타의 렉서스라는 강력한 경쟁자가 나오면서 경쟁력이 줄어들었다. 일설에 의하면 렉서스는 수년간 벤츠와 BMW의 장점을 연구한 결과 탄생된 최고의 걸작으로 평가받고 있다. 벤츠의 경우 차별화 혹은 진입장벽을 오랫동안 유지하는 데 실패했다. 이에 반해 대표적인 명품 브랜드인 루이비통은 오랫동안 유일무이의 자리를 계속 차지하고 있다. 루이비통은 단

순한 브랜드라는 개념을 넘어선 브랜드력(Brand力)을 갖고 있는 것이다. 나는 벤츠 같은 브랜드를 가진 회사보다 루이비통과 같은 브랜드를 가진 회사를 더 좋아한다. 진입장벽이 더 높기 때문이다.

벤츠 가격이 10% 올라도 과연 소비자는 여전히 벤츠를 선택할 것인가, 아니면 상대적으로 가격 메리트가 커진 아우디나 BMW 혹은 렉서스로 발길을 돌릴 것인가? 취향에 따라 다른 선택을 하겠지만 어쨌든 좋은 결과가 나오기는 쉽지 않을 것이다. 하지만 루이비통의 열성 고객이 가격이 좀 비싸졌다고 갑자기 다른 명품 브랜드 제품을 사는 일은 없을 것이다.

반대의 이유로 나는 지금 현재의 증권주에 대해서는 그리 높은 점수를 주지 않는다. 사회생활 내내 증권업에 몸담아온 사람이 오히려 증권업에 대해 높은 점수를 주지 않는다니, 스스로 아이러니하다는 생각이 들기도 한다.

과거 증권업은 매우 유망한 사업이었다. 자본시장의 발달과 함께 증권업은 대표적인 성장 산업이었지만 지금은 그렇지 않다. 왜 이렇게 증권업은 그 매력을 잃어버렸을까? 증권 중개 서비스에서는 차별화 요소를 찾을 수 없기 때문이다. 경쟁이 치열해지면서 한 회사가 수수료를 인하하면 나머지 회사들도 그 행렬에 동참한다. 당연히 수익성이 떨어지게 된다. 진입장벽을 갖지 못한 회사들이 선택할 수 있는 방법은 '가격 인하' 외에 없다. 이러한 처절한 경쟁을 통해서 살아남은 절대 강자라야 비로소 의미 있는 마진을 확보할 수 있을 것이다. 증권업에 투자한다면, 이러한 강자의 출현이 가까워지는 시기에 투자하는 것이 바람직할 것이다.

탁월한 가치투자자 워런 버핏은 진입장벽의 중요성에 대해 이렇게 말을 한 적이 있다.

> 독점력의 지속성 여부를 살펴봐야 한다. 회사를 둘러싸고 있는 해자(垓字, 방어 등의 목적으로 성 밖으로 둘러서 판 못)가 얼마나 깊고 넓은지를 판단하는 것이 내 첫 번째 관심사이다. 물론 성과 해자가 크고, 해자 속에 피라냐와 악어가 많으면 더욱 좋다.

그렇다면 독점력을 갖춘 기업은 어떤 기업을 말하는 것일까? 버핏의 정의를 들어보자.

> 독점력을 갖춘 기업은 (1) 고객이 필요로 하고 (2) 대체재가 존재하지 않으며 (3) 가격 규제의 영향을 받지 않는 제품과 서비스를 제공하는 기업을 의미한다.

이런 기업을 '프랜차이즈형 기업'이라고 부른다. 여기서 말하는 프랜차이즈는 흔히 말하는 프랜차이즈 점포를 의미하는 것이 아니라 '시장 지배력'을 뜻한다.(프랜차이즈라는 말에는 같은 상표를 사용해 가맹점 사업을 하는 체인점이라는 의미도 있지만 '독점적 판매권' 또는 '강력한 브랜드 파워'라는 또 다른 의미도 있다.) 독보적인 가격 결정력과 시장 지배력, 탄탄한 유통망, 브랜드 파워 등은 경기 부침에 상관없이 꾸준한 수익을 창출하는 원천이 된다.

현대적 가치투자에서는 이 프랜차이즈를 가장 중요한 투자 요소로 생각한다. 현대적 가치투자는 소비자 기호와 규모의 경제가 결합한 형태의 강력한 프랜차이즈를 지닌 코카콜라와 질레트의 오랜 주주 워런 버핏에 의해 그 실체가 세상에 드러났다. 프랜차이즈를 지니는 것은 좋은 경영자를 갖고 있는 것보다 더 중요하다. 과거 국민은행의 김정태 행장의 등장으로 유명해진 'CEO 주가'라는 말처럼 유능한 CEO는 투자 판단 시 매력적인 기준이지만, 요즘 같이 변화가 심하고 단기적 경영 성과에 치중하는 세상에서 우수한 경영진이 오래 남아 있으리라는 보장은 없다. 이런 프랜차이즈를 위해서는 기업이 진입장벽을 갖고 있어야 하고 그 진입장벽이 구조적이어서 오래 유지되어야 한다.

> 나의 경험과 다른 기업들을 관찰한 결과, (경제적인 수익으로 따질 때) 우수한 경영 실적을 내려면 노를 잘 젓는 것보다 어떤 배를 모느냐가 더욱 중요하다는 사실을 깨달았다.

버핏의 얘기다. 버핏은 또한 독점력, 즉 프랜차이즈의 중요성에 대해 이렇게 덧붙이고 있다.

> 독점력은 경영상의 과오를 어느 정도 보완해준다. 경영자의 무능은 독점기업의 수익성을 떨어뜨리지만 치명적인 위해를 가하지는 않는다.

피터 린치도 이와 비슷한 얘기를 한 적이 있다. 린치는 다름 아닌 "어떤 바보라도 경영할 수 있는 기업이 내가 꿈꾸는 일종의 완벽한 주식의 특징"이라고 말한 적이 있다.

버핏은 왜 코카콜라에 투자했을까?

시장경제 체제에서는 진입장벽이 없는 한 경쟁은 반드시 이익을 갉아먹는다. 가치 평가의 3대 요소(자산가치, 수익가치, 성장가치) 중에서 성장가치를 결정하는 99%의 요인이 바로 '프랜차이즈', 즉 시장 지배력이다. 강력한 프랜차이즈의 전형적인 예가 바로 워런 버핏이 투자한 코카콜라, 세계적 면도기회사 질레트(지금은 세계적 생활용품업체 P&G에 인수됐다.) 그리고 초콜릿회사 허시 등이다. 가치투자자는 프랜차이즈를 벗어난 성장은 인정하지 않는다. 농심이 갑자기 내년부터 반도체 생산라인을 깔기 시작한다고 해서 우리는 결코 그 성장을 인정하려 들지는 않을 것이다. 오히려 그런 의사결정이 농심이 지닌 강력한 라면사업의 프랜차이즈 가치를 훼손하는 결과를 가져다줄 것이기 때문이다.

그레이엄의 영향 아래 있었던 버핏은 절대적으로 저평가된 종목 위주로 투자했지만, 나중에는 스승의 영향력에서 탈피해 양적 분석이 아닌 질적 분석에 초점을 맞춰 종목을 선택했다. 설사 조금 비싸더라도 지속적인 수익을 낼 수 있는 회사를 선택하기 시작한 것이다. 바로 코카콜라가 대표적인 회사다.

투자 자본에 대한 수익률이 높고, 그 수익률이 계속 증가할 가능성이 있는 주식을 좋아한다. 예를 들어, 지난번에 우리가 코카콜라 주식을 매입했을 당시의 주가는 코카콜라 수익의 23배(PER가 23이라는 의미)였다. 당시의 매입가와 코카콜라의 현재 수익을 놓고 보면 주가는 수익의 5배가 된다. 투자에서 중요한 건 투자 자본, 그 자본의 수익률, 그리고 앞으로 발생할 자본 대(對) 현재 구매 가격의 상호 관계이다.

이 말은 설사 PER가 높다 하더라도 수익률이 계속 증가한다면 그 주식을 사야 한다는 얘기다. 지속적으로 수익이 증가하기 위해서는 프랜차이즈를 갖고 있어야 한다. 진정한 의미의 구조적 경쟁 우위는 다음의 몇 가지 정도에 불과하다.

① 정부의 독점 허가: 전력사업, 도시가스사업, 수도사업, 방송업 등
② 장기적인 특허권과 저작권: 음반, 신약, 기술료
③ 어떤 지속적인(구조적인) 우위에서 나온 비용(공급)상의 이점: 시멘트사업(광산 보유), 이마트와 같은 대형 할인점(주요 지역 선점), 항만사업 등
④ 고객의 기호(수요)와 습관: 신라면, 담배, 박카스, 초코파이
⑤ 높은 시장점유율 덕분에 생긴 규모의 경제: 박리다매 제품
⑥ ④ + ⑤가 결합한 형태의 가장 강력한 프랜차이즈

사실 순가치투자가 가능하고 안전마진 확보가 가능했던 그레이엄 시대는 프랜차이즈까지 생각할 필요조차 없었을 것이다. 그러나 이미 시장가치가 자산가치를 초과하고 안전마진이 마이너스인 요즘 선진 주식시장에서는 프랜차이즈의 원천과 경쟁 우위의 성격을 밝혀내지 않고서는 성공적인 투자를 할 수 없을 것이다. 하지만 어떤 기업이 프랜차이즈를 보유하는가를 검증하는 것은 수많은 시간과 노력을 투자해야 배울 수 있는 어려운 기술이다. 기업의 재무제표 그 어디에도 시장 지배력을 나타내는 수치는 나와 있지 않기 때문이다.

프랜차이즈에 대한 착각 중 하나는 브랜드 가치를 곧 프랜차이즈 가

치로 여기는 것이다. 확실한 것은 브랜드 가치가 곧바로 프랜차이즈 가치로 이어지지는 않는다는 점이다. 브랜드 가치가 높다고 꼭 돈을 잘 버는 것은 아니다. 남이 흉내 낼 수 없는 브랜드만이 수익으로 연결될 수 있다. 또한 어떤 프랜차이즈도 수명이 존재하게 마련이다. 코카콜라와 마이크로소프트나 인텔이 영원하다고 누가 장담할 수 있겠는가. 언제 어디서 걸출한 경쟁자가 나타날지 알 수 없는 것이다.

'박카스'와 'OB맥주', 그리고 몇몇 패션 브랜드를 보면 이런 사실이 잘 드러난다. 박카스는 웰빙 바람을 타고 '비타 500'이라는 경쟁 음료가 등장하면서 어려움을 겪고 있다. 한국투자증권 자산운용본부 시절 함께 근무했던 펀드매니저의 할머니가 30년 이상 드시던 박카스를 버리고, 드디어 비타 500으로 바꾸었다는 얘기를 들었다. OB맥주도 '하이트맥주'의 등장으로 수십 년간 지켜왔던 선두 자리를 내놨다. 패션산업은 정도가 더 심하다. 유행이 자주 바뀌는 탓에 강력한 명품 브랜드로 성장하기 어렵다. 지금은 사라져간 수십 개의 패션 브랜드를 생각해보라.

이처럼 프랜차이즈에는 유행이나 시대 변화 등으로 인해 수명이 존재하게 된다. 진정 뛰어난 프랜차이즈는 기존 고객을 유지하는 데뿐만 아니라 신규 고객을 확보하는 데도 경쟁 우위를 가지고 있어야 한다. 이런 기업을 발견하고 투자할 수 있다면 우리도 버핏처럼 이 주식을 평생 보유할 수 있을 것이다. 버핏은 프랜차이즈에 대해 허시 초콜릿의 예를 들며 다음과 같은 말을 했다.

가게에 들어갔는데 가게 주인이 '허시 초콜릿은 없고 이름은 알려져 있지 않지만 권하고 싶은 초콜릿이 있다'고 말했을 때, 그 가게에서 나와 길을 건너가 허시 초콜릿을 산다거나 이름 없는 초콜릿보다 허시 초콜릿을 사는 데 몇 십 원 더 돈을 쓴다면 그게 바로 지배력의 가치이다.

프랜차이즈는 또한 해충(경쟁)을 막는 강력한 보호 수단이다. 버핏은 자신이 이 지구상에서 가장 지배력이 강한 기업으로 꼽은 코카콜라의 예를 들어 이렇게 지적하고 있다.

누가 내게 1,000억 달러를 주면서 청량음료 시장에서 코카콜라의 선두 자리를 빼앗아보라고 말한다면, 나는 그 돈을 돌려주면서 그런 일은 있을 수 없다고 말을 할 것이다.

한국의 코카콜라, 농심

가치투자는 벤저민 그레이엄에서 시작해 워런 버핏에 의해 완성된 투자 방법이라고 해도 과언이 아니다. 버핏의 절친한 친구이자 컬럼비아 대학원에서 동문수학한 세쿼이아 펀드의 빌 루안은 그레이엄과 버핏의 관계에 대해 "그레이엄은 이른바 성경을 썼고, 버핏은 그것을 현대화했다. 말하자면 그레이엄은 구약을 썼고, 버핏은 신약을 쓴 것이다."라고 말한 적이 있다. 구약(그레이엄)을 통해 가치투자에 눈을 뜬 나는 이번에는 신약(버핏)을 투자에 적용하기로 마음을 먹었다.

가치투자자들 사이에서 버핏의 위상을 알려주는 재미난 일화가 하나 있다. '트위디 브라운'은 가치투자의 전설로 불리는 회사다. 주식 브로커 회사로 출발한 이 회사는 창립 초기부터 그레이엄과 관계를 맺고 있었다. 또 버핏이 버크서 해서웨이의 주식을 처음 살 때 중개를 담당한 곳도 바로 이 회사였다. 그레이엄의 직계 제자 중 한 명인 톰 냅이 이 회사에서 펀드를 운용하면서 오늘날 대표적인 가치주 펀드로 키웠다. 한마디로 이 회사의 역사가 곧 가치투자의 역사인 것이다.

이 회사는 매우 보수적인 회사로 유명한데, 할머니의 돈을 운용하듯이 펀드 운용을 하는 게 운용 철학이라고 한다. 이 얘기를 한 증권사의 뉴욕 지점장으로부터 들었다. 할머니의 돈을 잃었다고 생각해보라. 할머니뿐만 아니라 운용하는 사람도 잠이 오지 않을 것이다. 얼마나 조심스러운 회사인지 한국 주식에 투자한 것도 불과 몇 년 안 됐다. 수많은 조사와 분석 끝에 한국 시장에 투자하기로 결정을 했던 것 같다.

그런 트위디 브라운에서 한 애널리스트에게 웰스 파고 은행을 조사해달라는 부탁을 했다고 한다. 그런데 워런 버핏이 그 은행의 주식을 대량으로 매입했다는 사실을 알게 되었다. 그 조심스럽다는 트위디 브라운은 이 소식을 듣고서는 애널리스트에게 요청했던 조사를 바로 취소하고 그냥 그 주식을 사버렸다. 그 누가 버핏보다 더 나은 조사 결과를 낼 수 있었겠는가?

버핏에 심취해 있던 시절, 나는 이런 생각을 해보곤 했다. '만약 버핏이 한국에 투자한다면 과연 어떤 기업을 매수할 것인가?' 워런 버핏에게 가장 큰돈을 벌어 준 기업이자 그가 가장 사랑했던 기업은 아마 코카콜라일 것이다. 그래서 나는 버핏을 따라 한국의 코카콜라를 찾아보기로 마음을 먹었다.

타의 추종을 불허하는 탁월한 맛과 자극으로 오랜 세월에 걸쳐 소비자의 입맛을 사로잡은 코크(Coke)는 규모의 경제를 이룩하면서 누구도 넘볼 수 없는 아성을 쌓아올렸다. 전 세계 어디를 가보아도 OB맥주나 하이트맥주, 기린, 아사히, 칭타오, 버드와이저 등 자국 맥주를 즐기는 나라는 많아도 자국 콜라를 마시는 나라는 거의 없다. 정말 놀라울 정도의 프랜차이즈를 보유한 기업임에 틀림이 없다.

과연 한국에도 이런 기업이 탄생할 수 있을까? 칠성사이다, 오리온 초코파이, 박카스 등 여러 소비재 제품들을 떠올려봤지만 코크와는 비교 대상이 될 수 없었다. 코카콜라 같은 회사가 되려면 소비자의 기호에 따른 충성도가 높아야 하고, 규모의 경제를 실현해서 가격을 낮출 수 있어야 한다. 여기에 매출도 꾸준히 늘어야 한다는 조건이 필요하다. 코카콜라는 해외 시장에 진출하면서 이익이 지속적으로 늘었다. 즉 먹고 쓰고 없어지면서 지속적으로 성장하고, 자신의 프랜차이즈 영역을 확장해 나갈 수 있는 제품을 갖고 있는 회사여야 한다.

처음에 생각한 제품은 '홍삼'이었다. 그래서 KT&G(옛 담배인삼공사)를 생각했었다. 하지만 세계 시장 전체로 뻗어나가기에는 약해 보였다. 박카스는 수출이 잘 안 되는 제품이고, 초코파이도 정말 대단한 제품이지만 오리온의 사업구조가 너무 다양해서 초코파이 사업의 비중이 너무 낮은 것이 흠이었다.

결국 결론에 다다른 제품이 바로 농심의 '신라면'이었다. '신라면'은 세계 시장에 나가더라도 먹힐 것 같다는 생각이 들었다. 게다가 미국 등 다른 나라에서는 만들기 어려운 제품 아닌가? 독특한 맛으로 오랜 세월 충실한 고객을 확보한 독보적인 내수 기업이면서 세계로 뻗어나갈 수 있는 역량을 보유한 기업. '신라면'이라는 브랜드 하나로 라면시장을 평정해버린 기업. 중국 일본 미국으로 힘차게 도약하는 기업. 바로 농심

밖에 없었다.

농심은 가격 경쟁력과 독보적인 유통망을 갖고 있었다. 삼다수라는 브랜드로 생수시장에 진출한 지 2년 만에 생수시장 1위를 기록한 것만 봐도 농심이 얼마나 막강한 유통망과 브랜드를 갖고 있는지 엿볼 수 있다. 게다가 설비 자동화를 위한 투자도 완료돼 더 이상의 설비투자도 당분간 필요하지 않았다.

그렇다면, 농심이 구축해놓은 프랜차이즈는 얼마나 오래 갈 것인가? 기업의 프랜차이즈 가치를 계산하기도 어렵지만 프랜차이즈의 수명을 계산하는 것은 더욱 어려운 일이다. 하지만 우리는 어떤 신호를 이제 막 자라나는 아이들을 통해 확인할 수 있다.(또 다시 직업병이 도지는 것 같다. 내 눈에는 아이들이 구매자로 보인다.) 이런 질문을 해보자. 요즘 아이들은 박카스를 마실까? 초코파이를 여전히 좋아할까? 그러나 어쨌든 우리 둘째 아이와 그 친구들은 라면을 무척이나 좋아한다. 다행인지 불행인지 모르겠지만.

그래서 나는 농심 주식을 지난 1998년 1월 36,000원에 7만 주를 매수했다. 그런데 중간에 생각이 바뀌어 9만 원에 매도했다. 농심 계열사인 율촌화학의 주식을 사기 위해서였다.

당시 율촌화학은 농심 지분 18%를 가진 최대 주주였다.(농심이 정식으로 농심홀딩스를 설립해서 지주회사로 전환하기까지 율촌화학이 실질적으로 농심그룹의 지주회사 격이었다.) 그런데 농심에 대한 지분법 평가이익이 장부상에 계상되지 않고 있었다. 예전만 해도 지분법 평가이익이라는 개념이 별로 없었다. 계열사의 이익이 그 지분만큼 이익으로 잡혀야 하는데, 그렇게 하지 않았던 것이다. 규정도 애매모호했고 또 세금 문제로 인해 하지 않는 기업도 있었다. 2001년 농심의 이익은 800억 원 정도였으니, 율촌화학은 자신의 지분에 해당하는 144억 원(800억 원×18%)의 숨겨진 이익을 갖고 있었던 것이다. 배당 면에서도 농심을 갖고 있는 것보다 율촌화학을 갖고 있는 것이 더 유리했다. 자산가치도 농심보다 높았다. 그래서 농심을 팔고, 농심의 지분 18%를 갖고 있는 율촌화학 주식을 주당 3,000원에 매입했다. 3,000원에서 사서 6,000원에 매도했는데, 이는 결국 농심 주식을 18만 원에 매도한 것과 같은 결과였다.

잘 찾아보면 이렇게 이익이 숨어 있는 기업들을 만날 수 있다. 지분법 평가가 되어 있지 않은 기업을 만나면 숨겨진 보물을 찾은 것처럼 마음이 설렌다. 숨겨진 이익이 있는 회사는 시간이 지나면 언젠가 시장에서 그 이익을 알아주게 되고, 결국 주가 상승으로 이어진다.

아쉬움을 많이 남긴 주식 '동서'

평소 음식료 업종에 대한 관심이 많은데, 이런 관심이 종목 발굴로 연결된 주식이 바로 '동서'다. 동서는 겉으로는 포장재 납품 회사지만 실제 내용을 살펴보면 국내 최대의 분말 커피 회사인 동서식품을 자회사로 갖고 있는 근사한 회사다. 동서에 관심을 갖게 된 계기는 내가 맥심 커피를 좋아하기 때문이다. 나는 입맛이 촌스러운(?) 편이라 일명 다방커피라 불리는 인스턴트커피를 주로 마시는데, 그 중에서도 맥심 커피만 마신다. 다른 커피는 내게 잘 맞지 않는다. 게다가 맥심 커피에는 타의 추종을 불허하는 브랜드 파워가 있다.

동서를 분석해보니 회사 내용이 커피 맛만큼이나 마음에 들었다. 동서의 자회사인 동서식품은 커피의 쓴 맛과 숭늉의 구수함을 조화시킨,

구수한 한국형 커피로 한국인의 입맛을 사로잡은 회사다. 맥스웰이나 맥심이라는 브랜드가 전체 시장의 80%를 차지하고 있는 나라는 우리나라가 거의 유일하다. 세계적인 회사들도 동서식품과 맞서기 힘들 만큼 경쟁 우위가 확고한 회사다.

우리나라에는 확실한 독점력을 갖고 다국적 기업의 공세에 맞서 성공한 기업들이 많다. 물론 일부 기업은 외국에서 브랜드를 들여오기도 하지만, 그렇더라도 독특한 마케팅력과 토착화를 통해 독점력을 갖게 된 경우가 적지 않다. 기저귀, 화장지 등에서 P&G의 공세를 물리친 유한킴벌리, 월마트를 압도적으로 제친 이마트, 크래프트 사와 제휴하여 네슬레의 몇 배에 달하는 커피를 팔고 있는 동서식품 등이 그 예이다.

동서의 매력은 크게 두 가지였다. 첫 번째는 크래프트 사와 제휴하여 설립한 동서식품의 고배당 성향이었다. 동서식품은 배당 성향을 꾸준히 올려서 이제는 거의 당기순이익의 90%에 달하는 돈을 현금 배당 하고 있다. 이렇게 높은 배당 성향은 이미 충분한 유보금이 쌓여 있기 때문에 가능하다. 게다가 현재의 시장점유율을 유지하기 위해 대규모 설비 투자를 할 필요도 없었다. 동서는 동서식품에서 들어오는 막대한 배당금을 바탕으로 6년 연속 배당금을 증가시키는 놀라운 주주 정책을 보여줬다. 그리고 크래프트 사와의 각별한 관계 덕분에 동서는 치즈 등 크래프트 사에서 유통하고 있는 고급 식자재를 우선적으로 국내에 유통할 수 있다는 장점 또한 있었다.

두 번째는 동서식품에 포장재를 납품하고 있는 사업 모델이다. 보통, 포장재 등을 납품하는 쪽은 갑(甲)이 아니라 을(乙)의 입장에 서는 경우가 많다. 하지만 동서의 경우 동서식품의 모회사이기 때문에 물량과 가격 면에서 지속적인 공급을 담보할 수 있는 안정적인 공급처를 확보하고 있다.

독점적 지위, 고배당 성향 그리고 갑의 입장에 서 있는 비즈니스 모델 등 어느 것 하나 나무랄 것이 없었지만 동서를 오랫동안 보유하지는 못했다. 이유는 크게 두 가지였다. 첫 번째는 글로벌화를 통한 폭발적인 매출 증대가 힘들다는 점이었다. 당시 비슷한 가격대였던 농심의 경우 중국시장 진출을 비롯하여 해외에서 꾸준한 성장을 할 수 있는 토대를 만들고 있었다. 이에 비해 동서식품은 국내 시장에서는 최강자였지만 해외에서는 크래프트 사와의 관계 등으로 인해 독자적인 진출이 힘들다고 봤다.

두 번째는 주주들을 위한 IR(Investor Relationship) 의지의 부재였다. 내가 생각하기에 동서는 독점력과 지속적인 배당금 상승 등 충분히 자랑할 만한 주주 정책을 갖고 있었다. 하지만 동서는 외부에 자신의 존재가 알려지는 것을 극히 꺼리는 모습이었다. 내가 아는 외국계 펀드매니저는 동서를 방문해보는 게 소원이라고 할 정도였다. 아무리 좋은 기업도 예측 가능하지 않고 회사를 감추려든다면 소중한 자산을 운용하고 있는 펀드매니저에게는 위험한 기업일 수밖에 없다. 그래서 동서를 5만 원대에 사서 6만 원대에 20% 정도의 수익을 남기고 팔았다. 그 뒤에도 동서의 주가는 꾸준히 올라 2006년 1월 현재 액면분할 전 가격으로 환산할 경우 21만 원을 기록하고 있다.

동서식품은 해외 진출을 통한 매출 증대를 꾀하지는 않았지만 독점력을 바탕으로 계속해서 가격을 올렸고, 거기에 걸맞게 매출액과 순이익이 늘어났다. 배당이 늘어나면서 동서는 그 뒤로도 꾸준히 주가가 올랐던 것이다. 나에게 동서는 아쉬움이 많이 남는 종목이었다.

여담이지만, 입맛 때문에 발굴한 동서 같은 주식도 있는 반면 입맛 때문에 사지 않아 결국 안타까움을 맛본 주식도 있다. 카레를 만드는 회사인데, 이상하게도 이 회사의 카레는 내 입맛에 맞지 않다. 회사 내용도 너무 좋고, 주가가 오를 것이라는 생각을 늘 갖고 있었으면서도, 솔직하게 말해서 카레가 내 입맛에 맞지 않아서 매수하지 않았다. 이후 이 회사의 주가는 무려 열 배나 올랐다. 지금도 이 회사만 생각하면 속이 쓰리다.

BYC와 태평양의 5년 후 주가 차이는?

한동안 초저PER주 사냥에 단단히 맛을 들였던 적이 있었다. PER가 낮은 종목은 1999년, 2000년도만 해도 널려 있었다. 하지만 같은 초저PER주라고 해서 다 좋은 결과를 낼 수 없다는 것을 알게 됐다. 다시 말하면, 초저PER주라고 해서, 즉 싸게 거래된다고 해서 무조건 좋은 것이 아니라는 것을 깨달았던 것이다.

섬유업체인 BYC와 경동보일러는 초저PER주였지만 나에게 손실을 안겨준 종목이었다. 지난 1999년은 통신주 열풍으로 이들 주식이 시장 평균 PER 50배에 거래되고 있었다. 반면 BYC의 PER는 이보다 훨씬 낮은 두 배 정도밖에 안 됐다. PER가 2라는 말은 BYC의 주식을 몽땅 사들이더라도 2년이면 기업 매수 자금을 모두 회수할 수 있다는 얘기였다. 2년이면 본전을 뽑는데 사지 않을 이유가 없었다. 매입 가격은 주당 10만 원대였다. 하지만 이 주식은 좀처럼 오르지 않았다. 오히려 하락했다. BYC의 주가는 10만 원을 찍은 후 줄곧 하락해 2004년 36,000원까

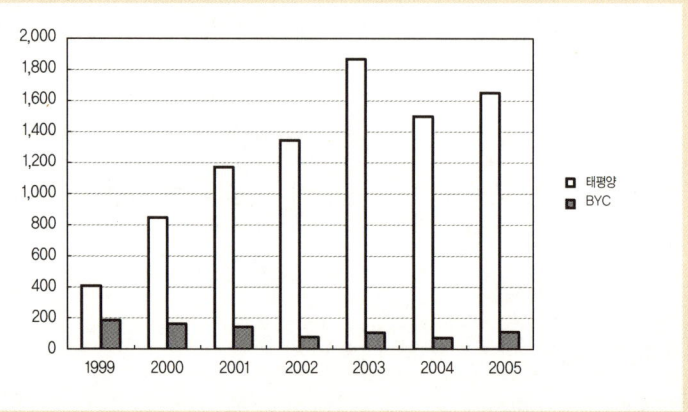

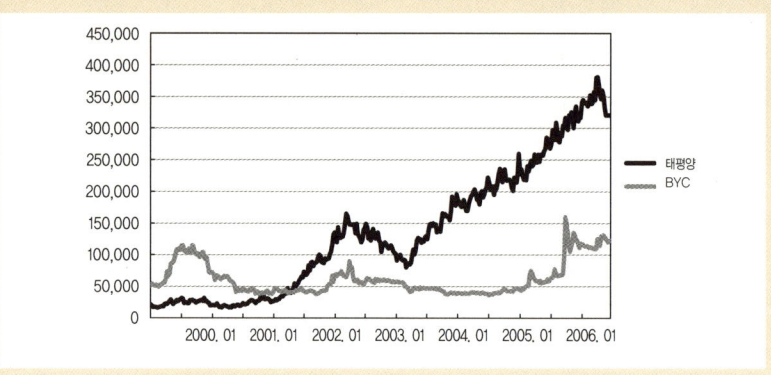

저PER주식도 시장 지배력에 따라 투자의 성패가 갈린다.

지 빠졌다.(2006년 들어서는 자산주로 부각되면서 2006년 1월 31일 현재 116,000원까지 다시 올랐다.)

같은 초저PER주였던 태평양은 BYC와는 사뭇 다른 결과를 낳았다. 1999년 말 BYC가 10만 원대일 때, 태평양은 25,000원 선이었다. 태평양은 이후 계속 올라 30만 원대를 돌파했다. 반면 BYC는 지난 6년 동안 거의 오른 것이 없다. 아마도 BYC 투자자들은 6년이란 시간을 견디지 못하고 모두 손절매를 했을 것이다.

왜 이런 현상이 일어났을까? 나도 처음에는 이 차이를 몰랐다. 하지만 오랜 기간 주가가 차이 나는 기업들을 분석하면서 그 차이를 알게 됐다. 바로 '프랜차이즈 밸류'의 문제였다.

태평양은 화장품 시장에서 시장 지배력, 즉 프랜차이즈가 있었지만 BYC는 그렇지 못했던 것이다. BYC는 속옷 분야에서 쌍방울, 태창 등과 함께 시장을 삼분하며 독보적인 지위를 가진 회사였다. 하지만 이 회사는 속옷의 패션화·고급화 흐름에 민감하게 대응하지 못했다. 개그맨 주병진 씨가 창업한 '좋은 사람들'과 같은 신규 경쟁자의 진출로 경쟁도 치열해졌다. 속옷 비즈니스는 진입장벽이 낮아 신규 사업자들이 치고 들어올 여지가 많았던 것이다. 요즘 대형 할인점에 가보면 흰색의 러닝셔츠가 1, 2천 원에 거래되는 것을 볼 수 있다. 치열한 경쟁으로 인해 얼마나 제품의 가격이 낮아질 수 있는가를 보여주는 전형적인 예라고 할 수 있다. 낮은 진입장벽에 따른 경쟁의 격화로 BYC의 수익은 계속 줄어들었다.

경동보일러도 손실을 보았던 종목이다. 경동보일러의 PER는 2, 3배였고 자산가치도 높았다. 이익도 꾸준히 느는 추세였다. 당연히 매수를 했다. 그러던 어느 날 신문에 롯데기공이 저가형 보일러를 만들어 보일러사업에 전력투구한다는 기사가 실렸다. 뭔가로 뒤통수를 얻어맞은 듯

한 느낌을 받았다.

우리나라 보일러 시장은 귀뚜라미, 린나이, 경동보일러 등이 20% 정도의 점유율을 보이며 시장을 분할하고 있는 구조다. 이들 보일러회사의 이익이 느는 것은 시장 지배력이 뛰어나서가 아니라 보일러 교체 수요가 발생했거나 다른 특수한 상황에 따른 것이었다. 나는 신문 기사를 보고서야 이런 사실을 알게 됐다. 만일 롯데기공이 가격을 낮춰 공격적인 마케팅을 전개하면 어떻게 될까? 어느 회사도 시장 지배력을 갖고 있지 못하니, 같이 가격 인하 경쟁을 벌여야 한다. 그럼 어떤 결과를 낳을까? 당연히 수익성이 떨어질 수밖에 없다. 수익성이 떨어지면 주가도 떨어질 게 아닌가. 결국 경동보일러에 대한 나의 판단에 부족한 점이 있었다. 그나마 뒤늦게라도 알게 된 것이 다행이었다. 돈은 못 벌고 공부만 한 주식이었다.(보일러회사들은 그 후에도 뚜렷한 수익성 개선을 보여주지 못하고 있다.)

지난 2000년에 투자한 태평양은 절반의 성공, 아니 절반의 실패라고 할 수 있는 종목이다. BYC와 같은 이유로 초저PER주라는 관점에서 나는 태평양을 매입했다. 태평양의 경영진은 외환위기 이후 뼈를 깎는 구조조정을 했다. 비주력사업인 증권사와 생명보험사를 팔아버리고, 태평양패션을 거평에 매각했다. 야구단인 태평양 돌핀스도 현대그룹에 넘겼다. 그리고 화장품 분야에 올인했다. 나는 지금까지 이렇게 확실하고 깔끔하게 구조조정을 하는 기업을 본 적이 없었다. 내 기억으론 태평양이 패션사업을 정리할 때 심지어 웃돈을 주는 방식으로 매각할 정도로 강력한 의지를 보였었다.

결과는 대성공이었다. 태평양은 기존에 갖고 있는 화장품산업 내의 시장 지배력을 더욱 공고히 할 수 있었다. 이런 과정을 통해 태평양은 국내 화장품시장의 최대·최고 기업으로 자리 잡았다. 게다가 주름 제거 기능성 제품인 아이오페의 대성공으로 태평양은 고가 브랜드로 한 단계 도약할 수 있는 계기도 마련했다. 구조조정으로 확보한 자금을 연구개발에 투자하고 그 성과가 히트 상품으로 나오는 선순환 구조가 만들어진 것이다. 태평양에 대해 한 화장품업체 마케팅 담당 이사는 이런 얘기를 한 적이 있다.

"화장품시장에서 태평양의 시장점유율은 40%지만, 심리적 점유율은 90%입니다."

업계 사람들이 느끼는 태평양이란 기업의 위상이다.

하지만 나는 태평양으로 큰돈을 벌 기회를 놓쳤다. 이런 의미에서 나는 태평양을 '절반의 성공, 절반의 실패'라고 부른다. 나는 태평양을 18,400원에 사서 40,000원에 팔았다. 20배 종목인데 두 배에서 그쳐버린, 지금 생각하면 어처구니없는 의사결정을 내렸던 것이다. 그때만 해도 내공이 약했던 탓이다.

1999년 말, IT 버블이 터지고 증시는 대폭락을 경험했다. 2000년의 일이다. 종합주가지수가 1000포인트에서 500포인트로 수직 낙하했다. 그런데도 태평양과 롯데칠성은 연일 주가가 오르고 있었다. 과열 기미마저 보였다. 마치 작전주가 오르는 것처럼 올랐다. 상승 속도와 폭이 너무 빠르고 가팔랐다. 지수가 반 토막이 나는 와중에도 계속 오르는 것을 보니 덜컥 겁이 났다. 별의별 생각이 다 들었다. 혹시 누가 작전을 하고 있는 것 아닌가, 이러다가 폭락하는 것 아닌가…… 주식을 들고 있기가 두려웠다. 그래서 팔았다. '장세를 보지 말고 기업을 보고 투자하라' 고 늘 말로는 떠들면서도 결국 시장에 휘둘렸다.

또 다른 이유는 게을러서였다. 만일 그때 한 번이라도 기업 탐방을 갔었다면 그런 그릇된 의사결정을 내리지 않았을 것이다. 주가가 연일 폭락을 거듭해 펀드매니저들은 공포의 터널을 통과하고 있던 시절이라 개별 주식에 집중하기 어려웠다. 나도 마찬가지였다. 기업 탐방을 했더라면, 태평양이란 기업이 변하고 있고, 수익도 늘고 있다는 것을 알았을 것이다.

한 종목에 깊이 파고들기보다는 싼 주식이 널려 있어서 새로운 종목을 찾아다녔던 것도 실수의 이유 중 하나다. "기존에 자신이 갖고 있는 포트폴리오가 최고의 포트폴리오"라는 피터 린치의 말을 실제 투자에 적용하지 못했다. 이미 샀던 주식을 더 깊이 연구해서 태평양을 더 사는 게 올바른 행위였지만 태평양보다 신선한 종목을 찾았던 것이다.

이 일로 배운 점이 하나 있다. 가치투자자에게는 원금을 깨먹는 것뿐만 아니라 놓쳐선 안 될 종목을 놓치는 것도 손실이란 점이다. 사실 가치투자자는 기술 변화나 시장 흐름 등에 따라 투자하는 사람들이 아니기 때문에 국내 주식에 투자할 수 있는 종목이 100여 개 안팎에 불과하다. 그런데도 태평양을 놓쳤다는 것은 보이지 않는 손실이라 할 수 있다.

가치투자자에게 리스크란 주가가 하락하는 것이 아니라 기업 분석에 착오가 있거나 기업의 가치가 훼손되는 것이다. 그런데 너무 소심하다 보니 자꾸 나쁜 것만 보게 되고 좋아지는 것은 신경 쓰지 못할 때가 많다. 신경 쓰지 않다가 주가가 너무 오르면 빨리 팔아버리는 일이 많다. 가치의 판단 기준을 바꾸어야 하는데, 자꾸 옛날 주가가 낮았을 때만 생각하게 된다. 변해야 하는데 변하지 못한다. 나도 이 점이 때때로 답답하다.

　가치에 비해 저평가된 기업에 투자할 때 조심해야 할 것은 단순 저평가형 기업과 시장 지배형 기업을 구분해야 한다는 점이다. 일반 투자자들이 빠지기 쉬운 함정이 바로 이 두 기업의 구별이다. 아무리 저평가된 종목이라 하더라도 사서 오랫동안 기다리는데도 수익이 안 난다면 이것이 단순 저평가형 종목이 아닌지 스스로 의심해볼 필요가 있다. 단순 저평가형 기업의 경우 각종 지표로 볼 때는 분명히 싼데 영원히 그 상태가 지속되거나, 시간이 지남에 따라 오히려 가치 지표가 악화되는 경우가 있다.

　내가 산 초저PER주 중에서 주가가 떨어진 종목은 순이익이 떨어졌던 종목이었고, 주가가 올라간 종목은 순이익이 꾸준히 늘어난 종목이었다. 양적인 분석과 함께 질적인 분석이 병행되어야 하는 이유가 바로 여기에 있다. 손안의 새만을 중요하게 여겨서 현재의 가치 지표만을 중요시하게 되면 단순 저평가형 기업을 골라서 결과적으로 손실을 보게 될 가능성이 있다. 그래서 가치투자는 종합적인 접근이 필요하다.

　저평가 기업만을 골라도, 다시 말해 저PER, 저PBR 원칙만 지켜도 기본적으로 탁월한 수익률을 낼 수 있다. 그러나 여기서 더 좋은 성과를 내고 싶다면 '프랜차이즈 밸류'이라는 신(新)가치투자의 핵심 개념을 이해해야 한다는 것을 나는 BYC와 경동보일러 등으로부터 배웠다.

04 독점의 진실

가장 좋은 비즈니스 모델

독점형 기업들

자본주의에서 기업의 수익을 훼손하는 것은 바로 '경쟁'이다. 그래서 나는 경쟁을 하지 않는 기업을 좋아한다. 경쟁을 하지 않는 가장 확실한 방법은 바로 '독점'이다. 독점을 하면 경쟁 없이 늘 일정 수준 이상의 수익을 얻을 수 있기 때문이다. '독점이 가장 좋은 비즈니스 모델'이란 아이디어로 매수한 종목이 국내 유일의 전업 재보험회사인 코리안리, 그리고 한국전력이다.

분류하자면 코리안리는 '자연 독점형'이고 한전은 '정부 보호형'이다. 자연 독점형은 말 그대로 시장에서 규모의 경제와 소비자의 기호가 맞물리면서 자연스레 시장 지배력을 갖춘 기업이다. 대표적인 예가 버핏의 평생 보유 종목인 코카콜라와 같은 기업이다. 국내에서는 라면시장에서 독보적인 점유율을 갖고 있는 농심이나 할인점 사업의 절대 강자인 이마트 등이 자연 독점형에 해당하는 기업들이다. 정부 보호형은 정부의 인가와 보호 그리고 규제 속에서 독점력을 확보한 기업이다.

먼저 코리안리에 대해 얘기해보자. 과거 코리안리는 정부의 보호 아래 있었던 측면이 있었다. 코리안리는 원래 1963년 대한손해재보험공사로 설립됐다. 1978년 민영화를 추진해 대한재보험(주)로 사명을 변경했지만 정부가 사실상의 주인이었다. 그런데 외환위기 때 주인이 생겼다. 원래 공기업적인 성격이 강했던 코리안리는 원혁희 씨가 최대주주로 부상하면서 배당이나 지배구조의 투명성, 효율성 면에서 회사가 몰라보게 좋아졌다. 사명도 지난 2002년 대한재보험(주)에서 코리안리로 바꿨다.

프랜차이즈 측면에서 코리안리는 국내 재보험시장의 최고 강자였고, 다른 화재보험사에 비해 꾸준하게 이익을 유지하는 회사였다. 성장성에는 의문이 있었지만 배당 정책이나 투명 경영 등 주주 중심의 경영을 보고 투자할 것을 결심했다. 이런 점을 고려해서 2000년 6월 처음으로 매입했다. 8,000원대에 사서 4,5만 원대에 매도했는데 그 후로도 이 회사는 매년 배당금을 늘리고 있다.(이 회사의 배당은 750원, 1000원, 1000원, 1300원, 1750원으로 늘어났다.) 액면분할을 감안하면 지금은 12배 이상 오른 11만 원대에서 거래되고 있다.

대표적인 정부 보호형 기업인 한국전력은 나에게는 애증의 종목이다. 국내 유일의 전기공급회사인 한전은 100% 독점 사업을 영위하기 때문에 절대 망할 수 없는 회사지만 반대로 정부의 규제로 인해 이익 성장에 한계가 있는 기업이다. 이 회사의 강점은 최저 이익 한도가 정해져 있고 부도 위험도 없다는 점이다. 하지만 역설적으로 노다지 이익이 날 수 없는 회사다. 왜냐하면 정부와 국민 그리고 시민단체가 이를 용인할

리 만무하기 때문이다. 외부 압력에 의해 이익의 상한선과 하한선이 조절되는 격인데, 이로 인해 위쪽 성장 가능성과 아래쪽 악화 가능성, 둘 다 막혀 있는 셈이다.

사실 한전은 정말 지겨운 주식이다. 시가총액도 크고, 절대로 안 올라갈 것 같은 주식이다. 주위 사람들에게 한전 이야기를 하면 아무도 듣지 않는다. 더 이상 성장하기 어려운 성숙 산업이라고 생각하는 탓이다. 하지만 실제로 속을 들여다보면 2000년 당시보다 엄청나게 이익이 늘고 부채도 줄어들었다. 이자비용이나 수익성도 비약적으로 발전했다.

그렇다면 지금 현재 어떻게 볼 것인가? 나는 개인적으로 좋게 본다. 하지만 아무도 내 말을 믿지 않는다. 아무도 사지 않는다. 그리고 내 생각에도 올라갈 것 같지 않다. 하지만 싸다. 배당수익률이 4%이고, PBR로 보면 다른 유틸리티주에 비해 싼 자산주라고 할 수 있다.

나의 사랑만큼 나에게 수익을 안겨주지 않은 종목을 꼽으라면 1순위로 한전을 꼽는다. 앞서 얘기했듯이 애증의 종목이다. 그런데도 자꾸 나도 모르게 손이 간다. 누구는 나에게 이런 말을 한다. "한전을 매매하는 이채원을 보면 그의 장점과 단점이 모두 드러난다"고.

만일 누군가 내게 향후 30년간 절대 망하지 않을 기업을 꼽으라고 한다면, 서슴지 않고 '한전'이라고 대답할 것이다. 이 때문에 한전 주식을 사면 절대 깨지지 않을 것 같은 느낌이 든다. 2000년 12월 28,000원에 50만 주를 사서, 동원증권 상품펀드의 20%까지 채워 넣었다. 그런데 매입 후 2년 내내 주가는 2만 원대에 머물렀다. 5년 동안 이 주식을 들고 있었지만, 수익은커녕 은행 이자도 안 나왔다. 그런데도 왜 난 이 주식에 대해 미련을 버리지 못하는 것일까?

절대로 망할 수 없는 회사이기 때문이다. 국내 유일의 전기 공급업체인 한전은 절대 망할 수 없다. 한전은 대한민국 정부가 판매를 보증하는 독점 전기 판매 사업권을 갖고 있다. 그런데 이게 바로 단점이기도 하다. 서민경제를 위해서 전기료를 마음대로 움직일 수 없다. 규제산업인 것이다. 우리나라의 전기료는 세계적으로 싼 편이기 때문에, 원가를 생각하면 가격을 더 올려야 한다. 이처럼 정부가 대주주이고 공기업이기 때문에 주주에 반하는 정책을 펼 수도 있는 것이다. 이 점이 바로 가장 큰 디스카운트 요인이다.

사실 한전 같은 기업은 상장해서는 안 될 기업이었다. 대한민국의 에너지 산업을 책임질 목적으로 상장시켰다면, 에너지 가격 상승분 또는 물가 상승 수준 정도로 전기 요금을 인상해 적정 수준의 자금을 조달할 필요가 있다. 그 자금으로 태양열이든 풍력이든 새로운 대체 에너지를 개발하든 원자력 발전소를 추가 건립하든 해외 유연탄이나 우라늄 광산 개발에 투자를 하든 많은 투자를 해야 한다는 게 내 생각이다. 이와 달리 지금처럼 국민을 위해 한전을 희생시키겠다는 것이라면 그것은 결국 주주가치를 훼손시키는 일이 될 것이고, 한전의 상장을 유지할 대의명분도 약하게 만들 뿐이다. 아예 정부가 공개 매수해서 주주와의 갈등을 말끔히 해소하고 정부는 정부대로 그리고 한전은 한전대로 주주 눈치 보지 말고 적극적으로 자신들이 원하는 방향으로 끌고 가는 것이 나을 것이다.

아무튼 디스카운트 요인을 아무리 고려해도 28,000원은 너무 싸다. 장부상의 가치로만 봐도 그렇다. 주당 순자산가치가 6만 원이다. 그리고 에너지 가격 급등에도 불구하고 어쨌거나 매년 2조 원 이상의 이익도 낸다. 한전의 이익의 힘은 은행 금리 두 배 이상이다. 내가 매입한 가격 28,000원을 기준으로 볼 때 PER도 10배가 안 되고, PBR도 0.5배에 불과하다. 독점 전기 판매 사업권이라는 프랜차이즈 밸류가 '0원'에 거래되고 있는 것이다. 아무리 규제 리스크가 크더라도 내 상식으로 받아들이기 어렵다. 그래서 간혹 나는 '우리나라 증시가 너무 한전을 우습게 보고 있는 건 아닌가'라는 생각이 들기도 한다.

투자자를 대상으로 "향후 주가 상승률이 가장 낮을 것 같은 기업을 고르시오."라고 설문 조사를 한다면 아마 한전이 당당하게 1위를 기록할 것이다. 그래도 나는 늘 이 주식에 관심이 간다. 앞으로 몇 년간 절대로 올라갈 것 같지 않을지라도 말이다.

내가 개인적으로 독점의 가치를 평가할 때 가장 중요한 요소로 보는 것은 바로 '가격의 정당성'이다. 만약 라면의 가격이 몇 천 원 한다면 나는 절대로 농심을 사지 않을 것이다. 한국전력의 전기료가 높은 수준이었으면 나는 결코 한전 주식을 매수하지 않을 것이다. 지나친 독점은 위험한 법이다. 정부의 규제와 소비자의 반발을 유발하기 때문이다. 신라면은 국물이 있는 음식으로서 1,000원을 넘지 않는 가격대를 유지하고 있다. 이 정도 가격은 그리 비싸 보이지 않는다. 하지만 어떤 기업이 독점적 지위를 남용해 과도한 이익을 창출한다면 그런 기업은 결국 소비자들로부터 외면을 받게 된다. 과유불급(過猶不及)이라 하지 않았던가. 지나침은 모자람만 못한 것이다. 어떤 기업이라도 지나치게 이익을 많이 내고 거대화한다면 종국에는 아마 정부에서 기업 분할을 요구하든가 아니면 극단적인 경우 그 사업을 몰수해서 국영화 할 수도 있는 것이다. 그만큼 지나친 독점은 위험하다는 사실도 반드시 명심해야 한다.

영원한 독점, 콘텐트의 위력

가치투자자에게 꿈과 같은 주식 중의 하나는 그 누구도 대신할 수 없는 비즈니스, 다시 말해 대체재가 없는 비즈니스를 하는 회사다. 세계적인 투자가 마크 파버가 쓴 『내일의 금맥』이란 책을 읽으면서 깨달은 너무나도 소중한 교훈은 '귀하고 싸고 소외된 자산은 오른다'는 것이다. 최근 석유와 금값이 크게 오른 것도 나는 이런 관점에서 바라본다. 지난 200년간 주가도 오르고 채권도 올랐지만, 금이나 석유는 많이 오르지 않았다. 석유만큼 이 세상에 귀한 에너지 자원이 없다. 그런데 너무 오랫동안 소외되고 싸게 거래됐다. 그러니 언젠가 한 번은 올라야 하는 것 아닌가. 물론 그 시기는 알 수 없지만 말이다.

석유뿐만 아니다. 대리석도 없어질 것이고, 아연 같은 광물자원도 재생이 안 된다. 가스도 그렇다. 사용량이 늘수록 이런 자원들은 재생이 안 되기 때문에 더욱 귀해진다. 이런 이유로 나는 광산을 소유한 기업을 좋아한다. 석산(石山)이나 자갈, 모래 그리고 원목 등을 많이 가진 기업도 선호한다. 언젠가는 써서 없어질 자원을 가지고 있는 회사들의 가치는 시간이 지나면서 오르면 오르지 떨어지지는 않을 것이라고 생각한다.

내가 콘텐트 비즈니스에 관심을 가지는 이유도 이와 비슷하다. 사실 인간만큼 대체재가 없는 자원이 어디에 있을까. 한류 열풍의 주역 배용준 씨는 대체재가 없다. 미국의 시사주간지 「타임」이 선정한 100대 인물에 꼽힌 가수 겸 탤런트 비도 그렇다. (참고로 비는 우리 집안 여자들의 우상이다.) 배용준이나 비는 전 세계에 하나밖에 없다.

개인적으로 콘텐트 비즈니스에 큰 관심을 갖게 된 것은 몇 년 전 도쿄 디즈니시(Disney Sea)를 방문하고 나서다. 청소년 시절을 일본에서 보냈던 나는 도쿄 디즈니랜드를 매우 좋아한다. 디즈니랜드가 있는 곳에 디즈니시를 오픈한다기에 가족과 함께 여행을 갔다. 밤에 디즈니랜드에서 신데렐라 제관식을 하는데, 방문객들 중에 추첨을 해서 이 제관식에 초대하는 이벤트가 있었다. 둘째 아이가 나 보고 응모하라고 해서 응모했는데, 운 좋게 당첨됐다.(나중에 안 사실이지만 90% 이상이 당첨되게끔 되어 있었다.)

황금마차를 탄 신데렐라가 나타나자 두 아이들의 눈동자가 커졌다. 신데렐라에게 왕이 왕관을 씌워주자 두 아이는 동화 속 주인공처럼 마냥 즐거운 얼굴 표정이었다. 우리 아이들을 사로잡은 것은 제관식의 초대 손님들이었다. 미키와 미니, 도널드 덕과 데이지, 미녀와 야수, 백설공주 등 동화 속 주인공들이 모두 초대됐다. 아내는 이 모습을 보며 감동받아 눈물을 흘릴 듯했다. 내가 보기엔 가면이었지만 아이들에겐 동화 속 그 자체였던 것이다.

나는 이 제관식을 보고 깜짝 놀랐다. 신데렐라의 제관식에 너무나 유명한 전설적 인물들이 참석했던 것이다. 디즈니가 소유한 콘텐트의 융합이 얼마나 강력한 것인가를 새삼 느꼈다. 디즈니의 이런 콘텐트는 절대로 대체재가 있을 수 없는 것들이다. 그리고 그 누구도 디즈니의 허락 없이 이 환상의 주인공들을 캐스팅할 수 없다.

모나리자 그림을 보면서도 나는 이런 느낌을 받은 적이 있었다. 생각보다 실제 그림의 크기는 작았다. 미술관 측은 방탄유리로 철통같이 보호하고 있었고, 사진도 못 찍게 했다. 나는 모나리자 그림을 보며 혼자 이런 생각을 했다. '이 그림을 팔면 얼마를 받을 수 있을까? 1조 원 정도 주면 팔까? 아마 1조 원 정도면 팔 수도 있을 거야. 하지만 몇 천억 원으로는 어림도 없어.' 이 세상에 모나리자 그림은 단 하나다. 1조 원 쯤이라는 쓸데없는 생각을 혼자 했지만, 사실 이 그림에는 가격이 없다.

프랑스에서 모나리자가 창출하는 경제적 부가가치는 과연 얼마나 될까? 이 그림 하나 보자고 이국만리에서 찾아와 식사하고 쇼핑하고 관광하며 쓰는 돈이 얼마나 될까?

나는 앞으로 이런 콘텐트 비즈니스를 영위하는 기업에 투자하고 싶다는 생각을 자주 한다. 하지만 기업의 가치를 평가하기가 어려워 실제 투자에는 아직 나서지 못하고 있다. 콘텐트 비즈니스는 PER나 PBR 같은 지표로 가치 평가하기가 쉽지 않다.

SM엔터테인먼트의 시가총액이 100억 원 정도 하던 시절, 이 주식을 살까, 생각해본 적이 있었다. 가치 평가가 어렵다 해도 시가총액이 100억 원 정도라면 너무 싸다는 생각을 했었다. 이 회사가 갖고 있는 HOT, 보아 등을 비롯한 여러 가수들의 음악 판권을 고려하면 싸게 거래되고 있었다. 싸다는 느낌이 있었지만 실체를 분석할 수 있는 방법이 없어서 투자를 접었다. 이후 이 회사의 주가는 10배 이상 올랐다.

05 더 이상 내려갈 곳이 없다

해저 3만리형 주식

> 기대하지 않는 자는 실망하지도 않을 것이다.
>
> _울거트

최악의 마진에 투자하다

나는 주식을 고를 때 좋아질 가능성보다는 더 이상 나빠지지 않을 가능성에 승부를 건다. 더 이상 나빠지지 않는다는 것은 앞으로 좋아질 일만 남았다는 얘기다. 해저 3만리까지 추락을 거듭해 더 이상 추락할 곳이 없는 기업이 좋다. 마치 잠수부가 바다 밑바닥까지 잠수한 후 두 발로 바닥을 치며 다시 수면 위로 향하는 것과 같은 이치다. 그 기준은 PER일 수도 있고, PBR일 수도 있고, 영업이익률일 수도 있다. 이들 지표가 최악을 기록하고 있다면 매수를 검토하라는 신호로 받아들인다.

주식시장은 승자에게는 많은 영광과 프리미엄을 주고, 패자에겐 시련과 디스카운트를 주는 곳이다. 만일 어떤 기업의 순이익이 예상보다 10% 가량 줄어들 것 같다는 언론 보도가 나오면, 그 회사의 주가는 단숨에 20~30% 가량 하락한다. 반대로 이익이 10% 늘면 주가는 20~30% 올라버린다. 장밋빛 전망이 가득할 때는 매출액 추정치가 높아지고, PER도 높아진다.

나는 바로 이것이 함정이라고 생각한다. 상황이 너무 좋은 기업은 그 상황이 조금만 나빠져도 주가가 떨어질 가능성이 높다. 그래서 나는 반대로 접근한다. '더 나빠질 수 없는 회사라면, 이제 좋은 일만 남았다는 것 아닌가' '설사 조금 더 나빠졌다 치자. 주가가 빠져봤자 얼마나 더 빠지겠는가?' 이런 관점에서 찾아낸 종목들이 대원산업, 태광산업, 한국캐피탈 등이었다.

자동차 부품업체인 대원산업은 발굴 당시 지나치게 영업이익률이 낮았다. 당시 대원산업의 매출액은 2,000억 원이었는데, 영업이익률이 1.7%에 불과했다. 매출을 2,000억 원이나 올리고서도 정작 남는 이익은 32억 원밖에 안 됐다. 반면 같은 부품업체인 일정실업의 영업이익률은 21.5%나 됐다. 대부분의 사람들은 영업이익률이 높고 이익도 많이 발생하는 일정실업에 투자하는 것이 대원산업에 투자하는 것보다 좋다고 생각할 것이다. 그런데 나는 반대로 생각한다.

자동차 부품업체의 경우, 완성차업체에 대해 을(乙)의 입장에 있는 경우가 많다. 이익률이 높다는 생각이 들면 여지없이 단가 인하 압력이 들어오게 마련이다. 또한 이익률이 지나치게 낮아 사업성이 전혀 없다는 우려가 생기는 경우 어느 정도 단가를 인상해주기도 한다. 이런 과정을 거쳐 자동차 부품업체들의 영업이익률은 적절한 수준으로 수렴하는데 대원산업은 이로 인해 이익률과 주가가 동반 상승하는 모습을 보여줬다.

이들이 납품을 하는 현대자동차의 영업이익률이 7%인데 하청기업의 영업이익률이 21%라면, 현대자동차 측에서 달가워할 리 없을 것이다.

대원산업과 일정실업 영업이익률 추이

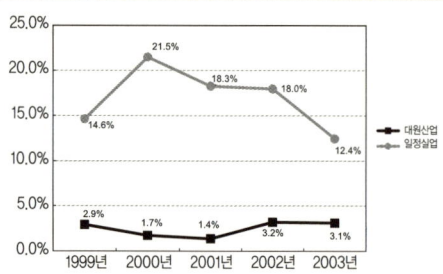

대원산업과 일정실업의 영업이익률 추이

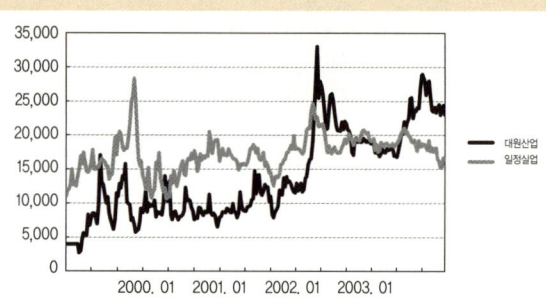

대원산업과 일정실업의 주가 추이

대원산업과 일정실업의 상대주가 추이(1991.1.8=100)

일정실업과 비교할 때, 대원산업은 더 이상 나빠질 수 없는 종목이었다.

또한 만일 자동차산업의 업황이 좋아지면 부품업체들의 마진도 개선될 것이다. 이때는 일정실업보다 대원산업이 더 큰 혜택을 보게 될 것이다.

2000년 12월 31일, 대원산업의 주가는 6,580원이고 일정실업의 주가는 19,300원이었다. PER는 각각 2.4배, 2.1배로 두 기업 모두 극히 낮은 수준이었지만, 나에게는 대원산업이 훨씬 더 좋은 투자 대상으로 여겨졌다. 영업이익률 1.7%라는 숫자가 너무도 매력적으로 다가왔던 것이다. 최악의 영업이익률에 PER가 2.4배라니 정말 이런 기업이야말로 꿈의 주식이다. 이러한 기업은 이 정도만 유지해도 충분하다. 만약 영업이익률이 개선되면 추가로 보너스를 받는 셈이다. 한마디로 잃을 게 별로 없는 주식이었다.

이 종목을 고른 두 번째 아이디어는 '가격의 정당성' 때문이었다. 아무리 자신이 갑(甲)의 입장에 서 있다고 해서, 더 나아가 독점이라고 해서 무조건 소비자를 무시하고 가격을 내릴 수는 없다. 마찬가지로 대원산업과 같은 회사가 자동차회사 입장에선 일개 하청업체라고 해도 무작정 납품 단가를 낮출 수는 없는 것이다.

태광산업은 PBR가 최저라는 이유로 선택한 종목이다. 주당 순자산가치가 120만 원인데, 주가는 12만 원이었다. PBR가 0.1에 거래됐다. 낮아도 너무 낮았다. 이 회사의 주식을 사서 청산하면, 100만 원 이상을 버는 데 사지 않을 이유가 없었다. 이런 회사의 주가가 하락한들 얼마나 더 떨어지겠는가.(떨어지기는커녕 그 후 주가가 4, 5배 이상 올라서 내게는 2004년에 가장 많은 수익을 올려준 기업이 되었다.)

주당 3,000원에 매입했던 한국캐피탈은 '배당수익률이 20%' 여서 관심을 가졌다. 은행 예금이자가 연 5%대 남짓한 세상에서 배당수익률

20%가 가능하다면, 눈여겨보지 않을 수 없는 것 아닌가. 배당수익률도 매력적이었지만, 더 좋았던 것은 주가가 더 이상 하락하기 어렵다는 점 때문이었다. 배당수익률이 20%인데, 만일 여기서 주가가 더 빠진다고 생각해보라. 그럼 배당수익률은 20%, 30%, 40% 계속 오를 것이다. '이런 상황이 발생하는 것은 너무 심하다'는 생각이 들었다. 배당수익률만큼 주가가 하락해도 본전이었다. 게다가 수익성도 아주 뛰어난 기업이었다. 사정이 이러니 사지 않을 이유가 없었다.

제품의 가격도 가치투자의 관점으로

'싼라면'이라는 이름의 라면이 있다고 치자. 이 라면의 가격은 100원이다. '싼라면'을 만드는 회사의 주식을 사는 것이 좋을까 아니면 사지 않는 것이 좋을까? 라면을 단돈 100원에 파는 회사가 있다면, 게다가 많지는 않더라도 이익을 낼 수만 있다면 나는 아마 무조건 그 회사의 주식을 살 것이다. 왜냐면 더 이상 가격이 떨어지기 어렵기 때문이다. 국물 있는, 그것도 식사를 대신할 수 있는 제품이 100원이라면 그 이하의 가격에 팔기 어렵다. 원료 값이 오르면 기업은 가격 인상으로 대응할 것이다. 원래 원료 값 상승은 기업 경영에 악재다. 그런데 가격이 싼 제품을 만드는 회사는 더 이상 가격을 낮출 수 없기 때문에 거꾸로 가격을 올려야 한다. 설사 일시적으로 경쟁이 치열해서 싸질 수도 있지만 결국은 가격을 올릴 수밖에 없다.

반대의 경우를 상상해보자. 만일 1만 원 하는 '비싼라면'이라는 이름의 라면이 있다고 치자. 이 제품의 주식을 사는 것은 어떨까? 다른 조건이 동일하다면 나는 이 회사의 주식을 기피할 것이다. '비싼라면'을 만드는 회사는 조금만 시장 상황이 나빠지면, 고객의 이탈을 막기 위해 가격을 낮출 가능성이 높다. 이렇게 되면 당연히 마진이 줄어든다. 좋아질 여지보다 나빠질 여지가 더 많은 것이다.

내가 애물단지 주식인 한전에 미련을 못 버리는 이유 중 하나가 바로 싼 전기요금 때문이다. 우리나라의 전기요금은 어느 나라와 비교해도 싼 편이다. 이렇게 싸게 팔면서도 2조 원의 이익을 낸다. 만일 외국처럼 에너지 절약 차원에서 에너지 가격이 현실화된다면 한전의 이익은 늘어날 것이다.

그러나 나와는 반대로 생각하는 사람들이 많은 것 같다. 비싸고 좋은 물건을 만드는 회사를 좋은 회사라고 생각한다. 물론 독점적 지위에 있다면 계속 그렇게 팔 수 있을 것이다. 하지만 경쟁자가 나타난다면 어떻게 될까? 경쟁 격화는 가격 인하를 낳는다. 그것이 시장의 법칙이다. 싼 제품을 만드는 회사는 경쟁이 격화되더라도 일정 수준 이하로는 결코 가격을 내릴 수 없다. 왜냐하면 손해를 보면서 장사를 해야 하기 때문이다.

통신업체 중에 SKT와 KT가 있다. 다른 조건이 동일하다면 이 둘 중 어디에 투자할까? 대부분의 사람들은 SKT를 선호할 것이다. 이익도 더 많이 나고 공기업인 KT에 비해 기업 효율성도 높기 때문이다. 나도 SKT의 기업 가치가 KT보다 더 높다고 생각한다. 하지만 주식을 산다면 KT를 살 것이다.

그 이유는 '인건비'에 있다. SKT의 인건비 비중은 전체 매출액의 4%다. 반면 KT는 22%나 된다. 기업 효율성 측면에서 보면 KT는 SKT에 게임이 되질 않는다. 그런데도 SKT가 아닌 KT를 사겠다고? 그렇다. 인건비 비중이 너무 높아서 더 이상 인건비를 올리기 어렵기 때문이다. 그리고 경쟁이 치열해지면 KT도 어쩔 수 없이 기업의 효율성을 제고해야 한다. 더 이상 나빠질 게 별로 없는 것이다. 반대로 좋아질 가능성은 많다. 이것이 바로 내가 KT 주식을 SKT 주식보다 높게 평가했던 이유다.

제품 가격이든 업황이든 PER든, 더 이상 추락할 곳이 없는 주식을 만나면 나는 마음이 편해진다. 사놓고 느긋하게 사정이 좋아지기를 기다리면 되기 때문이다.

같은 논리로 나는 ROE(자기자본이익률)가 낮은 기업을 선호한다. 물론 대다수의 전문가들은 내 의견에 동의하지 않을 것이다. 같은 PER를 가진 기업이라면 나는 ROE가 낮은 쪽을 선택할 것이다. 사실 ROE가 높은 기업들은 지속적으로 수익성을 개선하기는커녕 유지하기도 힘든 경우가 많다. 하지만 ROE가 낮은 기업들은 조금만 수익성이 좋아져도 금세 ROE가 올라간다. 한국 기업들의 경우 ROE가 낮은 이유는 대부분 무수익 고정자산의 비중이 지나치게 높기 때문이다. 이런 기업들은 일부 무수익 자산을 처분하는 것만으로도 큰 폭으로 수익성을 개선할 수 있다. 하지만 이런 수익성 개선은 영업 활동을 통해 벌어들이는 이익과는 크게 상관이 없다.

천덕꾸러기로 전락한 KT

앞서 얘기했듯이 2006년 초에 관심을 가졌던 기업이 KT(옛 한국통신)이다. IT 열풍이 불던 시절, 20만 원까지 고공비행했던 이 회사는 2003년 이후 주식시장의 천덕꾸러기로 전락했다. 나의 동료 펀드매니저는 KT를 두고 '한국 증권시장의 애물단지'라고 표현하기도 한다. 그런데

천덕꾸러기로 전락한 KT의 주가 추이

남들이 더 이상 매력없다고 버린 주식일수록 나는 더 관심이 간다.

나는 이런 주식에 더 관심을 갖는다. 남들이 더 이상 매력 없다고 버린 주식일수록 더 관심이 간다. 왜냐하면 내가 항상 고민하는 것 중 하나가 '어떤 기업이 최악의 주식이냐' 이기 때문이다.

KT는 최악의 주식 중 하나다. 1999년 20만 원을 찍고 난 후 계속 4만 원대에 주가가 형성돼 있다. 차트를 보면 답답하기 그지없는 주식이다. 오르지도 내리지도 않는다. 주가가 많이 올랐던 2005년에도 시가총액 상위 30개 종목 중 마이너스 수익률을 기록한 몇 안 되는 기업의 하나다.

업황도 좋지 않다. 유선 전화는 이동통신 서비스의 도입으로 사양화된 지 오래고, 초고속인터넷망 사업도 심한 경쟁을 벌이고 있다. 케이블 TV업체, 하나로통신, 파워콤 등 경쟁자들과 힘겨운 싸움을 하고 있다.

2005년 시가총액 상위 30개 종목 수익률

종목	04년말 순위	04년말주가(원)	05년말주가(원)	주가변동	05년말 순위
삼성전자	1	450,500	659,000	46.30%	1
한국전력공사	2	26,850	37,800	40.80%	4
포스코	3	187,000	202,000	8.00%	5
SK텔레콤	4	197,000	181,000	-8.10%	9
현대자동차	5	55,500	97,300	75.30%	3
국민은행	6	40,500	76,500	88.90%	2
LG.필립스LCD	7	39,000	42,950	10.10%	8
케이티	8	41,500	40,850	-1.60%	12
LG전자	9	64,100	89,300	39.30%	11
LG카드	10	15,850	50,500	218.60%	22
S-Oil	11	67,000	70,600	5.40%	16
SK	12	56,900	52,100	-8.40%	20
신한금융지주회사	13	23,400	41,050	75.40%	10
우리금융지주	14	8,530	20,100	135.60%	6
현대모비스	15	65,500	92,400	41.10%	17
한국외환은행	16	8,600	14,100	64.00%	14
KT&G	17	30,950	45,050	45.60%	18
신세계	18	284,500	443,000	55.70%	15
삼성SDI	19	113,000	116,500	3.10%	25
하이닉스반도체	20	11,650	35,300	203.00%	7
케이티에프	21	24,700	24,650	-0.20%	29
SK네트웍스	22	12,900	15,500	20.20%	34
삼성화재해상보험	23	81,500	128,000	57.10%	21
기아자동차	24	10,900	26,550	143.60%	13
LG	25	16,900	31,600	87.00%	24
대우조선해양	26	15,400	27,550	78.90%	26
중소기업은행	27	7,260	17,550	141.70%	19
강원랜드	28	13,450	20,550	52.80%	30
LG화학	29	41,250	57,000	38.20%	33
현대중공업	30	34,450	76,900	123.20%	23
종합주가지수		895.92	1379.37	54%	

국제전화 사업도 말할 것이 없다. 여러 할인업체들이 등장해 국제전화 요금도 매년 낮아지고 있다. 도대체 성장 엔진이 보이질 않는 기업이다. 정부 규제도 KT엔 악재다. 노무현 참여정부 등장 이후 서민 위주의 경제 정책이 도입되면서 KT와 같은 공기업들은 수익을 높이기 위해 요금을 올릴 수도 없다. 비즈니스 모델로 보나 대외적인 환경으로 보나 사면초가에 몰린 기업인 것이다.

여기서 더 최악인 것은 인건비다. 인건비가 매출액의 22%나 된다. 돈으로 따져보면 연간 2조 원이다. 경쟁 업체와 비교해보면 KT의 인건비는 어마어마한 수준이다. SKT와 데이콤 그리고 하나로통신의 인건비 비중은 각각 4.3%, 9.2%, 8.4%다. 아무리 공기업이라고 하더라도 좀 지나친 감이 있다. 나는 KT의 인건비 비중을 보면서 '초고속통신망 사업을 하기 위해 전 국토의 땅을 다 파헤쳐 지하 건물을 짓고 있는 것은 아닌가?'라는 생각이 들 정도였다.

이것이 일반적인 시각에서 접근한 최악의 기업 KT에 대한 간략한 프로필이다. 이번에는 가치투자자의 시각으로 KT를 들여다보자. 가치투자의 대상이 될 수 있는 기본 요소들이 있는가를 살펴보자.

가치투자자들은 유행을 따르지 않는다. 유행에서 소외돼 있다는 점에서 KT는 검토해볼 만한 가치가 있다. 대중의 무관심에 내버려져 있다는 것은 가치투자자에겐 호재다. 높은 배당수익률도 주목 받을 만하다. 최악의 상황에 처하더라도 KT는 정기예금의 두 배에 가까운 배당을 지급할 수 있는 이익의 힘을 가진 회사다. 이는 설사 최악의 상황이 온다 하더라도 배당금을 꼬박꼬박 받으면서 기다릴 수 있다는 것을 의미한다. 그래서 나는 KT를 원점에서부터 다시 분석해보기로 마음을 먹었다.

먼저 펀더멘털을 분석해보자. KT의 고유 비즈니스인 유선망 사업이나 초고속정보통신망 사업은 이미 포화 상태에 도달해 있어 치열한 경쟁이 불가피한 상황이다. 하지만 이런 KT에게도 훌륭한 성장성을 가진 갖춘 최고의 자회사가 있다. 바로 KTF다. 이 KTF의 이익이 바로 KT의 '숨겨진 이익'이다. 이동통신사 KTF가 KT의 자회사인 것은 세상 모두 아는 사실이다. 그런데 KTF의 이익이 영업권 상각 때문에 일부만 반영되고 있다. 이런 관점에서 KTF에 대한 KT의 지분법 평가이익을 계산해보면 향후에는 약 1,000억 원 이상의 이익이 더 계상되어야 한다.

그리고 KT에는 '숨겨진 자산'이 있다. KT는 자사주를 갖고 있는데 그 비중이 전체 지분 주식의 25%에 달한다. 시가총액이 11조 원인데, 여기서 자사주 부분을 빼면 KT는 사실상 8조 원 정도에 거래되는 셈이다. 8조 원을 주고 KT를 사서 1조 원의 정도의 수익을 낸다면 괜찮은 수준이다. 은행에 돈을 맡기는 것보다 KT라는 회사를 소유하는 게 더 유리하다.

이뿐인가. KT는 땅도 많이 갖고 있다. 전화회사이기 때문에 전국 요지에 알짜 부동산을 많이 갖고 있다. 통신업은 워낙 중요한 국가 기간산업이기 때문에 새로운 도시가 개발되면 좋은 위치에 KT 전화국이 자리잡게 되는 것이다. 금액으로 따져보면 장부가로 1조 원인데 공시지가는 4조 3천억 원이다. 평가 차익이 3조 원이나 된다. 물론 KT 보유의 부동산은 규제에 묶여 있지만 혹시 아는가. 언젠가 규제가 풀려 전국의 요지에 있는 전화국을 효율적으로 재개발하면 부동산 개발 관련주가 될 수 있다는 생각도 들었다.

배당수익률도 5%로 은행 이자와 비슷하다. 자사주 매입을 포함하면 실질적으로 주주에게 돌아가는 몫은 무려 7~8%에 육박한다.

그리고 마지막으로 나에게 결정타를 날린 것은 바로 22%에 달하는 인건비 비중이었다. 인건비 문제도 더 나빠질 개연성은 적다는 판단이 들었다. 어떻게 여기서 더 인건비 비율이 올라갈 수 있겠는가. 물론 인위적인 구조조정은 바람직하지 않지만 10년 이상 놓고 보면 자연 감소로 인해 적정 수준으로 인건비 비중이 낮아질 것은 상식적으로 봐도 자명한 일이 아니겠는가.

이처럼 KT의 숨겨진 지분법 이익과 비용 구조를 감안할 때 앞으로 이익이 줄어들기도 쉽지 않겠다는 생각이 들었다. 하지만 내가 생각해도 당분간 KT 주식이 오를 것 같지는 않다. 이 책을 읽고 있는 독자들도 대부분 KT의 주가 상승에 대해 회의적일 것이다. 오른다 하더라도 그 상승폭에 의구심을 가질 것이다. 하지만 KT의 주가 38,500원은 가치투자자에게 있어 돈을 잃기 어려운 매력적인 가격대인 것만은 분명한 것 같다. 또 정부가 IP TV를 허용하게 된다면 KT에는 새로운 기회가 주어질 수도 있다. 주식시장에는 영원한 고성장주도 영원한 저성장주도 없다. 기업의 성장성도 변한다.

가치투자자의 모멘텀 플레이, '최악의 업황'

가치투자자도 때로는 모멘텀 투자를 한다. 바로 경기 사이클을 이용해서 투자하는 것이다. 경기 사이클상 최악의 업황을 찾아서 그 업황에 속해 있는 기업에 투자하는 것이다. 이런 식으로 접근한 대표적인 인물이 전설적 펀드매니저 피터 린치와 역발상 투자의 대가 존 템플턴 경이다. 피터 린치는 "절망적이고 불투명한 것들로 가득 찬 산업을 고르라"

고 말한다. 존 템플턴 경도 이와 비슷한 말을 한다. 미국에서 처음으로 글로벌 투자를 한 템플턴 경은 가치투자에 역발상 투자를 접목한 인물로 유명한 투자자다. 그는 지난 1995년 「포브스」에 자신의 투자 철학을 다음과 같이 밝힌 바 있다.

> 잘못된 질문 : 전망이 좋은 곳은 어디인가?
> 올바른 질문 : 전망이 최악인 곳은 어디인가?

주식을 사야 할 때는 비관론이 극에 달했을 때이다

린치와 템플턴 경의 말처럼 절망적이고 불투명한 것들로 가득하고 전망이 최악인 곳은 어디일까? 과연 최악의 업종은 어떤 업종일까? 내가 이런 고민을 하던 시기는 지난 2001년이었다.

2001년이면 외환위기의 한파를 어느 정도 극복했던 때다. 그런데도 여전히 좀처럼 일어설 기미를 보이지 않는 업종이 있었다. 바로 '건설업종' 이었다. 건설업종은 외환위기의 최대 피해 업종답게(?) 업계 1, 2, 3위 업체가 모두 퇴출 위기에 내몰렸다. 1위 현대건설, 2위 대우건설, 3위 동아건설은 그야말로 초토화 일보 직전이었다. 2001년, 건설업은 그야말로 최악의 업종이었다. 어느 누구도 감히 건설주를 매입할 생각을 하지 못하던 시기였다.

건설업종을 조사하다가 나는 눈이 번쩍 뜨였다. 이런 와중에서 최고의 이익을 내는 회사가 있었던 것이다. 바로 LG건설(현 GS건설)이었다. LG건설이 반기 실적을 발표했는데, 또 한 번 사상 최대 이익을 경신했다. 반기 실적 발표 날, 나는 마음이 바빠졌다. 오늘이 지나면 다시 기회

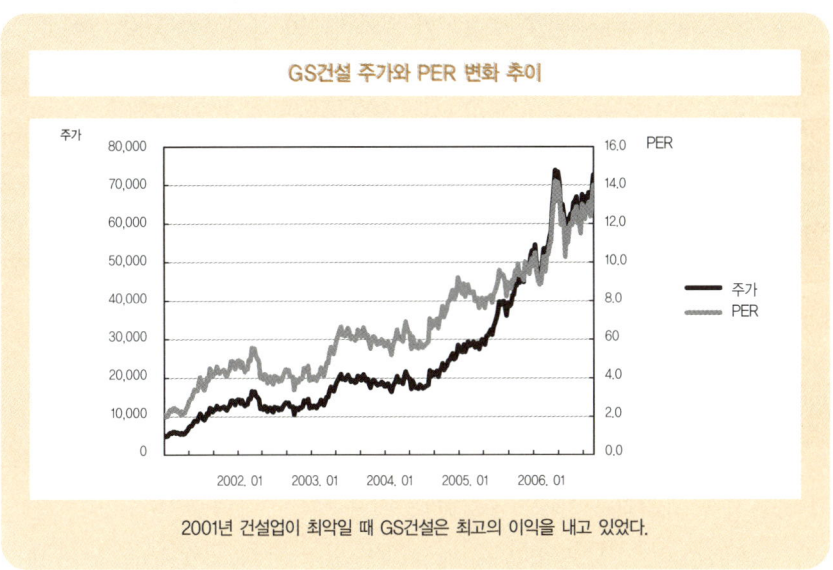

2001년 건설업이 최악일 때 GS건설은 최고의 이익을 내고 있었다.

가 오지 않을 것 같았기 때문이다. 그날 모두 37만 주가 거래됐는데, 그중 27만 주를 내가 대량 매수했다. 그런데도 주가는 하락했다. 하지만 하락은 잠시, LG건설은 기분 좋은 순항을 시작했다. 주가가 5,000원에서 20,000원까지 수직 상승한 것이다.(2006년 1월 31일 현재 주가는 48,080원까지 상승했다. 건설업종의 업황이 개선된 2004년 이후 우리는 보유하고 있던 모든 건설주(GS건설, 동양고속, 계룡건설, 하라건설, 삼환기업, 고려개발 등)를 전량 매도했다.)

LG건설뿐만 아니라 나는 최악의 상황에서 종목을 고르는 것을 즐긴다. 가치투자자 하면 경기 순환형 기업에는 투자하지 않을 것이라는 선입견을 가지고 있는 사람들이 많다. 여러 차례 언급했듯이 가치투자는 싸게 사서 제값을 받고 파는 투자 방법이다. 이런 조건에 맞으면 업종을 따지지 않는다. 나는 반도체 경기가 최악이라면 삼성전자를 살 것이다. 화학 업황이 사상 최고의 불황이라면 LG화학을 사고, 철강 경기가 그렇다면 POSCO를 살 것이다. 만일 국내 경기가 최악이라면 대표적인 내수 관련주인 신세계를 매입할 것이다. 이런 회사들은 절대로 쓰러지지 않는다. 최악의 순간에도 살아남을 수 있는 체력을 보유하고 있다. 불황이 끝나고 나면 이런 기업들은 최후의 승자가 될 것이다. 팝 그룹 아바(ABBA)의 'The Winner Takes It All'이라는 노래 제목처럼 승자가 되어 미래의 호황을 마음껏 누릴 것이다. 이 회사들의 실적이 좋아지는 것은 시간문제일 뿐이다. 일류 기업들은 불황에 강하고 경기 회복 시 가장 빠른 수익 복원력을 가지고 있기 때문이다.

나는 매수할 종목이 없을 때마다 피터 린치의 다음과 같은 말을 명심하며 명상에 잠긴다.

반복적인 경험을 통해 얻은 결론 중의 하나는 어떤 산업의 환경이 더욱더 악화되고 있다는 의견이 지배적일 때까지 기다렸다가 그 산업 내에서 가장 선도적인 기업의 주식을 매입하면 성공한다는 것이다.

오늘도 나는 묻는다. '최악의 업종은 어디인가?'

배당 예찬

> 내게 즐거움을 주는 단 한 가지가 무엇인지 아는가?
> 그것은 바로 배당금을 받아 보는 일이라네.
> _존 D. 록펠러

가치투자자는 배당을 좋아해!

나는 배당금을 주는 주식을 좋아한다. 물론 배당을 하지 않고 재투자해서 더 높은 수익을 올리고 주가도 한 단계 더 오르는 것이 좋지만, 그런 경우를 제외하곤 배당 받는 것을 좋아한다. 나뿐만 아니라 대부분의 가치투자자는 '배당 예찬론자'다. 워런 버핏과 같은 투자의 천재가 아니라면 배당을 더욱 주목해서 봐야 한다.

배당과 관련된 버핏의 재미난 에피소드가 있다. 버핏이 대주주로 있는 버크셔 해서웨이는 지난 1967년 딱 한 차례 주주들에게 배당금을 지급한 적이 있었다. 이에 대해 버핏은 "그때 내가 화장실에 있었던 게 분명하다."라고 농담을 했다. 그가 이런 말을 할 정도로 배당을 하지 않는 것은 배당금을 주주들에게 주기 싫어서가 아니라 그 돈을 재투자하는 것이 배당 수익보다 더 많은 수익을 주주들에게 안겨주기 때문이다. 이후 버핏은 "주주들이 버크셔 해서웨이보다 더 투자를 잘할 수 있는 수단을 찾을 수 있다고 생각하는 때가 오면 배당금을 지불하겠다."라고 말했다. 그런데 과연 누가 버핏의 버크셔 해서웨이보다 투자를 더 잘할 수 있단 말인가.

버핏과 같은 사람이 경영하는 회사가 아니라면 우리는 배당에 신경을 써야 한다. 물론 버핏의 얘기처럼 배당금을 주는 것보다 회사에 재투자한 수익률이 높다면 그렇게 해야 한다. 하지만 그런 사람은 별로 없을 것이다. 그레이엄의 회사 그레이엄 뉴먼 펀드에서 근무했던 뛰어난 가치투자자 월터 슐로스는 버핏에 대해 이렇게 말한 적이 있다.

"나는 주식을 많이 보유하고 있다. 버핏은 그런 걸 별로 좋아하지 않지만 나로서는 어쩔 수 없는 일이다. 버핏만큼 수익을 내지는 못하지만, 내 편한 방식대로 하지 않을 수 없다. 버핏이란 사람은 단 하나뿐이다."

그렇다. 슐로스의 얘기처럼 버핏이란 사람은 단 하나뿐이다. 이 말은 곧 배당 정책을 버핏처럼 할 수 있는 사람은 거의 없다는 뜻이며, 따라서 배당은 투자자에게 여전히 큰 의미를 지니고 있다.

내가 배당을 예찬하는 것은, 첫째로 배당이 주가 하락을 방지하는 역할을 하기 때문이다. 배당금을 잘 주는 회사들은 대부분 배당금을 일정 수준으로 유지하는 경향이 있다. 만일 배당금이 일정하게 유지된다면, 주가가 하락할 경우 배당수익률(주당배당금/주가)이 올라간다. 그러면 배당수익률을 노리는 자금이 들어온다. 설사 주가가 더 빠지더라도 다른 주식에 비해 덜 걱정된다. 왜냐하면 주가 하락으로 오히려 배당수익률이 올라가기 때문이다. 이때 주식을 더 사면 은행 예금보다 더 높은 수익률을 얻을 수도 있다.

배당금이 주가 하락의 안전판 역할을 한 대표적인 사례가 지난 1987

폭락기 주요 배당주들의 하락폭

	배당수익률		폭락기 주가 변동률	
	2001년	2004년	2001.9.11~9.28	2004.4.27~5.28
예스코	7.0%	9.0%	4.7%	-2.2%
대한도시가스	9.3%	8.7%	-3.7%	-4.5%
S-Oil	4.5%	9.5%	-1.9%	-8.3%
경남에너지	8.6%	7.4%	-7.7%	-5.9%
부산도시가스	7.4%	8.4%	-3.7%	-1.7%
SK가스	10.7%	8.4%	0.4%	1.9%
E1	9.8%	7.5%	6.3%	-3.0%
한국가스공사	6.7%	6.6%	-9.5%	3.8%
경동도시가스	5.6%	6.7%	0.3%	-0.7%
KT&G	8.4%	5.9%	0.6%	-2.8%
KOSPI	-	-	-11.3%	-12.2%
고배당 종목군	-	-	-1.4%	-2.3%

배당은 주가 하락의 안전판 역할을 한다.

년 블랙 먼데이 때의 일이다. 주가가 대폭락한 시기에도 미국의 고배당 종목은 저배당 종목보다 덜 떨어졌으며, 하락 폭도 전체 시장 평균 하락치의 절반에 못 미쳤다. 우리나라도 비슷한 결과를 보여주었다. 지난 2001년 9·11테러 때나 2004년 차이나 쇼크로 주가가 급락했을 때도 배당주들의 하락폭은 상대적으로 낮았다.

둘째, 배당금을 지급하고 늘려온 오랜 역사를 가진 우량 기업은 투자자들이 위기 상황에서 도피처로 택하는 종목들이다. 달리 말하면, 다른 기업에 비해 재무구조가 튼튼하다는 얘기다. 일반적으로 회사의 대주주나 경영진은 기업의 안정성을 높이기 위해 내부에 돈을 쌓아두는 것을 선호한다. 주주들에게 돈을 주는 것은 그 다음 문제다. 그런데 배당금을 꾸준히 지급하는 회사라면 그만큼 재무구조가 좋다는 얘기다.

배당금을 지급하는 회사들이 위기 상황에서 도피처 역할을 하는 또 다른 이유는 투자자들에게 기다릴 수 있는 여유를 주기 때문이다. 만일 배당금을 지급하는 회사의 주식이 시장 전체의 대폭락으로 가격이 하락했다고 가정해보자. 주식시장과 상관없이 이런 회사들은 꾸준한 수익을 창출해 배당금을 지급할 수 있는 회사이므로 주가가 폭락해도 배당금을 줄 것이다. 투자자 입장에선 일단 배당금을 꼬박꼬박 챙기면서, 그리고 그 자금으로 재투자하면서 주가가 오르기만을 기다리면 된다. 영원히 하락하는 주식시장이란 없는 법이므로, 오래 기다리면 다시 주가는 제자리를 찾게 될 것이다.

중요한 것은 배당 수익률이 높은 기업들은 위기가 오더라도 안 팔고 버틸 수 있기 때문에 손해를 보지 않는다는 점이다. 배당 수익률이 낮고 이익 변동성이 심한 기업은 위기가 오면 투자자들은 불안감에 휩싸여 주식을 팔아버린다. 그 결과는 두말할 것 없는 '손실' 이다.

셋째, 배당금을 많이 주는 기업은 '대리인 비용(agency cost)' 이 덜 발생한다. 경영학에는 대리인 비용이라는 개념이 있다. 이는 주식회사 제도가 발전하고 소유와 경영이 분리되면서 등장했는데, 기업의 소유주인 주주들과 경영진 간의 긴장 관계 혹은 갈등을 나타내는 개념이다. 주주들은 경영진에게 '당신 자신의 회사인 것처럼, 즉 소유주인 것처럼 회사를 잘 경영해달라' 며 그들을 선임한다. 이때 주주는 의뢰인 또는 위임자가 되고 경영자는 대리인이 된다. 만일 여기서 경영진이 주주의 이익보다 자신의 이익을 더 취하고자 하면 '대리인 비용'이 발생하게 된다.

회사가 돈을 잘 벌어 이익잉여금이 많이 쌓이면 경영진은 새로운 사업에 진출하고 싶은 욕망을 느낀다. 내부에 돈이 많으니 이것저것 신규 사업도 벌이고, 새로운 성장 엔진 마련이라면서 기업 인수전에도 뛰어든다. 명분은 사업 다각화지만 실제 내용은 사업 다악화가 되는 경우가 허다하다. 외환위기 때 공중 분해된 몇몇 재벌 그룹이 전형적인 예라고 할 수 있다. 즉, 회사의 잉여금이 쌓일수록 사업 다악화로 끝나기 십상인 불확실한 사업 다각화에 투자할 가능성이 높은 것이다.

배당금은 이런 잘못된 사업 다각화를 막는 역할을 한다. 배당금을 꼬박꼬박 잘 지급하는 회사들을 보면, 대개 다각화보다는 한 우물을 파는 곳들이다. 잘못된 다각화를 하기보다는 본업에 충실한 회사들이 배당금을 잘 준다는 얘기다.

그럼 배당을 투자에 어떻게 활용하는 게 좋을까? 가장 간단한 방법은 배당수익률과 금리를 비교하는 습관을 들이는 것이다. 나도 늘 배당수익률과 금리를 비교하길 좋아한다. 과거에는 금리가 10%일 때 배당수익률이 3% 정도였다. 하지만 저금리 기조가 정착된 후에는 반대 현상이 많이 나타나고 있다. 금리가 3.5%인데, 배당수익률은 6~7%인 주식들이 적지 않다. 배당수익률이 높은 우량 기업을 몇 종목 선정해서 주가가 오르면 팔고 안 오르면 몇 년이고 6~7%의 배당을 받으면 된다. 은행 이자 3~4%보다 더 낫지 않은가. 정말 속 편한 투자 방법이다. 이렇듯 가치투자자는 편안한 투자를 좋아한다.

그런데 이상하게도 내 주변에는 배당을 무시하는 투자자들이 적지 않다. 이들은 단지 주가가 오를 것이냐에 초점을 맞출 뿐이다. 배당 투자의 위력을 보여주는 가치투자자가 한 명 있으니, 그가 바로 절대적 가치투자자라 불리는 존 네프다. 지난 1995년 은퇴한 존 네프는 주가가 폭락하기를 기다렸다가 배당금을 지급하는 주식을 집중적으로 매입하는 방식으로 투자했다.

그 결과는 어떠했을까? 만일 1964년에 그에게 1억 원을 맡겼다가 그의 은퇴 시점에 돈을 찾았다면, 1억 원은 56억 원이 되었을 것이다. 30년을 투자한 대가치고 매우 괜찮은 결과다. 재미난 점은 네프의 연평균 투자수익률은 13.9%였는데, 그의 투자수익 중 40%는 배당금에서 나왔다는 점이다. 네프는 4~5%의 배당 수익을 올릴 수 있는 주식을 발견할 수 있다면, 목표의 절반은 달성했다는 생각을 갖고 있었다고 한다. 존 네프는 배당금을 우습게봐서는 안 된다는 사실을 보여주는 생생한 증거다. 벤저민 그레이엄과 데이비드 도드는 심지어 "배당은 최소한 성장의 두 배 이상의 가치가 있다."라고 말했을 정도다.

두 자릿수 배당수익률에 투자하다

2000년은 나에게 정말 중요한 해였다. 종합주가지수가 2000년 4월부터 다음해 3월까지 40%나 폭락했다. 종합주가지수는 860.94포인트에서 523.22포인트로 곤두박질쳤다. 나는 장세에 대한 생각은 일절 하지 않았다. 오로지 좋은 기업을 싸게 사는 것에 초점을 맞추었다.

2000년 4월부터 2001년 3월 말 결산까지 내가 운용했던 K-펀드는 주가 폭락기에도 플러스 수익을 올렸다. 수익률로는 10.7%였다. K-펀드에는 IT 관련 주식이 단 한 주도 없었다. IT 관련 기업을 싫어해서가 아니었다. 그 당시 인기 절정이었던 IT 관련주는 상당히 고평가되어 있었다. 나는 단지 기업의 내재가치, 즉 자산가치, 수익가치, 배당가치를 고려해서 싸다고 생각하는 주식들을 주워 담았다. 주가가 크게 빠져 있던 시기라 이런 종목들이 널려 있었다. 먼저 눈에 들어온 주식이 도시가스 주식이었다. 가스주 같은 전통적인 배당주들의 배당수익률이 연 10~15%나 되던 시절이다. 지금 돌이켜보면 역사적으로 가장 저평가된 시기였다.

도시가스주는 정부가 보장해주는 사업이다. 정부가 지역을 나눠서 독점을 보장해주고 그 대신 가격에 규제를 가한다. 때문에 이익률이 정해져 있다. 이익률에는 한계가 있지만 쉽게 망할 수도 없는 비즈니스다. 이런 회사들은 매년 꼬박꼬박 배당금을 지급한다. 이런 기업들의 가치는 위로 급격히 성장하기도 어렵지만 아래로도 일정 이하로 떨어지기 힘들다. 당시 주가는 8, 9천 원대에 거래되고 있었다. 이 가격대면 사서 그냥 배당금만 받아도 연 10% 이상의 수익률을 올릴 수 있었다.

처음에는 한 회사를 샀는데, 사고 보니 다른 회사들도 배당수익률이 좋았다. 2001년도에는 이런 식으로 도시가스 주식을 하나하나씩 닥치는 대로 사들였다. 한때 내가 갖고 있지 않은 도시가스 주식이 없을 정도였다. 나도 모르는 사이에 손이 가서 몽땅 사들였던 것이다. 서울, 대구, 극동, 부산 등 거의 모든 도시가스 주식을 펀드에 편입했다. 나중에는 그것도 모자라 LG가스, SK가스 등 LPG가스 주식까지 사들였다.

가치투자자들은 배당을 매우 좋아한다. 월가 역사상 가장 위대한 펀드매니저로 꼽히는 피터 린치는 "배당은 주식 투자에 매우 중요한 요소로 10년에서 20년 동안 지속적으로 배당을 늘려온 주식으로 포트폴리오를 구성해서 잘못될 가능성은 없다."라고 말한 바 있다.

인플레이션을 방어할 수 있는 성장 채권형 주식들

도시가스주를 나는 '채권(또는 예금) 같은 주식'이라고 부른다. 채권은 확정된 이자를 지급하는 유가증권이다. 채권을 사서 만기까지 보유하면 은행 정기예금에 가입한 것과 마찬가지로 약속된 금리를 받을 수 있다. 주식에도 이런 고수익 채권형 주식들이 있다. 이익이 안정적으로 나기 때문에 배당금도 이자처럼 꼬박꼬박 주는 회사들이다. 나는 이런 회사들의 주식을 '단순 배당형' 혹은 '고수익 채권형'으로 분류한다.

단순 배당형 주식에는 몇 가지 특징이 있다. 겉으로 드러난 특징은 기업 이익과 배당이 모두 안정적이라는 점이다. 이익과 배당이 모두 안정적이기 위해서는 당연한 얘기지만 안정적인 수익을 낼 수 있는 기업이어야 한다.

이 범주에 속하는 기업의 첫 번째 특징은 앞서 얘기했듯이 정부가 사업권역과 일정 마진(이익)을 보장해준다는 점이다. 이런 사업적인 특징으로 인해 이 범주의 기업은 경영상의 위험으로 부도가 나거나 투자 원금을 날릴 가능성이 아예 없다.

하지만 이런 점이 약점으로 작용하기도 하는데, 그것이 두 번째 특징이다. 바로 성장성에 대한 기대를 갖기 어렵다는 점이다. 정부가 일정 마진을 보장해주지만 가격의 상한선을 정해놓고 있기 때문에 성장성이 높지 않다. 즉, 정부 규제 리스크가 존재한다. 투자자들이 성장성에 높은 점수를 주지 않기 때문에 자산가치에 비해 낮은 가격에서 주식이 거래되는 경향이 있다. 투자란 미래의 수익을 내다보고 현재의 자금을 투입하는 행위인데, 아무래도 성장성이 낮다고 생각하면 높은 가격을 지불하기가 꺼려지는 법이다. 이런 약점으로 인해 단순 배당형 기업들은 자연스레 안전마진을 확보할 수 있다.(우리나라 증시에 상장된 9개 가스회사들의 영업이익률은 3.93%다.(2005년 결산 기준))

단순 배당형 기업은 큰 폭의 주가 상승을 기대하기 힘들지만 시중금리가 많이 떨어져서 배당수익률이 시중 예금금리를 웃돌 경우 주가가 한 단계 업그레이드될 가능성을 언제든 갖고 있다. 실제로 정부가 콜금리를 인하하면 배당수익률 매력이 한층 높아져 주가가 오르곤 한다. 금리가 인하되면 채권 가격이 올라가는 것(채권 가격과 금리는 반대로 움직인다.)과 마찬가지로 단순 배당형 종목은 그 특징이 채권과 매우 유사하다.

그런데 재미있는 것은 도시가스주에서 본 것처럼 주가가 폭락한 시점에 안정적인 비즈니스 모델을 가진 전통적인 배당주들을 사면 거의 손해 볼 걱정이 없다는 점이다. 배당이라는 안전장치가 있고, 시간이 지나면 일정한 수준으로 주가가 올라오기 때문이다. 필요한 것은 인내뿐이다.

이익이 늘면서 배당도 느는 꿈의 주식

이익이 늘면서 배당도 느는 기업이 있다면 금상첨화다. 아니, 나는 그것을 적극적인 매수 신호로 받아들인다. 앞서 얘기했듯이 가치투자자에게 있어서 배당은 중요한 투자 판단 근거 중 하나다. 포트폴리오 이론의 대가인 제러미 시겔 와튼 경영대학원 교수는 『투자의 미래』에서 IT 업계의 거인 IBM과 엑손 모빌의 전신인 뉴저지 스탠더드 오일의 주식

투자 수익률을 비교하고 있는데, 그 결론이 매우 흥미롭다. 1950년부터 2000년까지 50년간, IT산업은 시장의 3%에서 18%로 성장한 반면, 스탠더드 오일이 속해 있는 정유산업은 시장점유율도 줄고 미국 전체 시가총액에서 차지하는 비중도 1950년 약 20%에서 2000년 5%도 안 되는 비율로 떨어졌다. 같은 기간 동안 IBM은 IT산업의 성장세에 힘입어 뉴저지 스탠더드 오일보다 더 높은 신장세를 보였다.

언뜻 보기에 50년간 장기 투자수익률은 뉴저지 스탠더드 오일보다 IBM이 높을 것이라고 생각할 것이다. 하지만 결과는 정반대다. 1950년부터 2003년까지 IBM이 연 12.83%의 수익률을 기록한 반면 뉴저지 스탠더드 오일은 1% 이상 높은 14.22%를 기록했다. 왜 이런 일이 일어났을까? 모든 성장 지표에서 IBM이 뉴저지 스탠더드 오일보다 월등했음에도 불구하고 투자수익률은 왜 뉴저지 스탠더드 오일이 높게 나왔을까?

이에 대해 시걸 교수는 이렇게 결론을 내렸다.

"그 이유는 수익과 배당을 받기 위해 지불한 가격, 즉 밸류에이션이다. 밸류에이션이 중요한 이유는 배당의 재투자에서 나온다. 배당은 투자 수익을 결정짓는 요소이다."

상대적으로 낮은 주가와 꾸준한 배당으로 인해 뉴저지 스탠더드 오일이 IT 업계의 거인 IBM에 투자한 것보다 더 높은 수익률을 올릴 수 있었다는 것이다. 시걸 교수의 치밀한 분석을 빌리지 않더라도 가치투자자는 배당을 중시한다.

배당으로 접근해 투자에 성공했던 기업이 국내 담배시장을 70%(2005년 4분기 기준 72.6%)나 차지하고 있는 KT&G(옛 담배인삼공사)다. 지난

2001년 3월 15일, 일은증권 법인영업부에서 일을 하고 있던 후배 태완에게서 한 통의 전화가 왔다. 그의 말은 간단했다.

"형, 담배인삼공사의 시가 배당수익률이 10%나 돼요."

그 날은 종합주가지수가 20포인트 빠지던 날이었다. 당시 담배인삼공사의 주가는 14,000원대 초반으로 28,000원에 공모한 후 거의 절반 수준까지 떨어진 상태였다. 배당수익률이 10%가 나온다는 말에 앞뒤 가리지 않고 무조건 주식을 매수했다. 전년도 배당을 살펴봤더니 정말 배당금이 1,400원. 배당 수익만으로 10%를 올릴 수 있는 독과점적인 시장 지위를 가진 대기업이 있다는 사실이 놀라웠다. '배당수익률 10%'라는 말에 나는 기업 분석도 제대로 하기 전에 주식을 정신없이 사들였던 것이다.

내 기억으로는 그 날 종합주가지수가 20포인트 정도 하락하는 급락 장세가 연출되었는데, 오전 KT&G가 13,700원이라는 역사상 최저치를 기록하고 있던 시점이었다. 나는 그 날 바로 KT&G 주식을 수십만 주 매수했다. 그날 사상 최저치를 기록하고 있었던 KT&G의 주가는 결국 나 때문에 플러스로 돌아서게 되었다.

그 뒤에 회사 담당자가 담배 한 보루를 들고 회사를 찾아왔다. 주가가 역사상 최저치를 찍던 시점에 회사의 진가를 알아보고 주식을 사줘서 고맙다는 인사를 하기 위해서였다. 나도 솔직히 담배인삼공사를 사기 전까지는 담배산업에 대해 부정적이었다. 담배회사는 혐오식품을 만드는 회사이고, 담배산업은 저성장 산업이라고 생각했다. 그러다 나중에 회사에 대해 더욱 자세히 분석해보니 내가 갖고 있던 선입견과는 전혀 딴판인 회사였다.

필립모리스의 경우, 미국 담배 소비량이 매년 2%씩 감소하는 등 지난 15년간 마이너스 성장을 하는 업종에 속해 있었지만 주가는 14달러에서 90달러로 약 6.4배 올랐다. 해마다 해외시장에서 점유율을 늘리면서 가격은 높이고 비용은 절감해 수익을 증대시켰다. 그렇게 40여 년이나 되는 오랜 세월 동안 지속적으로 수익을 늘려왔던 것이다.

게다가 필립모리스 등 선진국의 담배회사들은 실제로 매출에서 담배가 차지하는 비중이 그리 높지 않다. 필립모리스는 식품 비중이 높다. 담배는 중독성이 있는 제품이기 때문에 매출이 꾸준하게 발생하고, 그만큼 현금흐름을 예측하기도 쉬운 사업이다. 여기서 나오는 현금흐름으로 식품사업 등에 진출하면 추가로 안정적인 수익원을 창출할 수 있다는 장점도 있다.

그 뒤 담배인삼공사는 KT&G로 사명을 바꿨다. KT&G는 누가 봐도 기존 영문명인 Korea Tobacco and Ginseng이었지만, 그들은 'Korea Tomorrow and Global'의 줄임말이라고 했다. 약간 억지스럽긴 해도 밀러 맥주, 크래프트 사 등의 음식료업체를 인수해서 사업을 다각화한 필립모리스처럼 꾸준한 성장을 위해 노력하겠다는 의지를 보이는 것 같아 반가웠다. 담배인삼공사의 투명한 지배구조도 마음에 들었다.

'배당수익률 10%'라는 말에 이것저것 보지 않고 사들인 KT&G에 대한 투자는 결과적으로 성공이었다. 꾸준한 자사주 매입 소각 등으로 그 뒤 주가는 3만 원대로 올라섰다. 배당금도 2003년에는 1,600원으로 늘어 나의 마음을 더욱 기쁘게 했다.(KT&G의 주가는 2006년 1월 말 현재 46,700원이다.)

KT&G는 배당수익률뿐만 아니라 민영화 테마를 가지고 있는 기업이

외환위기 이후 최근 7년간 배당이 줄지 않은 기업

	배당 수익률	주당 배당금(원)	시가총액 (억원)	주가(원)	PER	PBR	순이익 (억원)	자본총계 (억원)
일정실업	6.10%	1,250	246	20,500	4.83	0.41	51	597
파라다이스	6.16%	225	3,324	3,655	8.17	0.81	407	4,093
중앙건설	5.58%	700	827	12,550	2.83	0.45	292	1,831
삼화왕관	5.42%	750	517	13,850	8.97	0.59	58	884
화천기계공업	5.26%	750	314	14,250	5.69	0.45	55	702
금비	4.14%	1,600	387	38,650	3.59	0.52	108	745
태림포장공업	4.06%	250	436	6,160	7.16	0.33	61	1,338
유니드	4.10%	750	1,205	18,300	6.20	0.78	194	1,555
한일건설	4.08%	475	926	11,650	2.77	0.66	335	1,394
성지건설	4.08%	500	735	12,250	1.95	0.42	377	1,741

PER 10배 이하, PBR 1배 이하, 배당수익률 4% 이상 기준
(2005년 기준, 자본총계는 2006년 2분기 기준)

기도 했다. 공기업을 민영화하면 지배구조의 개선으로 기업의 효율성이 개선되고 이에 따라 순이익도 늘어난다. 정부가 소유할 때보다 규제가 없어져 기업 경영이나 가격 정책에서 의사결정이 보다 자유로울 수 있기 때문이다. 아무래도 공기업보다 사기업이 정부 눈치 덜 보고 가격 결정을 할 수 있는 법이다. 게다가 KT&G와 같은 기업은 공기업 시절의 독점력을 그대로 유지할 수 있다는 장점도 있다. 독점적 지위를 바탕으로 수익성도 좋아지고 이에 따라 배당금도 늘리면 주가는 오르게 마련이다. 만일 KT&G처럼 고배당에 해마다 배당이 늘고 수익도 늘면 그것은 주식을 사라는 신호다.

미국의 경우 식품회사인 켈로그와 애완동물 사료업체인 랠스턴 퓨리나는 세계대전 등 지난 세 차례의 전쟁과 여덟 차례의 불경기를 거치면서도 배당금을 줄인 적이 없을뿐더러 거른 적도 없다고 한다. 이런 주식들은 그야말로 꿈의 주식이라고 할 것이다.

역발상으로 접근한 배당 투자

흔히 배당 투자는 연말에 하는 것으로 생각하는 이들이 많다. 신문에서도 연말이면 증권면에 배당 투자 유망 종목을 많이 다루는 경향이 있다. 보통 배당 관련주는 배당 기산일이 끝나면 주가가 하락한다. 지급할 배당금만큼 주가를 할인하는데 이를 배당락이고 한다. 그래서 배당 투자는 연말에 나오는 배당을 보고 11월이나 12월 정도에 사는 것이 일반적이다.

하지만 이는 하나만 보고 다른 하나는 보지 못하는 것과 같다. 역발상으로 접근하면 배당락이 이뤄져 주가가 하락한 시점은 오히려 주식을 싸게 살 수 있는 기회가 된다. 또한 배당금은 한 해만 나오는 것이 아니라 그 다음 해에도 비슷한 수준으로 나온다. 다시 말해 연초는 배당금에 대한 기대감이 사라지면서 과도하게 떨어진 고배당 주식을 살 수 있는 좋은 기회가 된다. 이런 아이디어로 접근한 종목이 바로 SK가스다.

내가 2001년 초 SK가스를 샀을 때 이 회사의 주가는 8,500원에 불과했다. 전년도에 1,250원이나 배당금을 지급했음에도 배당 기산일이 지난 탓에 배당에 대한 기대감이 사라져 주가가 1,000원 정도 더 빠진 것이다. 배당도 매력적이었지만, 배당락 효과로 연초에 과도하게 빠진 주가 또한 매력적이었다. SK가스의 최근 주가는 35,750원까지 올랐다.(2006년 1월 말 현재) 주가만으로도 네 배 이상 올랐지만, 배당을 합치면 그동안 올린 수익은 290%가 넘는다. 그리고 2003년도에는 배당금이 1,500원으로 올랐는데 매수단가는 8,500원이었다. SK가스 주식은 나에게 연간 17.5%의 배당수익률을 올려주는 자산인 셈이다. 배당금이 더 늘어나거나 주가가 더 올라준다면 그것은 기분 좋은 보너스가 될 것이다.

SK가스는 배당뿐만 아니라 영업이익률 측면에서도 역발상으로 접근한 종목이었다. LPG 유통을 LG가스와 함께 과점하고 있는 SK가스는 당시 영업이익률이 1.4% 수준이었다. 사실 그 당시 SK가스의 영업이익률은 지나치게 낮은 수준이었다. 점차적으로 SK가스의 영업이익률은 개선될 것이고, 그로 인해 당기순이익 또한 안정적인 증가세를 보이지 않을까 하는 기대가 두 번째 투자아이디어였다.

SK가스는 배당과 영업이익률이라는 두 가지 잣대를 역발상으로 접근해 선택한 종목이었다. 원시시대부터 자신을 보호하기 위해 무리를 짓는 게 인간의 본성이다. 배당 투자도 마찬가지다. 연초에는 하락했다 연말이 되면 배당에 대한 기대감으로 배당주의 가격이 오른다. 이것을 거꾸로 들여다보면 어떨까. SK가스는 거꾸로 들여다봤기 때문에 성공한 종목이었다. 가끔 이 세상을 물구나무서서 보는 것도 괜찮은 것 같다.

사실 역발상으로 배당 투자에 접근하는 것은 나의 아이디어가 아니다. 가치투자의 전도사로 불리는 VIP투자자문의 젊은 CEO인 김민국 대표와 최준철 대표의 아이디어였다. 서울대 투자연구회에서 시작해 한국을 대표하는 가치투자 자문사를 세운 이 젊은 CEO들과는 가끔 만나서 세상 돌아가는 얘기를 하곤 한다.

김 대표와 최 대표를 처음 만난 것은 지난 2001년 3월경의 일이다. 한 증권정보 사이트에 올린 이들의 글을 읽고 놀라움을 금치 못했다. 첫 번째 놀라움은 우리나라에도 이런 식의 생각을 하는 개인 투자자가 있다는 것이었다. 두 번째 놀라움은 이들이 대학생이라는 사실이었다. 정신이 번쩍 들었다. 가치투자를 표방하고 있었지만 이들의 글을 읽으면서 일종의 무기력함을 느꼈기 때문이다.

그런데 너무 신기한 일이 벌어졌다. 이들을 만나고 싶었던 나는 이들의 연락처를 알아내 내 책상 위에 포스트잇으로 붙여놓았다. 전화를 한번 해볼까 생각하고 있던 찰라 한 통의 전화가 왔다. 놀랍게도 김민국 대표였다. 몇몇 종목에 대한 의견을 듣고 싶다는 전화였다. 나는 그들에게 당장 만나자고 제의를 했고, 우리는 곧 여의도에서 만남을 가졌다. 첫 만남임에도 우리는 시간 가는 줄 모르고 주식 얘기를 나누었다. 저녁 6시에 만나서 자정까지 쉬지도 않고 줄곧 주식 얘기만 했다. 대학 졸업과 동시에 투자자문사를 세워 놀라운 실적을 거두고 있는 이 두 명의 CEO에게 개인적으로 가치투자의 선배로서 자못 기대하는 바가 크다.

배당 투자를 얘기하다 보니 생각나는 에피소드가 있다. 가치투자를 옹호하는, 개인적으로도 절친한 한 펀드매니저의 얘기다. 주변에서 그에게 종목 하나를 추천해달라고 했다. 이 사람은 연 10%가 넘는 배당수익률이 가능하다며 SK가스 주식을 추천했다. 추천 시기는 연초였고 당시 주가는 13,000원대였다. 그랬더니 종목 추천을 의뢰한 사람이 이렇게 대답했다고 한다.

"그럼 연말에 다시 전화할 테니 그때 가서 다시 그 종목 얘기를 해주십시오."

하지만 그 해 연말에 SK가스는 이미 18,000원을 넘어서고 있었다. 투자에서 고정관념이 낳을 수 있는 결과는 낮은 수익률이거나 손실이라는 점을 그 사람은 알고 있을까.

07 1만 원으로 산 꿈

가치투자자의 소박한 투기

옵션에 투자하다!

 더 이상 손해 볼 수 없는 주식도 좋아하지만 깨지면 조금 손해를 보고 먹으면 크게 먹을 수 있는 주식도 매력적이다. 한마디로 꿈이 있는 주식이다. 제약업체 유한양행이 나에게는 밑지면 조금, 먹으면 대박을 낼 수 있는 꿈의 주식이었다. 나는 이런 주식을 만나게 되면 모든 운용 자금을 다 걸고 투자하고 싶어진다.

 나를 아는 사람들에게 내 이름을 들으면 제일 먼저 생각나는 종목이 무어냐고 묻는다면 아마 열이면 열, 롯데칠성이나 유한양행을 거론할 것이다. 주식 운용을 시작한 이래 가장 많이 샀던 종목은 롯데칠성이고, 1996년 펀드매니저 생활을 시작한 이래로 가장 오랫동안 보유한 종목이 유한양행이다. 유한양행은 내 투자 인생에서 가장 기억에 남을 종목을 꼽으라면 반드시 세 손가락 안에 꼽힐 종목이며 나의 첫 기업 탐방 종목이기도 하다. 불안정한 시장 상황에서 안정적인 수익을 올려주기도 했고 그락소와의 기술수출계약 파기와 콘택 600 폐기 등의 아픔을 겪은 애증 어린 종목이다.

이상하게 들릴지 모르겠지만, 나는 성장주를 너무나 좋아한다. 제약주에 대한 관심도 지대해서 안 사본 제약주가 없을 정도였다. 그 중에서도 특히 고(故) 유일한 박사의 숭고한 기업가정신을 이어받아 '국민기업'으로 불리는 유한양행은 내게 최고의 관심주였다.

그러나 유한양행은 참으로 지루한 주식이다. 기업 이미지처럼 밖에서 보기엔 변화도 없다. 주식 담당자가 10년 이상 한 자리를 지키고 있으니 말 다한 회사다. 하지만 정말 이상한 일이다. 별로 하는 일도 없어 보이는 이 기업이 과거 몇 차례의 경기 후퇴와 외환위기, 9.11 테러 속

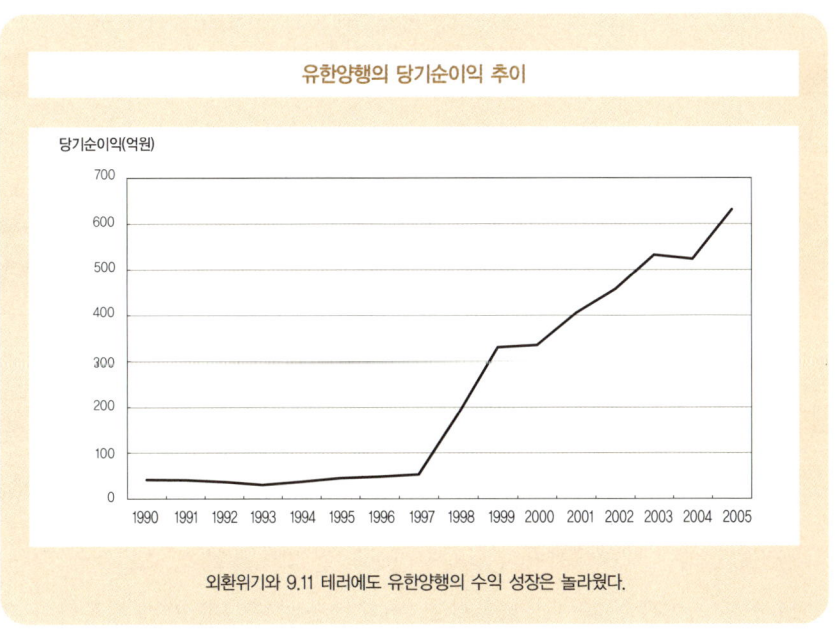

외환위기와 9.11 테러에도 유한양행의 수익 성장은 놀라웠다.

에서 한 해도 쉬지 않고 상장 제조업체 중에서 유일하게 11년 연속 사상 최대 이익을 달성한 것은 무슨 까닭일까?

예전에 기업 탐방을 갔을 때 회사의 주식 담당자가 들려준 얘기가 있다.

"유한양행은 대단히 매력적인 기업은 아닐지도 모릅니다. 하지만 유한양행은 마치 현모양처와 같은 기업입니다. 결코 원칙을 벗어난 행동을 하거나 투자자를 실망시키지는 않을 겁니다."

내가 유한양행에 본격적인 관심을 갖기 시작한 것은 1993년부터다. 동경사무소에서 일할 때였는데, 세계 최대의 자산운용사인 피델리티의 한국 주식 담당 펀드매니저와 함께 유한양행을 방문하여 조사한 적이 있었다. 유한양행에서 위궤양치료제 YH1885라는 신약을 개발한다고 시장이 떠들썩할 때였다.(그러나 이 신약은 아직도 나오지 않고 있으니 신약 개발의 길이란 참으로 멀고도 험한 길이다.) 그때부터 지금까지 내가 유한양행을 지켜본 지 10년이 넘었는데 늘 한결같이 그 자리를 지켜내고 있다.

동원투신에서 신탁 운용을 하던 시절, 유한양행에 대한 진정한 가치를 모르던 그때도 왠지 모르게 이 주식을 항상 보유했었다. 2000년 4월, 동원증권 주식운용팀을 맡은 후 이 주식의 가격을 보니 30,400원에 거래되고 있었다. 외환위기가 닥쳐 종합주가지수가 300포인트대까지 대폭락하고 삼성전자가 35,000원까지 빠질 때도 21,500원을 지킬 정도로 유한양행은 주가의 하방경직성이 강한 종목이었다. 뿐만 아니라 유한킴벌리라는 생리대시장과 화장지시장을 장악하고 있는, 소비재 시장의 선두 기업을 자회사로 보유하고 있다. 유구한 역사를 가진 제약회사를, 그것도 10년간 이익이 계속 늘어나는 회사를 3만 원에 산다는 것은 꿈같은 일이었다. 외환위기가 다시 온다 해도 내가 잃을 돈은 1만 원뿐이다.(21,500원 이하로 다시 떨어지기야 하겠는가.) 1만 원짜리 콜옵션을 산 셈이었다.

뿐만 아니라 유한양행은 꿈이 있는 주식이었다. 돈으로 환산하기 힘든 신약 개발의 꿈 말이다. 만일 이 신약 개발에 성공하면 주가가 고공행진을 할 것이다. 잃을 돈은 1만 원이요, 벌 돈은 무한대인 주식이었다.

게다가 이 회사는 매년 배당금을 1천 원씩 주고 매년 무상증자 형식으로 주식도 준다. 더욱 놀라운 것은 차중근 사장이 월 급여의 10%를 매달 자사주 사는 데 쓴다는 사실이었다. 회사의 최고경영자가 자사 주식을 사다니, 이보다 더한 호재가 어디 있겠는가? 이러한 기업에 투자해서 손해 봤다는 얘기는 들어본 적이 없다.

그래서 한 달 동안 13만 주를 미친 듯이 주워 담았다. 펀드 내에 남아 있는 현금을 탈탈 털어 모두 사들였다. 이 매입 건으로 펀드의 매입 한도가 다 차버렸다. 그러나 내가 꿈꾸었던 신약은 2006년 말 이후에나 나온다고 한다. 나도 이렇게 늦어질 줄은 몰랐다. 그래도 나에게는 꿈을 주었던 주식이다. 나는 이 주식으로 여덟 배 이상의 수익을 올리고, 2005년에 한국투자증권을 떠나면서 전량 매도했다.

유한양행처럼 만약 손실률이 10%로 제한되어 있고, 수익률은 100%가 가능한 사업이 존재한다면 나는 모든 운용자금을 다 동원해서 투자할 작정이다. 다섯 번 투자해서 한 번만 성공해도 손해는 아닌 게임이다. 철저한 분석을 거친다면 다섯 번 투자해서 한 번 성공하지 못하겠는가.

08 부동산형 주식

부동산도 간접투자처럼

> 땅은 영원하다
> _작자 미상

부동산도 간접투자(?)가 유리하다

나는 이상하리만큼 원자재와 에너지 관련 기업, 그리고 땅이 많은 기업을 좋아한다. 이유를 잘 모르겠다. 자꾸 이런 주식들에 손이 간다. 특별히 부동산 투자를 좋아하는 사람도 아닌데, 왜 그렇게 땅이 많은 기업들이 좋은지 모르겠다. 주식을 살 때도 꼭 땅 많은 기업에 먼저 관심이 간다. 땅 많은 기업을 보면 머리보다 몸이 먼저 가는 경우가 왕왕 있다. 기업의 감사보고서나 영업보고서를 볼 때, 자꾸 보유 중인 땅이나 건물 쪽으로 눈이 간다. 아무래도 기업의 프랜차이즈 밸류나 성장성을 계산하는 것보다는 기업이 보유하고 있는 부동산 장부가와 실제 거래 가격의 차이를 계산하는 것이 더 쉽기 때문일 것이다.

땅은 불변의 가치다. 전쟁이 나서 건물이 모두 불에 타 없어져도 땅은 남는다. 게다가 가치를 평가하기도 쉽다. 땅값은 변동성도 적다. 기업의 이익은 줄어들 수 있지만 땅의 크기는 절대 줄어들지 않는다. 그리고 땅은 적자가 나지도 않고 부도도 절대 나지 않는다.

그렇다. 땅은 가장 안전한 자산이다. 그래서 산업구조가 안정된 선진국에서는 부동산의 수익률이 가장 낮은 것이다. 'Low Risk Low Return, High Risk High Return(저위험 저수익, 고위험 고수익)'이라는 불변의 진리를 거스른다는 것은 불가능하다. 세상에서 가장 안전한 자산이 땅이기 때문에 장기적으로는 수익률이 제일 낮을 수밖에 없다.

하지만 이제 부동산에 직접 투자하는 시대는 끝이 난 것 같다. 경제가 선진화되면서 부동산보다는 주식의 수익률이 높아질 가능성이 크고 부동산에 대한 규제가 갈수록 강화되는 추세이기 때문이다. 따라서 부동산도 주식을 이용해서 투자하는 것이 유리할 것이다.

예를 들어 어떤 기업이 보유하고 있는 부동산의 시세가 3천억 원인데 시가총액이 1천억 원이라고 해보자.(현금성 자산과 부채는 서로 상쇄돼 없는 것으로 치자.) 이 회사의 주식을 모두 사들이면, 즉 1천억 원에 회사를 통째로 사면 3천억 원짜리 땅이 딸려온다. 건물 값, 기계 설비 등은 고려하지 않고 땅값만 생각해도 이건 완전히 남는 장사다. 이런 회사는 주식을 사는 사람의 입장에서 너무 안전하다.

이런 아이디어로 접근한 회사들이 대한화섬, 태광산업, 한일철강 등이다. 대한화섬의 주가는 지난 2004년 13,000원이었는데, 재무제표상의 주당 자산가치는 199,529원(2003년 결산 기준)이었다. 땅이 많기 때문이었다. 13,000원 주고 20만 원짜리 자산을 사는 셈이었다.

한일철강과 태광산업도 같은 아이디어로 발굴한 종목들이다. 한일철강은 서울 가양동에 땅을 가지고 있었다. 매입 당시 한일철강의 주가는 1만 원대로 시가총액이 300억 원이었는데, 가양동 공장부지의 시세는

대한화섬의 대차대조표

계 정	2003년(억원)	주당가치(원)
자산총계	3,454	260,075
유동자산	825	62,136
당좌자산	508	38,233
현금,현금등가물 및 단기금융상품	272	20,467
재고자산	317	23,903
고정자산	2,629	197,938
투자자산	847	63,772
유형자산	1,782	134,166
토지	957	72,050
부채총계	804	60,545
자본총계	**2,650**	**199,529**
자본금	66	5,000
자본잉여금	2,233	168,168
재평가적립금	2,190	164,929
이익잉여금	448	33,725
자본조정	-98	-7,364

약 600억 원이었다. 언제 현실화될지 몰라도 땅을 팔면 600억 원이 굴러들어오는 회사였다.

　12만 원을 주고 산 태광산업은 땅뿐만 아니라 미래의 성장성 측면에서도 매력적인 주식이었다. 태광산업이 가지고 있는 땅만 해도 시가총액의 3배가 넘었다. 이것도 시세를 반영한 것이 아니라 매입 당시 장부가였다. 장부상의 주당 순자산가치는 무려 120만 원. 10분의 1 가격에 사는 셈이었다. 유동성 확보 차원에서 이 주식을 50만 원에 팔았지만, 자산

가치를 보면 아직도 50만 원이 비싸다고 생각하지는 않는다.

이 종목과 함께 대표적인 땅 부자 기업인 서부트럭터미날도 살까 했지만 결국 사지 않았다. 사실 지금은 조금 후회가 되지만, 유선방송 사업을 하는 태광산업이 케이블방송 사업까지 영위하고 있기 때문에 서부트럭터미날이나 대한화섬 같은 작은 주식(이들 주식의 그 당시 시가총액은 1백억 원대에 불과했다.)보다는 차라리 태광산업을 더 많이 사는 것이 낫겠다는 생각에 태광산업을 샀었다. 가치에 비해 주가가 많이 쌌고 케이블방송 사업의 성장성도 갖췄다는 점에서 태광산업은 자산주이면서 성장주였다.

동일방직은 건물과 땅이 모두 매력적이라 매수한 종목이었다. 라코스테, 닥스 등 의류 브랜드를 거느린 동일방직의 사옥은 서울 강남구 삼성동에 위치해 있다. 그것도 현대백화점과 인터컨티넨털 호텔 바로 맞은 편에 있는 섬유센터 빌딩이었다. 동일방직의 영업보고서를 보다가 나는 깜짝 놀랐다. 장부상에 사옥의 가치가 53억 원으로 잡혀 있었기 때문이다. 인근 부동산 중개업소에 조사를 해보니 동일방직 사옥이 위치한 곳의 땅값은 평당 1억 원이었다. 건물 대지가 1천 평이니 시세를 기준으로 하면 1천억 원이나 된다. 이 건물은 '숨겨진 자산'이었던 것이다. 본사 건물 하나만 해도 시가총액에 육박했다. 여기에 경기도 안양에 공장 부지도 있었다. 이뿐만 아니다. 라코스테, 닥스 등 브랜드 가치도 있었다. 건물 값만 치르고 안양 땅과 의류 브랜드를 공짜로 얻을 수 있는 기회였다. 3,4만원대에 거래되던 그 당시의 동일방직은 거저나 다름없는 종목이었다.

나는 같이 일하는 펀드매니저나 조사 담당자들에게 땅 많은 기업을

부동산 VS. 주식

		부동산	주식
유동성		거래가 잘 되지 않고 호가 차이(gap)가 크다	쉽게 사고 쉽게 팔 수 있다
거래비용	양도소득세	시세 차익에 대해 양도소득세 부과	없음
	거래세	부동산 형태에 따라 2.2~4.6%	10배를 벌든 100배를 벌든 거래대금의 0.3% 원천 징수 (증권거래세 0.15%, 농특세 0.15%)
유지비용	유지관리비용	건물의 경우 관리비	증권사에서 공짜로 보관
	보유세	가격에 따라 부과	보유세는커녕 주식을 가지고 있으면 배당금을 받는다

찾으면 늘 인근 부동산 중개업소을 방문해서 그 땅의 시세를 확인한 다음 사진을 찍어오라고 한다. 사진으로 보면 그 건물과 땅의 위치를 더 정확히 볼 수 있기 때문이다. 그리고 내가 직접 기업 탐방을 갈 때 관심 있는 땅들을 둘러보곤 한다. 어떤 날은 사실 기업 탐방이라는 미명하에 땅만 보고 온 날도 있었다.

개인적으로 우리나라 사람들의 부동산 투자 스타일을 볼 때 이해가 가지 않는 것이 있다. 주거와 투자를 고려해 아파트를 사는 것은 이해가 되지만, 단순 투자 목적으로 굳이 땅을 살 필요가 있을까 하는 의문이 든다. 특히 최근처럼 정부가 세금을 강화하고 거래에 대한 규제를 높일 때 땅 투자를 하는 것은 잘 이해가 되질 않는다. 설사 오르더라도 많은 세금을 내야 하고, 매기가 끊기면 유동성도 떨어지는데 굳이 땅을 고집하는 것은 왜일까? 오히려 시가총액보다 많은 땅을 가진 기업의 주식을 사는 것이 더 유리하지 않을까? 땅 시세보다 더 싸게 사고, 주식이다 보니 급할 때 팔기도 쉽고, 이런 주식들은 또 배당금도 잘 주는데, 왜 주식에 투자하지 않을까? 거기에 세금도 거래대금의 0.3%만 내면 된다. 나는 그래서 꼭 땅 투자를 해야겠다는 독자 여러분들에게 이렇게 제안하고 싶다. 정말 투자 목적으로 부동산을 보유하고 싶다면 부동산을 많이 갖고 있는 기업의 주식을 사라고 말이다.

우리가 반드시 기억해야 할 사실이 하나 있다. 사실상 주식 매매에 대해서는 양도소득세를 부과하지 않는다는 것은 어마어마한 특혜라는 것이다. 이런 특혜가 없어지기 전에 빨리 주식을 사야 하지 않겠는가?

09 지상 최고의 내부자 정보

자사주 매입

자사주 매입, 주주가치 극대화의 지름길

'왜 중고차 시장에는 좋은 중고차가 없을까?' 이런 아이디어를 가지고 지난 2001년 노벨 경제학상을 받은 인물이 조지 애컬로프(George Akerlof)다. 애컬로프는 중고차 업자들의 경쟁이 심해져도 그 이익이 소비자들에게 돌아가지 않는다며, 그 이유로 '정보의 비대칭성'을 들었다. 중고차 업자들은 자동차 상태에 대해 일반 소비자들보다 많이 알고 있기 때문에 상태가 좋은 차가 나오면 자신이 소유하거나 아니면 주위 사람들에게 먼저 팔아버린다는 것이다. 때문에 중고차 시장에는 상태가 좋은 중고차가 나올 수 없다는 것이다.

중고차 시장과 마찬가지로 투자의 세계에서도 정보의 비대칭 상황은 많이 발생한다. 가령 미국에서 행해진 한 조사에 따르면 부동산 투자로 가장 수익을 많이 낸 집단은 해당 부동산에 대해 가장 정보를 많이 알고 있는 부동산 중개업자인 것으로 나타났다. 좋은 물건은 자신들이 사들이고 그렇지 않은 물건들을 고객들에게 팔았다는 것이다. 전형적인 정보의 비대칭 상황의 예라고 할 수 있다. 주식투자에서도 이런 상황이 발생하고 있다. 대표적인 것이 내부자 정보다. 기업의 고위 임원이나 오너의 경우 일반 투자자들에 비해 주가와 관련된 정보를 더 많이 가지고 있다. 실제 일부 악덕 기업주들은 내부자 정보를 이용해 탈법적인 방법으로 시세 차익을 얻기도 한다.

정보의 비대칭 상황이 존재한다 하더라도 이를 피할 수 있는 길은 있다. 바로 공개된 정보를 가지고 내부자가 되는 방법이 그것이다. 공개된 내부 정보 중 하나가 바로 자사주 매입이다. 자사주를 산다는 것은 회사의 전망이 매우 밝거나 회사의 가치가 주가에 비해 너무 싸기 때문인 경우가 많다.

자사주를 사는 방법에는 두 가지가 있다. 회사의 대주주나 임직원 개인이 사들이거나 또는 회사가 자사주 매입의 형태로 사들이는 방법이다. 두 경우 모두 회사가 저평가 상태라는 신호를 주는 셈이다. 다행스러운 것은 이 정보는 공시를 통해 우리가 모두 알 수 있다는 점이다. 솔직히 회사가 왜 저평가되어 있는지 혹은 앞으로 어떻게 좋아질 것인지 하는 점은 일반 투자자들이 알기 힘들다. 하지만 분명한 것은 회사에 대해 가장 잘 알고 있는 내부자가 주식을 사는 것은 매우 긍정적인 신호라는 것이다. 대주주 혹은 회사와 같은 편에 서는 것만큼 든든한 것은 없다. 나 또한 대주주가 주식을 살 때 따라 사서 손해를 본 경험은 거의 없다.

마찬가지로 대주주나 회사가 자사주를 매각할 때는 조심해야 한다. 자사 주식이 어느 정도 적정 수준에 도달했다고 판단했기 때문에 주식을 팔고 있다는 점을 잘 알아야 한다.

또한 자사주 매입만큼 주주 가치를 높이는 방법은 없다. 피터 린치는 자사주 매입에 대해 "회사가 주주들에게 보상할 수 있는 가장 간편하고 좋은 방법은 자사 주식을 되사는 일이다. 어떤 회사가 스스로 장래에 대한 믿음을 갖고 있다면, 다른 주주들과 마찬가지로 자기 주식에 투자하지 않을 이유가 없다."라고 말한다. 증권시장 분석의 대가인 제러미 시겔 와튼 경영대학원 교수도 "자사주 매입은 가장 조세 효율적으로 주주들에게 수익을 안겨주는 매우 유용한 방법"이라고 지적한다. 시겔 교수의 얘기처럼 배당보다 자사주를 매입하는 게 주주 입장에선 유리하다. 왜냐하면 배당금에 대해서는 배당 소득세를 내야 하지만 자사주 매입은 세금을 내지 않아서 '조세 효율적'이기 때문이다. 그리고 자사주 매입은 주식 수를 줄이는 결과를 낳으므로 주당순이익과 주가를 높이는 역할을 하게 된다. 어떤 기업이 자사 주식의 절반을 사들인다면 주당순이익은 두 배로 늘어나게 될 것이다.

'자사주 매입'이란 아이디어로 접근해 발굴한 종목들이 조선내화, 현대시멘트, 신영증권, 디피아이 등이다.

노루표 페인트로 유명한 디피아이는 지난 1996년부터 대대적으로 자사주를 사들이기 시작했다. 당시 대주주 지분율은 30%, 시가총액은 1천억 원이었다. 주가는 2~3000원대에서 움직이고 있었다. 공시를 보면 대주주들도 개인 돈으로 사들였는데, 그 양은 많지 않았다. 대주주가 돈이 없었기 때문에 많이 사지 못한 것이라는 생각이 들었다. 이는 대주주가 회사 돈을 빼돌리지 않았다는 얘기다. 회사 돈을 빼돌렸다면 개인 돈으로 샀을 것이기 때문이다. 돈을 빼돌리지 않았다면 기업의 가치가 회

주요 자사주 매입 기업

2005년 기준 자사주 비중 높은 기업들 중 최근 5개년 동안 4년 이상 자사주를 취득한 기업

	자사주 지분 (2005)	보통주 기중 취득				
		2001년	2002년	2003년	2004년	2005년
현대시멘트	38.9%	689,950	999,170	440,640	-	35,000
필코전자	30.4%	669,556	229,781	2,050,000	1,113,068	736,932
두산	28.7%	926,314	1,382,367	4,073,122	157,470	-
로만손	27.4%	5,565,640	2,069,366	1,128,266	550,844	2,500,000
오픈베이스	26.1%	315,663	-	372,377	379,843	73,426
동국제강	24.9%	362,990	8,000,000	2,756,710	2,300,000	-
엔빅스	23.3%	-	573,279	829,470	493,764	549,725
신영증권	22.6%	400,000	200,000	100,000	300,000	0
조광피혁	22.6%	0	64,290	339,010	736,244	521,780
제일제강	21.4%	419,330	138,336	426,767	314,556	279,530
코리아나	20.0%	1,122,054	25,090	4,470,634	2,770,258	-
대한화재	19.2%	781	-	800,000	471,960	320,130
진양	18.3%	652	-	242,140	57,850	1,776,550
동일기연	18.0%	100,000	345,000	165,000	400,000	139,886
녹십자홀딩스	17.8%	84,830	334,040	149,470	0	100,000
삼성전자	17.5%	-	3,990,000	5,173,900	7,136,100	3,800,000
인크루트	16.9%	-	325,941	208,000	179	871,869
현대제철	16.5%	-	2,385,030	17,895,000	7,500,000	6,500,000
디지털온넷	16.0%	-	762,046	231,936	584,701	115,299
동일방직	15.3%	100,000	-	13,650	38,300	35,300
링네트	14.1%	-	200,000	300,232	300,000	300,000

자사주 매입은 회사가 저평가 상태라는 신호를 주는 내부자 정보와 다름없다.

사에 내재되어 있을 것이다.

디피아이는 회사 돈으로 주식을 대거 사들였다. 조금 과장해서 표현

하면 처절할 정도로 자사주를 매입했다. 주가가 쌀 때는 시장에서 주식을 완전히 싹쓸이해갈 정도였다. 왜 이렇게 했을까? 나는 디피아이가 M&A 대상이 될 수도 있다는 두려움을 대주주가 갖고 있었기 때문이라고 추측했다. 디피아이의 시가총액이 쌀 때는 수백억 원에 불과했기 때문에 언제든지 M&A의 표적이 될 수 있었다. 결국 디피아이의 자사주는 전체 발행주식의 38.80%(2005년 말 결산 기준)에 이르렀다. 이는 대주주 지분율 32.57%보다 많다. 대한민국 상장기업 중에서 이렇게 자사주를 많이 가지고 있는 기업은 거의 없을 것이다.

디피아이의 대대적인 자사주 매입은 결국 주당 가치를 높이는 결과를 낳았다. 주식을 사면 회사에 쌓여 있는 주식까지 덤으로 얻는 것이다. 발행주식 수가 줄었으므로 실질 지분율도 높아진다. 당연히 기업 가치는 올라갈 수밖에 없는 것이다.

현대시멘트도 디피아이와 비슷하다. 대주주 지분은 33.8%에 불과했다. 이 정도 가지고는 경영권 방어가 안 된다. 하지만 그보다 더 많은 38.8%의 자사주를 보유하고 있다. 현대시멘트의 최대주주는 회사 자신인 셈이다. 그러니 대주주는 주가가 오르더라도 절대 자사주를 팔지도 않는다. 만일 대주주가 팔아버리면 어떻게 될까? 그렇게 되면 아마 회사의 경영권 방어가 어려워질 것이다.

한국유리, 답안지를 보고서도 틀리다

'자사주 매입'이란 단어를 떠올릴 때마다 생각나는 종목이 있다. 바로 '한국유리'다. 한국유리는 지난 1997년 말 외환위기로 발생한 경영위기를 돌파하기 위해 외국 자본을 유치했다. 이때 유상증자에 참여한 외국 회사는 프랑스의 생고방 사였다. 생고방 사는 유상증자로 한국유리 지분 15.76%를 확보한 후, 1998년 8월부터 장내에서 주식을 대거 사들여 지분율을 22.12%로 끌어올렸다. 이후 한국유리의 대주주들은 생고방 사에 자신들의 지분을 다 넘겼다. 대주주 지분까지 확보한 후에도 계속 장내에서 주식을 사들였다. 회사 자금으로도 사들이기도 하고, 대주주인 생고방 사가 직접 사들이기도 했다. 당시 나는 직원들에게 입버릇처럼 "이 주식은 결국 다 사서 없어질 주식"이라고 얘기했다. 결국 생고방 사는 이 회사의 지분을 80%까지 확보했다. 사실 대주주인 생고방 사 입장에서는 한국유리를 국내에 상장시킬 이유가 없다. 자국의 증시에서 그 기업의 가치를 평가받기 때문이다. 그렇다고 한국유리를 통해 자금을 조달할 필요도 없었다. 그래서 몽땅 주식을 다 사들였던 것이다. 뿐만 아니라 툭하면 자사주도 소각했다. 대주주도 사고 자사주로도 사고, 소각까지 했던 것이다. 답이 나와 있는 주식이었다.

입버릇처럼 '다 사서 없어질 것'이라고 말을 했지만, 나는 이 주식을 사지 않았다. 한국유리의 자사주 매입을 보며, '설마 끝까지 다 사들일까'라는 의구심을 갖고 있었기 때문이다. 그런데 정말 설마가 사람 잡은 격이었다. 당연히 주가는 2만 원에서 10만 원까지 계속 내달렸다. 예상은 했지만 행동으로 옮기지 못해 수익을 올리지 못했던 종목이었다.

지금 다시 한국유리를 생각해보니, 세상 일이 참 아이러니하다는 느낌이 든다. 외환위기 당시 한국유리는 우리나라에서 가장 구조조정을 잘했던 회사로 꼽혔다. 서울 여의도 사옥 등 회사 보유 부동산을 모두 팔아치웠다. 그러고는 임대로 들어갔다. 처절할 정도로 구조조정을 했다. 하지만 만일 그때 조금만 더 버티고 부동산을 팔지 않았다면 어떻게 됐을까? 아마도 회사 자산이 엄청나게 늘어났을 것이다. 세상일은 역시 알 수 없는 노릇이다.

돌이켜보면 한국유리는 피터 린치가 말했던 '크라운 코르크 앤드 실(Crown Cork & Seal)'과 같은 유형의 회사였다. 이 회사는 20년간 매년 자사 주식을 사들였다. 배당도 하지 않았고 수익성 없는 사업을 사들이지도 않았다. 무배당, 무M&A 정책을 고수했다. 린치는 크라운 코르크 앤드 실을 두고 "이 회사는 한 번도 배당을 하지 않았고, 수익성 없는 사업을 사들이지도 않았다. 다만 발행주식 수를 줄임으로써 수익 면에서 최대의 효과를 얻었다. 이대로 지속된다면 언젠가 이 회사의 주식 수는 1,000주로 줄어들 것이며, 주당 1천만 달러의 가치를 지니게 될 것이다."라고 말했다.

한국유리와 같은 주식을 만난다면 다시는 놓치지 않을 것이다.

10 크기가 중요하다고?

우량주에 대한 진실

보통 우량주와 진정한 우량주를 구별하라

항상 언론에 나오는 투자 전문가라는 사람들은 개인투자자들에게 이렇게 얘기한다.

"우량주에 장기 투자 하세요."

그렇다. 우량주에 투자하면 돈을 벌 수 있다. 하지만 사람들은 대형주를 마치 진정한 우량주인 것처럼 착각하는 경향이 있다. 나는 개인투자자들이 종목 선택에서 실수하는 이유 중 하나가 '대형주 환상'에 사로잡혀 있기 때문이라고 생각한다. 언론의 증권면에서도 주로 우리나라의 산업구조에서 큰 비중을 차지하는 대형 회사 위주로 기사를 다룬다. 삼성전자, POSCO, 현대자동차 등 소위 대형 우량주의 주가 동향은 증권면의 단골 메뉴다. 과연 대형 우량주에 투자하는 것이 가장 올바른 투자 행위일까?

피터 린치는 이에 대해 세계 최대의 할인점인 월마트와 컴퓨터업계의 거인 IBM을 예로 들어 설명한다.

지금과 같은 시스템에서는 하나의 주식이 정말로 눈길을 끌려면 여러 대형 기관에서 그 적격성을 인정해주어야 하며, 또 그만한 숫자의 애널리스트들이 추천하는 리스트에 올라 있어야 한다. 월스트리트에는 IBM에 투자해서 고객의 돈을 잃는다고 직장을 잃지는 않는다는 불문율이 하나 있다.(국내에서는 삼성전자가 그런 경우다.) IBM 주식을 샀는데 잘 풀리지 않으면 고객과 상사들은 "요즘 그 망할 놈의 IBM은 왜 그러는 거야?"라고 물을 것이다. 그러나 만약 월마트가 좋지 않으면, "당신 요즘 왜 그래?"라고 물을 것이다.(피터 린치가 이 얘기를 했던 시기는 월마트가 증시에 상장한 지 얼마 안 되는 시기였다. 월마트는 1970년대 초에 상장을 했다.) 그들은 4달러에 살 수 있는 월마트 주식을 그 회사가 확장 일로에 있음에도 (미국에서 가장 작은 주의 하나로 지금도 월마트의 본사가 있는) 아칸소 주의 작은 읍에 있는 하찮은 점포이기 때문에 살 생각을 하지 않는다. 그들이 월마트 주식을 사게 될 때는 미국의 모든 인구 밀집 지역으로 점포가 뻗어나가는 시점으로, 50명의 분석가들이 달라붙고 샘 월튼 회장이 「피플」지에 픽업트럭을 타고 출근하는 괴짜 억만장자로 기사화 되고 있을 즈음이다. 그땐 벌써 그 주식이 40달러를 호가한다.

사람들은 회사 비즈니스의 우월성보다 그 회사의 크기를 중심으로 사고한다. 중요한 것은 비즈니스 그 자체다. 월마트 상장 당시 월마트 주식을 가장 많이 편입한 펀드 중 하나가 T. 로우 프라이스라는 뮤추얼 펀드다. 이 회사는 월마트가 상장 신청을 한 다음 날 월마트를 방문했고, 많은 양의 주식을 사들였다. 월마트의 창업자 샘 월튼에 의하면 "그들(T. 로우 프라이스)은 그 주식(월마트)을 10년 내지 15년 동안 가지고 있었고, 그로 인해 그 업계의 스타가 되었다."라고 말한다. T. 로우 프라이스가 투자에 성공할 수 있었던 것은 대형 우량주에 대한 '1회 결정 주식(One Decision Investing)'에 사로잡혀 있지 않았기 때문이다.

대형 우량주 투자의 끔찍한 종말을 보여주는 사건이 지난 1970년대 미국에서 있었다. 당시에는 소위 우량주로 분류되는 세계적 기업들 50개 종목만 오르는 현상이 나타났다. 폴라로이드, 제록스, IBM과 다수의 제약회사, 식료품회사 들의 주식이 거침없이 올랐다. 기관투자가들은 펀드에 돈이 들어오면 앞뒤 가리지 않고 이들 주식에 투자했다. 소수의 우량 기업은 지속적인 성장과 함께 주가도 지속적으로 상승할 것이기 때문에 장기 보유하면 큰 이익을 볼 수 있다는 믿음이 팽배했다. 우량주라는 이유로 단 한 번에 의사결정을 내리고 매입했다고 해서 생겨난 말이 '1회 결정 주식'이란 말이다.

하지만 영원한 것은 없는 법이다. 이런 주식들은 연평균 15% 정도의 성장에 그쳤음에도 PER(주가수익비율)는 30, 40, 심지어 50 이상을 기록했다. 그러다 운명의 1973년이 오자 이들 주식은 최고가에서 60~80%나 폭락했다.

이런 현상이 미국에서만 일어났던 것일까? 그렇지 않다. 내 친구 중 한 명은 대형 우량주 환상에 사로잡혀 큰 투자 손실을 기록했다. 6, 7여 년 전의 일인 것 같다. 주위 몇몇 친구들에게 주식형 펀드 가입을 권유했는데 그 중 한 친구가 우량주에 장기 투자한다며 거절한 적이 있었다. 그 친구가 보유하고 있던 우량주(?) 중에 세 종목이 기억이 나는데, 그 친구는 1, 2년 전까지도 이들 종목을 보유하면서 계속 장기 투자를 하고 있었다. 그 친구가 보유한 종목은 지금은 LG반도체와 합병해 하이닉스로 바뀐 현대전자, 그리고 현대증권과 새롬기술이었다. 이 세 종목의 평균 매입가와 현재가를 비교하면 다음과 같다.

	매입가	현재가	수익률
현대전자	40,000원	1,200원	-97%
현대증권	50,000원	4,000원	-92%
새롬기술	80,000원	4,100원	-95%

(현재가는 2004년 11월의 수정주가)

결과적으로 3천만 원을 투자해서 150만 원이 되었다. 끔찍한 우량주(?) 장기 투자의 결과다. 예전에는 1만 원 하던 주식이 부도가 나도 법정관리에 들어가면서 3,000원 정도는 유지했던 것 같다. 하지만 지금은 1/10 가격, 1/30 가격으로 떨어지는 경우도 있다. 감자하거나 출자 전환하면 자본금이 커져서 다시는 예전 가격으로 회복할 수도 없다.

회사가 크다고 또는 인기가 좋다고, 거래량이 많다고 우량주가 아니다. 사람들이 우량주라고 오해하고 있을 뿐이다. 이러한 기업들은 단순한 대형주일 뿐이다. 유가에 흔들리고 환율에 춤을 추고 경기 변동에 자유롭지 못한 기업들은 진정한 우량주라고 할 수 없다. 수출이 잘 되고 이익이 많이 난다고 뽐낼 필요도 없다. 중국이 기침 한번 하면 휘청거릴 기업은 우량주의 자격이 없다.

환율이 오르고 원재료가 올라서 물건 값을 올려도 어쩔 수 없이 소비자가 살 수밖에 없는 제품. 그런 제품을 만드는 기업이야말로 진정한 의미의 우량주라고 할 수 있다. 진정한 우량주는 현금을 많이 보유하고 있

일반적인 의미의 우량주	진정한 의미의 우량주
· 규모가 큰 기업	· 독보적인 프랜차이즈
· 경기에 민감	· 경기에 덜 민감
· 다소 불안정한 수익 변동성	· 안정적인 이익률
· 변동이 심한 주가	· 한정적인 주가 동향(꾸준한 상승)
· 불안정한 성장	· 지속적이고 안정적인 성장

으며 빚도 없다. 과도한 설비투자 없이 성장할 준비가 되어있으며 어떠한 환경 변화에도 자유로울 수 있다. 누구도 넘볼 수 없는 자신만의 기술을 가지고 있으며 너무 서두르지도 않으며 너무 더디지도 않게 꾸준히 성장한다.

대형주를 우량주로 착각하고 있거나 과거 그런 실수를 범한 투자자들은 벤저민 그레이엄과 데이비드 도드가 한 다음과 같은 얘기를 꼭 들려주고 싶다.

> 블루칩에 대한 투자는 매입 가격에 상관없이 훌륭한 투자가 된다는 소위 '새로운 시대'의 투자 철학은, 투자라는 미명하에 널리 퍼진 투기 열풍을 정당화시키는 근간이 되었다.

11 손해 보지 않는 게임

아비트리지

arbitrage

1 〈금융〉 (차액을 취득하는) 중개 매매; 재정(裁定) 거래. 2 《고어》 중재.

공짜로 먹을 수 있는 투자 기회

시쳇말에 '날로 먹으려 한다'는 말이 있다. 한마디로 아무런 위험을 감수하지 않고 공짜로 이득을 취하려는 경우를 두고 하는 말이다. 투자에서도 이렇게 '날로 먹는' 경우가 생기곤 하는데, 이를 전문적 용어(?)로 표현하면 '차익거래'라고 한다. 인터넷으로 차익거래를 검색해보면 '주가지수선물시장에서 선물가격과 현물가격과의 차이를 이용한 무위험 수익거래 기법'이라고 한다. 가격 차이를 이용해 위험을 감수하지 않고 수익을 얻는 게 바로 차익거래의 핵심이다. 가격 차이는 지역에 따라 다를 수도 있고, 조세제도에 따라 달리지기도 한다.

가치투자의 대가 워런 버핏은 사실 이런 차익거래의 대가이기도 하다. 가치투자자들이 차익거래를 선호하는 이유는 극도로 위험을 싫어하기 때문이다. 미국에서 존경 받는 해외 가치투자자인 프랑스 출신 장 마리 에베이야르는 "어떤 주식에서 얼마나 벌 수 있을지보다는 얼마나 손해 보지 않을지에 더 관심을 기울인다."고 고백한다. 이런 의미에서 차익거래는 손해 보지 않는 게임 중 하나인 것이다.

대표적인 사례가 지난 1989년 버핏이 매입한 세계적 면도기회사 질레트의 경우다.(현재 질레트는 다국적 생활용품업체 P&G 그룹에 합병됐다.) 킹 질레트가 1923년 설립한 이 회사는 1980년대 말 일회용 면도기 제조업체인 빅(Bic)의 공격을 받고 있었다. 엎친 데 덮친 격으로 적대적 M&A의 위협도 받고 있었다. M&A에 대응하느라 질레트의 부채도 더욱 늘어났다. 이때 질레트의 CEO인 콜먼 모클러는 버핏에게 도움을 청한다. 모클러가 버핏에게 제안한 것은 자신의 회사의 전환우선주를 매입해달라는 것이었다.(기업들이 발행하는 주식은 보통 보통주와 우선주로 나뉜다. 의결권을 행사할 수 있는 것이 보통주이고 그렇지 않은 주식이 우선주다. 전환우선주란 발행은 우선주 형태지만 일정 기간이 지난 후 보통주로 전환할 수 있는 주식이다. 통상 일반적으로 경영권 보호 장치의 하나로 우호 지분을 확보하기 위해 발행된다.)

버핏이 매입한 전환우선주는 10년간 연간수익률 8.75%를 보장 받을 수 있다는 조건이 붙어 있었다. 또한 이 전환우선주는 주당 50달러의 가격에 보통주로 전환이 가능했다. 당시 질레트의 주가는 40달러 선에 거래되고 있었다. 버핏의 이 거래는 성공적이었다. 2년 뒤인 1991년 2월 주당 73달러에 거래될 때, 버핏은 우선주를 보통주로 바꿨다. 사실상 버핏은 무임승차로 돈을 벌었다. 한마디로 날로 먹은 것이다. 질레트는 파산 가능성이 거의 제로에 가까웠기 때문에 최소한 10년간 연 8.75%의 수익을 보장받으면서, 여기에 주가가 오르면 시세 차익까지 얻을 수 있었다. 전형적인 차익거래 방식을 투자에 적용한 것이다.

나도 개인적으로 이런 식의 차익거래를 즐긴다. 위험을 감수하지 않으면서 수익을 얻을 수 있으니 이보다 더 좋은 투자가 어디 있단 말인가. 차익거래 관점에서 접근한 종목이 '한미은행6우B'라는 참으로 길고도 희한한 이름의 주식이었다. 이 주식의 정식 명칭은 신형 전환우선주로 만기가 되면 보통주로 바꿀 수 있는 옵션이 있는 주식이다.(통상 신형 우선주의 만기는 10년이다.)

차익거래 방식 투자의 예를 보자. 만기가 1년 조금 넘게 남은 전환우선주가 있다. 전환우선주의 주가는 10,000원인 반면 보통주의 가격은 13,800원이다. 만기가 1년 조금 넘게 남았는데도 가격 차이가 38%나 난다. 1년 뒤에는 전환우선주를 보통주로 바꿀 수 있으니, 주가 변동이 없다고 가정할 경우, 38%의 수익률을 거둘 수 있다. 이 우선주는 그냥 사서 보유해도 메리트가 있는 주식이다. 게다가 배당 메리트도 있다. 전환우선주는 고정적인 배당금을 지급하기로 약속을 한 주식이기 때문에 만일 기업이 적자가 나서 배당을 못 했을 경우, 다음에 지급할 때 과거에 지급하지 않았던 배당금까지 몰아서 줘야 한다. 즉, 결손 누적 배당금을 지급해야 하는 것이다. 투자자 입장에선 주가와 배당, 두 가지 면에서 더블 메리트가 있다고 할 수 있을 것이다.

그런데 어떤 투자자는 단순 보유보다는 전환우선주와 보통주의 가격 차이를 이용하는 게 더 유리할 것이라고 판단한 뒤 차익거래(아비트리지)를 하기로 마음을 먹었다. 이 투자자는 보통주를 100억 원어치 빌려서 13,800원에 팔았다. 주식을 빌려 공매도를 한 것이다. 이 때 이 투자자는 주식을 빌려주는 측에 1년 뒤에 갚겠다며 주식을 빌려주는 대가로 7% 가량의 수수료를 지급하겠다는 약속을 했다. 빌린 주식을 팔아 138

억 원을 확보한 이 투자자는 공매도 당일에 1만 원짜리 전환우선주를 같은 수량만큼 사들였다. 이렇게 해서 현금 38억 원을 확보했다. 1년 뒤 전환우선주의 만기가 도래하면 이를 보통주로 전환해, 빌린 100억 원치의 보통주를 갚으면 된다. 이 투자자는 전환우선주와 보통주의 가격 차이를 이용해 땅 짚고 헤엄치는 식으로 38억 원을 벌어들였다.

나는 한미은행6우B에 투자할 때 이 투자 아이디어를 이용했다. 하지만 이 투자는 처음의 아이디어대로 진행되지는 않았다. 원래 2001년에 나는 한미은행 6우B를 조금 들고 있었다. 앞서 말한 것처럼 가격과 배당, 두 측면에서 매력이 있었기 때문이었다. 이때 번뜩 머리에 떠오른 것은 "주식을 빌려서 차익거래를 하면 땅 짚고 헤엄치는 식으로 돈을 벌 수 있지 않을까"라는 아이디어였다. 그래서 주식을 빌려서 보통주를 팔았는데, 우연히도 내가 팔자마자 주가가 크게 하락해버린 것이다. 보통주를 사서 당장 되갚아버리고 우선주를 사서 그냥 장기 투자를 했다. 이 차익거래로 나는 10억 원의 가량의 회사 자산을 불릴 수 있었다.

지난 2001년 투자했던 현대차2우B도 보통주와 우선주의 가격 차이(괴리율)에 주목해 투자를 결정했던 종목이었다. 현대차2우B는 한미은행의 전환우선주처럼 보통주로 전환할 수 있는 것은 아니었다. 그냥 우선주였다.

우선주의 가장 큰 매력은 보통주보다 더 많은 배당금을 준다는 점이다. 의결권이 있는 보통주와 달리 의결권이 없기 때문에 배당은 더 많이 받지만 주가는 낮게 형성되는 것이 보통이다. 우선주가 보통주에 비해 디스카운트 되어서 거래된다 하더라도 그 격차가 비정상적으로 커지는 것은 상식적으로 올바른 것이 아니다. 독일이나 일본의 선진국의 예를 볼 때, 보통주와 우선주의 괴리율은 통상 20~30% 정도다.

그런데 당시 현대차2우B와 보통주의 괴리율은 말도 안 될 정도로 커져 있었다. 2006년 1월 31일 현재, 현대자동차 보통주는 87,200원, 우선주는 54,700원으로 37% 정도 괴리율을 기록하고 있었지만, 2001년 초 당시 괴리율은 70%나 됐다. 이건 조금 과장해서 표현하자면 어마어마한 괴리율이었다. 아무리 우선주가 의결권을 행사하지 못한다 하더라도 배당을 더 받고, 회사 청산 시 보통주에 비해 우선청산권을 갖고 있는데, 이런 괴리율이라니 내 상식으로는 도저히 이해할 수 없었다. 사실 현대자동차와 같은 대형주들은 의결권 프리미엄을 크게 부여하기 어렵다. 왜냐하면 M&A 가능성이 매우 낮기 때문에 보통주의 의결권 프리미엄을 높게 부여하는 게 별 의미가 없기 때문이다.

내가 아는 어떤 외국계 펀드매니저는 외환위기 시점에 삼성전자를 빌려서 다 팔아버리고 동시에 그 금액만큼 삼성전자 우선주를 대량 매수했다. 1년 뒤 삼성전자 보통주와 우선주의 괴리율이 줄어든 시점에 모든 포지션을 정리했다. 삼성전자 보통주는 사서 갚아버렸고 우선주는 전량 팔아버렸던 것이다. 이 결과 그는 100억 원 정도의 수익을 올릴 수 있었다.

만일 나는 한미은행6우B와 같은 주식을 다시 만난다면 보통주를 몽땅 팔고 우선주로 갈아탈 것이다. 배당도 더 많이 받고, 1년만 기다리면 가만히 앉아서 20~30% 더 받을 수 있는데, 굳이 보통주를 들고 있을 이유가 없기 때문이다. 이런 주식은 소문이 나면 금세 괴리율을 좁히며 주가가 올라간다. 물론 우선주는 유동성도 떨어지고 잘 거래되지 않는다는 단점이 있다. 그러나 5년 장기 투자를 하는 사람의 입장에선 유동

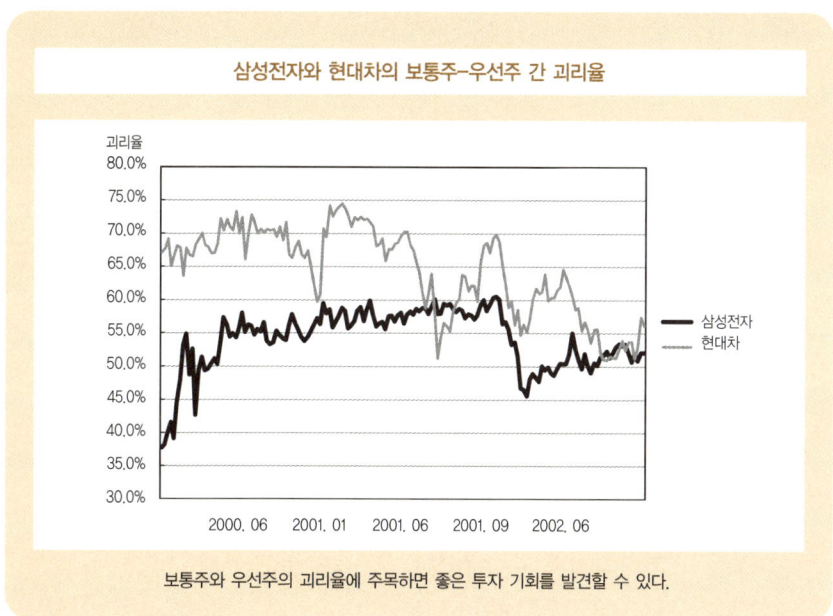

보통주와 우선주의 괴리율에 주목하면 좋은 투자 기회를 발견할 수 있다.

성 단점보다 더 큰 혜택을 얻을 수 있다. 유동성 때문에 우선주를 사지 않는 것은 구더기 무서워서 장을 담그지 못하는 것과 같다.

    약세장 때 우선주에 주목하라는 말을 덧붙이고 싶다. 우선주는 약세장에서 더욱 약세를 보이는 경향이 있다. 이때 사놓으면 매년 꼬박꼬박 배당을 받으면서, 주가가 오르기만 기다리면 된다. 얼마나 마음 편한 투자인가.

12 더럽고 지저분한 기업들

쓰레기 더미에서 현금이 나오는 회사

내 주식 인생에서 매혹적인 주식 중 하나는 인선이엔티라는 폐기물 처리 회사다. 폐기물 처리 회사는 지저분하고 더러운 일을 하는 비즈니스 모델을 갖고 있다. 하지만 이런 회사들은 주식 투자의 관점에서 보면 마치 다이아몬드 같은 광채를 발휘한다. 피터 린치도 "따분하기만 한 사업을 하는 종목보다 더 나은 것은 따분하면서 동시에 혐오스러워서 등을 돌리는 사업을 하는 종목이다"라고 말하지 않았던가.

내가 인선이엔티라는 주식을 만난 건 지난 2003년 7월 여름의 일이다. 같은 분야에서 일하는 후배로부터 전화가 왔다.

"형이 꼭 가봐야 할 기업이 있어. 가지 않으면 후회할 거야."

'간곡'이라는 형식만 빌렸을 뿐 후배의 말은 거의 '협박' 수준이었다. 동행키로 한 사람이 못 가게 되고 업무도 밀린 상황이어서 갈까 말까 망설였지만, 후배의 간곡한 청에 못 이겨 조금 무리를 해서 회사를 찾았다. 이 회사는 경기도 일산에 있었고, 이름은 인선이엔티였다. 이름만 들어서는 도대체 무슨 일을 하는지 알기 어려운 회사였다. 나도 폐기물 처리 업체라는 말만 들었을 뿐 이 회사에 대한 별다른 지식을 갖고 있지 않은 상태였다.

나는 인선이엔티를 방문하자마자 입이 딱 벌어졌다. 그날 정말로 놀라운 경험을 했다. 작은 산만 한 크기로 쌓여 있는 모래산, 자갈더미 들이 시야를 꽉 메웠다. 폐건축물 덩어리를 부수고 비비고 씻어서 고운 모래와 자갈을 만들어내는 마술과도 같은 현장을 상상해보라. 쓰레기가 변해서 돈 주고도 구하기 힘든 자갈과 모래가 되다니 얼마나 놀라운 일인가?

건축 폐기물 처리업이라는 것은 참으로 간단한 사업 모델이다. 건축 폐기물을 톤당 일정 금액을 받고 처리해주면 된다. 이러한 단순 폐기물 처리 업체는 국내에 수백 개가 난립하고 있다. 문제는 처리 능력이다. 단순히 돈 받고 인수해서 돈을 들여 매립지에 묻어버리면 남는 것이 별로 없다.

하지만 몇몇 우수한 업체들은 완벽하지는 않지만 나름대로 거친 모래와 자갈로 걸러낼 수 있는 기술을 가지고 있다. 이 정도만 돼도 간척지 같은 곳에 별도 비용 없이 묻을 수 있다. 하지만 놀랍게도 인선이엔티라는 기업은 건설자재로 재활용 가능한 수준까지 완벽하게 걸러낼 수 있는, 세계 특허를 가진 국내 유일의 기술을 가지고 있었던 것이다. '돈을 받고 건축 폐기물을 가져와 자갈에 묻어 있는 시멘트를 털어낸 후 거기서 나온 자갈과 모래를 돈 받고 판다.' 정말 환상적인 비즈니스 모델을 갖고 있었다.

너무 마음에 들어 급한 마음에 7월 24일 하루 동안 1만 원에 13만 주나 매수하고 계속 수량을 늘렸다. 그 후 몇 달 뒤에 다시 가보니 건자재 파동의 영향으로 그 많던 자갈과 모래가 다 팔리고 허허벌판이 되어 있었다. 얼마나 놀라운 주식인가? 생애 처음으로 PER 10배 이상에 주식을 샀을 정도로 매혹됐다. 만일 그날 가지 않았더라면 1년 만에 100%의 수익을 올려준 이 주식을 결코 사지 못했을 것이다.

내가 매입한 후 이 주식은 시장에서 큰 인기를 끌었는데, 2004년 11월 23,200원까지 올랐다. 외국인들도 집중적으로 사들였다. 가치투자자들에게 시장의 인기는 곧 매도 신호로 해석된다. 그 당시 건설 경기가 너무 좋았던 것이 마음에 걸렸다. 또한 PER는 20배를 넘었었다. 나는 단기 과열로 파악하고 이 주식을 매도했다. 이러한 성장주들은 가격이 높아질수록 위험 노출도가 커지고 변동성이 심한 편이라서 조심스럽게 접근해야 한다.

서희건설도 인선이엔티처럼 쓰레기 더미에서 현금을 건져 올리는 회사다. 서희건설은 이름만 들으면 도대체 무엇을 하는 회사인지 알 수 없다. 건설회사 같지만 건설회사는 아니다. 쓰레기 매립장 사업을 하는 회사다. 쓰레기 매립장 사업만 하면 서희건설은 그냥 더러운(?) 비즈니스를 하는 괜찮은(?) 환경 기업쯤에서 멈췄을 것이다. 서희건설에 투자한 이유는 쓰레기 더미에서 나오는 메탄가스 때문이었다. 서희건설은 돈을 받고 쓰레기를 매입해서 매립하는 사업을 하면서 덤으로 거기서 나오는 메탄가스를 이용해 전기를 만들어냈다. 그리고 이 전기를 한전에 팔았다. 완전히 무에서 유를 창조하는 기업이다. 한번 생각해보라. 지독한 독가스에서 전기가 나오는 모습을.

경남 울산에 위치한 코엔텍도 멋진 환경 기업이다. 코엔텍은 산업 폐기물을 소각하고 매립하는 사업을 하는 기업이다. 서희건설이 쓰레기 매립 과정에서 생기는 메탄가스를 이용해 전기를 파는 데 비해 코엔텍은 폐기물 소각 과정에서 생기는 폐열을 스팀으로 재생해 판매한다. 코엔텍은 '독점'이라는 관점에서도 매력적인 종목이었다. 울산 지역은 현대중공업을 비롯해 현대미포조선, 현대자동차 등 현대 관계사와 SK정유 등이 밀집해 있는 지역으로 사업 폐기물 배출량이 전국 최대 규모인 곳이다. 이런 지역에서 코엔텍은 과점적 지위를 차지하고 있는 기업으로 안정적인 수익을 창출할 수 있었다. 주가만 싸다면 사지 않을 이유가 없는 주식이었다.

그런데 이상하게도 사자마자 3, 4배 올라서 오히려 별 재미를 보지 못했던 종목이었다. 나는 급등주를 싫어한다. 최소한 주가가 1, 2년간 시장의 주목을 받지 못해야 저렴한 가격에 충분한 수량을 살 수 있기 때문이다. 초기 주식 매입 과정에서 주가가 급등해버리면 그냥 팔아버리게 되고 다시 사들이기 어려운 경우도 적지 않다.

쓰레기에서 에너지를 만든다는 콘셉트는 환상 그 자체다. 인간에게도 이롭고 환경에도 이로운 기업들이다. 나는 이런 주식들을 미칠 듯이 좋아한다. 앞으로도 이런 유형의 기업들은 더욱더 성장할 수밖에 없다. 물론 이런 기업들은 위험도 크다. 이들 기업 중에 진정 성공하는 기업은 한둘에 그칠지도 모른다. 하지만 대체에너지법 등 각종 환경 관련 법률이 제정되고, 국민들의 환경에 대한 인식이 높아질수록 이런 기업들은 더욱 주목받게 될 것이다. 게다가 가치투자자의 입장에서 이런 주식들이 더욱 매력적인 것은 더러운 일을 한다는 이유로 사람들의 주목을 받지 못한다는 점이다. 피터 린치가 말하지 않았던가. "지저분한 일을 한다는 이유로 사람들이 혐오하는 기업이 있다면 바로 그 기업에 투자해야 한다"고.

13 답안지를 보고 푸는 문제

기업 공시로 발굴한 투자 종목

사무실에서 딱히 할 일이 없어 심심할 때면 나는 취미생활을 시작한다. 그것은 바로 공시를 뒤적거리는 일이다. PC 모니터로 공시를 훑어보다 이상한 기업을 하나 발견했다. 어느 조그만 기업이 자신들의 향후 3년간 예상 실적을 공시로 발표한 것이다. 삼성전자, POSCO 등 시장의 주목을 받는 대기업도 아닌데, 한 중소기업이 이렇게 자세하게 공시를 하다니…… 공시만으로도 나의 눈길을 끌기에 충분했다. 그리고 횟수도 많았다. 참 신기했다. 보통 공시 횟수가 잦은 기업 중에는 코스닥의 일부 작전 종목들이나 수익 예측이 어려운 바이오 기업들이 많다. 그래서 나는 이런 주식들을 의심하며 보는 경향이 있다. 그런데 이 회사는 중소 제조업체인데도 시도 때도 없이 공시를 열심히 하고 있었다. 바로 '태웅'이라는 자유 단조 전문 제조업체였다.

태웅을 만난 것은 지난 2004년 1월 12일. 당시 종합주가지수는 바닥을 헤매고 있었다. 시장 상황에도 아랑곳없이 공시를 수시로 하는 것을 보고, 그 회사에 대한 조사를 시작했다. 처음에 나는 이 회사를 이상한 작전주쯤으로 여겼다.

당시 태웅은 향후 3년간의 예상 실적을 공정공시했다. 2003년 경상이익은 44억 원이었는데, 2004년부터 그 전년도에 비해 이익이 두 배 가까이 날 것이라고 공시를 했다. 자신들의 예상 실적을 2004년 85억 원, 2005년 120억 원, 2006년 165억 원이라고 발표했다. 얼른 이 회사의 시가총액을 계산했다. 당시 주가 2,800원에 시가총액은 440억 원이었다. 만일 회사의 발표대로 2004년에 85억 원의 이익이 난다면, PER는 6배 정도 됐다. 매년 이익이 늘어날 것이므로 앞으로 계속 PER가 떨어질 게 확실했다. 2006년 되면 PER가 3배로 떨어진다. 이 회사를 사서 3년만 들고 있으면 투자 원금을 모두 회수할 수 있다는 판단이 들었다. 회사의 말이 사실이라면 이건 완전히 땅 짚고 헤엄치는 격이었다.

참지 못하고 일부 주식을 일단 사들였다. 회사를 직접 탐방하고 싶었지만 소재지가 부산이고 또 당시 시간이 없었던지라 섹터 담당 펀드매니저를 보냈다. 직원의 얘기를 들어보니 회사의 실적 발표가 상당한 근거를 가지고 있다는 것이었다. 회사가 제시한 근거가 신빙성이 있다면 주가가 너무 쌌다. 그래서 주식을 잔뜩 사들였다.

1년 만에 주가가 두 배 가까이 오르자 나는 이 정도면 됐다는 생각에 주식을 처분했다. 그런데 그게 실수였다. 사실 마음 한 구석에 '아무리 회사 실적이 좋아져도 이익이 매년 두 배씩 증가할까?'라는 의구심을 담아두었던 게 문제였다. 회사에 대한 불안감이 나를 감싸고 있었던 것이다.

태웅 주식을 처분한 뒤 다시 그 회사의 주가를 보니 계속 올라 내가 산 가격에서 네 배 이상 올라 있었다. 이익이 예상치보다 더 많이 났던 것이다. 아깝다는 생각이 들었다. 쓸데없는 불안감으로 몇 배의 수익을 앉은 자리에서 놓친 것이다.(이 주식은 이후에도 계속 올라 2006년 4월 현재 20,800원을 기록하고 있다.) 내가 처음 주식을 발견했을 때가 2,800원이었으니, 그 뒤로 여덟 배나 오른 것이다. 이 회사가 재미있는 것은 이익이 더 늘 것 같으면 다시 공시를 한다는 점이다. 2004년 1월 12일 공정공시했던 연도별 예상 실적을 3월 10일 상향 조정하는 공시를 다시 하는 식이다. 기업 탐방을 갈 필요가 없는 회사라고 할 수 있다.

반도체, PCB 검사용 핀을 생산하는 리노공업도 재미있는 회사다. 이 회사는 가장 신속하게 분기별 실적을 공정공시한다. 투자자 입장에선 매우 고마운 회사다. 시가총액 1천억 원 수준의 회사가 이렇게 열심히 회사 내용을 공개적으로 알려주는 것은 결코 쉬운 일이 아니다. 이런 회사는 단 한 번만 기업 탐방을 가도 된다. 탐방을 통해 경영진과 비즈니스 모델을 파악한 후에는 공시만 보면 된다. 리노공업은 나에게 큰 수익을 안겨준 종목은 아니지만 투자자를 소중히 여기는 회사라는 생각을 하면 주식을 보유하고서도 두 발 뻗고 잘 수 있는 종목이었다.

최근에는 대주주나 기관투자가와 개인투자자들 간 정보의 비대칭성을 극복하기 위해 도입된 공정공시제도로 인해 나 같은 펀드매니저들도 기업 실적을 대놓고 묻기 어렵다. 기업들도 입조심을 한다. 어떤 기업은 아예 얘기도 하지 않으려 한다. 기업 탐방을 가서도 듣지 못하는 얘기를 사무실에 앉아서 공짜로 들을 수 있다는 것만으로 이렇게 열심히 공시하는 기업은 고마운 기업이라 할 수 있다.

태웅의 공정 공시

2004년 1월 12일 공정공시

공정공시
Ⅰ.공정공시 대상정보: (주)태웅 신규시설투자(링단조시설 증설,공시일자 `03.2.18)등
에 대한 세부내용

Ⅱ. 정보의 내용
1. 신규시설투자(링단조시설 증설,공시일자 `03.2.18)등에 대한 세부내용

  1) 신규시설목적물: φ9,000링롤링밀(링단조시설)
  2) 신규설비 증설에 따른 연도별 예상 매출액·경상이익

구분	2004년예상		2005년예상		2006년예상	
	금액(억원)	증가율(%)	금액(억원)	증가율(%)	금액(억원)	증가율(%)
매출액	900	28.6	1,300	44.5	1,500	15.4
경상이익	85	93.2	120	41.2	165	37.5

※2004년증가율은 `03.3.7 공정공시한 2003년 예상실적(매출액700억원,경상이익44억원)을 기준으로
표기했으며,향후 2003년실적 결과에 따라 변동될 수 있음.

  3) 설비의 효과 : ① 비경쟁·고부가가치의 대형링 제품의 생산
                   ② 연간생산량 45,000 ton,연간매출액 500억원 이상 증대
                   ③ 제조원가 절감(프레스설비의 55%수준)으로 수익성 개선
                   ④ 생산성 프레스대비 5배이상 높음

  4) 세계최대의 링단조 설비: 제품단위당 생산능력 세계최대

구분	당사추진설비	현재(이태리의 포지탈사)
최대직경	9,000mm	7,000 mm
최대높이	2,800mm	1,800 mm
최대중량	60 ton	30 ton
연간생산능력	45,000 ton	-

  5) 부대설비 : ① 7,000 ton CLOSE DIE FORGING PRESS (황지작업용)
               ② 10,000 ㎜ CNC TURNING MACHINE (가공기계)
               ③ 가열로,열처리로
  6) 제품적용분야 : ① 발전설비용 제품
                   - 풍력에너지 : WIND FLANGE
                   - 원자력 : DIAPHRAGM
                   ② 석유화학설비용 제품 : FORGED SHELL, NOZZLE
                   ③ 선박 & 엔진용 제품 : GEAR RIM, CHAIN WHEEL,CYLINDER COVER
                   ④ 산업기계용 제품 : TIRE RING, 대형 GEAR

  7) 설비제작 및 가동일정

제작 및 운송 일정	설치 및 시운전 일정	가동예정일
2003.2월~2004.4월말	2004.5월~2004.9월	2004.9월

Ⅲ.선별제공상황
 1)정보제공자: 당사임원
 2)정보제공대상자: 일반투자자,기관투자자 및 언론사
 3)정보제공(예정)일시: 2004년 1월 12일 공정공시 이후 제공예정

Ⅳ.연락처
 주식회사 태웅
 TEL:(051)831-6000
 공시책임자:상무이사 최영조
 공시담당자:과   장 김성열

#유의사항:상기내용중 일부는 예상정보로서 향후 회사의 대내외적 상황에따라 변동될 수 있으며 또한
본자료를 투자판단의 자료로 활용할 수 있으나 당사는 어떠한 법적인 책임을 지지않음을 알려드립니다

2004년 3월 10일 공정공시

공정공시
Ⅰ.공정공시 대상정보: (주)태웅 연도별 예상실적 상향조정
Ⅱ. 정보의 내용

당사는 최근 제품 수주량의 증가와 수주가격의 상승으로 매출액과 이익이 늘어나고 있어 2004년1월12일 공정공시한 연도별 예상실적을 아래와같이 상향조정 합니다.
<연도별 예상 매출액·경상이익 >

구분	2004년예상		2005년예상		2006년예상	
	변경전	변경후	변경전	변경후	변경전	변경후
매출액(억원)	900	1,000	1,300	1,300	1,500	1,600
매출액증가율	28.6	39.3	44.5	30.0	15.4	23.1
경상이익(억원)	85	100	120	130	165	165
경상이익증가율	93.2	127.3	41.2	30.0	37.5	26.9

Ⅲ.선별제공상황
 1)정보제공자: 당사임원
 2)정보제공대상자: 일반투자자,기관투자자 및 언론사
 3)정보제공(예정)일시: 2004년 3월 10일 공정공시 이후 제공예정

Ⅳ.연락처
 주식회사 태웅
 TEL:(051)831-6000
 공시책임자:상무이사 최영조
 공시담당자:과   장 김성열

#유의사항:상기내용은 예상정보로서 향후 회사의 대내외적 상황에따라 변동될 수 있으며 또한 본자료를 투자판단의 자료로 활용할 수 있으나 당사는 어떠한 법적인 책임을 지지않음을 알려드립니다

나는 이런 주식을 '답안지를 보고 푸는 문제형 주식'이라고 부른다. 개인투자자들도 이런 식으로 접근하면 의외로 좋은 종목을 발견할 수 있다. 공시 정보는 증권사의 홈트레이딩시스템(HTS)에 가면 얼마든지 구할 수 있다.

그러나 이런 방법이 다 통용되는 것은 아니다. 나도 두 번 실패했다. 여기서 이름을 밝힐 수는 없지만 한 기업은 이익이 100억 원 난다고 IR(기업설명회)까지 했다. 나는 그 말에 혹해서 그 회사 주식을 사들였다. 그런데 업황이 나빠지자 이익이 예상치의 반도 나질 않았다. 나에게 손실을 안겨준 또 다른 기업은 앞서 얘기한 태웅처럼 수시로 공시를 하는데, 내용은 정반대다. 몇 달 만에 업황이 나빠졌다는 이유로 계속 수

정 공시를 냈다. 이익이 많이 날 것처럼 얘기했다가 금세 태도를 바꿔 실적 부진을 공시한 것이다. 이 두 회사를 생각하면 지금도 씁쓸함을 감출 수 없다.

공시를 살펴볼 때 주의해야 할 점은 한 번 맞는 회사는 계속 맞고, 틀린 회사는 계속 틀린다는 점이다. 물론 한 번 실수는 있을 수 있다. 하지만 두세 번은 분명 아니다. 공시를 확인하고 싶다면 회사의 주식 담당자에게 전화를 걸어보는 게 좋다. 회사 담당자가 마치 세일즈맨처럼 자기 회사에 대해 좋은 점만 떠벌리면 의심할 필요가 있다. 오히려 반대로 담담하게 수치 중심으로 얘기하는 회사라면 신뢰할 만하다. 앞에서 얘기한 나에게 손실을 안겨준 종목의 주식 담당자는 언변이 청산유수였다. 그 사람 말을 들으면 그 회사에 투자해서 돈을 벌 수밖에 없을 것 같았다. 실적을 과대 포장하는 전형적인 회사였음에도 그 달콤한 언변에 나도 넘어갔던 것이다.

주식 담당자가 장점만 얘기하는 회사도 좋지 않다. 단점과 경쟁 회사에 대해 세세하게 설명해주는 회사가 믿을 만하다.

14 대주주와 행동을 같이하라

대주주 따라하기

나는 기업을 검토할 때 재무구조나 가치 분석보다 더 먼저 살피는 것이 있다. 바로 지배구조이다. 여기서 말하는 지배구조란 참여연대의 지배구조 개선 운동처럼 사외이사 비중이나 기업의 투명성을 의미하는 것이 아니라 순수하게 대주주들이 갖고 있는 주식의 비율, 즉 대주주 지분율이다. 버핏이 생각하는 최악의 지배구조 형태는 바로 낮은 대주주 지분율로 강력한 경영권을 행사하는 기업이라고 한다.

하지만 대주주 지분이 낮은 기업은 일단 의심하고 본다. 한번 생각해 보라. 대주주의 지분율이 1%밖에 안 되는데 주가가 많이 오른다면, 그걸 좋아할 대주주가 어디에 있겠는가. 나 같으면 사촌이 땅을 사서 배가 아픈 것처럼 속이 쓰릴 것이다. 외국인들의 지분율이 높은 국민은행(84.94%, 2006년 1월 31일 기준)의 주가가 오르면 대한민국의 국민인 나는 사실 배가 좀 아프다. 외국인만 돈을 벌고 나는 돈을 벌지 못한다는 생각이 들기 때문이다.

만일 대주주가 나처럼 생각하기 시작하면 엉뚱한 짓을 할 수도 있다. 본인이 경영하고 있는 회사의 주식을 거의 가지고 있지 않은 경우 위장 계열사를 만들어 그 회사로 돈을 빼돌릴 가능성도 배제할 수 없다. 대주주가 친인척 명의로 비상장 납품 회사를 만들어 그 회사하고만 거래하도록 하면, 수백억 원 빼가는 건 일도 아니다. 지금은 이런 일이 많지 않지만 과거만 해도 적지 않았다고 한다. 배당도 잘 안 한다. 배당을 해봤자 자기에게 돌아오는 몫이 적은데 어느 누가 배당에 적극적이겠는가.

반대로 대주주의 지분율이 높은 기업은 주가가 올라도 대주주들의 속이 쓰리질 않다. 나는 주가가 올라 대주주도 돈 벌고 나도 돈을 벌 수 있는 회사를 좋아한다. 이익이 가는 방향이 같기 때문에 누이 좋고 매부 좋은 격이다.

이런 이유로 나는 삼성전자보다는 신세계 같은 주식을 더 좋아한다. 삼성전자는 이건희 회장(1.91%)과 부인 홍라희 여사(0.74%) 그리고 장남인 이재용 씨(0.65%)의 지분을 모두 합해봤자 3.3%(2005년 12월 31일 기준)밖에 되질 않는다. 반면 신세계는 이명희 회장과 장남 정용진 씨 등 가족들의 지분을 합치면 30% 가량 된다.

남들이 들으면 별의별 생각 다 한다고 하겠지만, 나는 삼성전자의 대주주 지분율이 이렇게 낮은 것은 아마도 대주주들이 삼성전자 주가가 이렇게까지 많이 오를 것이라고 미처 생각하지 못한 탓이라고 여긴다. 이렇게 고가주가 될 줄 알았다면 3.3%의 지분만 들고 있을 이유가 없기 때문이다.

그래서 나는 대주주가 최소한 20~30% 정도의 지분을 소유하고 있

삼성전자와 신세계의 지분 구조

주요 주주	삼성전자		신세계	
	이건희	1.91%	이명희	15.33%
	홍라희	0.74%	정재은	7.82%
	이재용	0.65%	정용진	4.86%
			정유경	0.66%
	계	3.3%	계	28.67%
개인주주 계	60.41%		63.82%	

나는 대주주의 지분율이 높은 기업을 더 선호한다.

는 기업을 좋아한다. 이런 기업들은 대주주들이 돈을 빼돌릴 이유도 없고 배당도 잘 한다. 뿐만 아니라 기업의 가치를 높여 주가도 끌어올리려 노력을 한다.

대주주들이 지분을, 그것도 장내에서 사면 이는 주식을 사라는 신호다. LG그룹을 공동 경영하던 구씨 집안과 허씨 집안이 서로 분가할 때의 일이다. 허씨 일가가 지금은 GS건설이 된 LG건설이 계열 분리될 때, 개인 돈으로 20% 가량의 주식을 매입했다. 당시 GS건설의 주가는 12,000원이었는데, 우연의 일치일지는 몰라도 허씨 일가의 주식 매입 후 이 주식은 지속적으로 올랐다. 회사 사정을 잘 아는 대주주들이, 그것도 회사 돈이 아닌 개인 돈으로 주식을 사들인다면 그것은 매우 의미 있는 일이다. 회사 돈으로 주식을 사는 자사주 매입보다도 더 강력한 매수 신호다. 생각해보라. 전망이 나쁜 기업이라면 그 어떤 바보가 자기 돈을 들여 자기 회사의 주식을 사겠는가.

GS건설 허창수 회장 지분 변화 추이			
	보유 주식 수	지분율	주가
2001년 말	0	0%	14,100
2002년 말	5,160,700	10.12%	11,500
2003년 말	6,607,878	12.95%	17,850
2004년 말	6,616,763	12.97%	28,500
2005년 말	6,458,501	12.66%	53,000

대주주가 개인 돈으로 회사의 주식을 사는 것은 강력한 매수 신호다.

　LG상사도 마찬가지였다. LG상사의 배당수익률이 좋아서 2001년 6월 이 주식을 샀는데 시장에서 재미난 일이 벌어졌다. 지표상으로 보면 다소 고평가되어 있는데, 대주주들이 시장에서 LG상사 주식을 사들였다. PER가 20배가 넘고, PBR도 2배가 넘었다. 결코 싼 주식이 아님에도 대주주들이 개인 돈으로 사들이는 걸 나는 이해할 수 없었다. 대주주만 알고 있는 뭔가가 있는 것 아닌가, 라는 생각이 들었다. 그런데 결국 1만 원 하던 주가가 2만 원 이상으로 올랐다.

　GS건설이나 LG상사처럼 대주주가 자신의 쌈짓돈을 꺼내 주식을 대량으로 사들이면 무조건 같이 사야 한다. 개인적인 경험을 따르면, 이런 주식들은 PER니 PBR니 ROE니 하는 지표도 별 의미가 없다. 대주주들을 따라가는 게 최고다. 대주주들이 돈을 벌 생각이라면 아예 주당 5천 원에 신설 법인을 만드는 게 낫다. 그런데도 시장에서 그것도 자기 돈으로 산다면, 이는 필시 그들만 알고 있는 뭔가가 있는 것이다. 대주주 매입은 거의 내부자 정보나 다름없는 것이다. 때문에 대주주가 자기 돈으

LG상사 대주주 지분 변화 추이

	대주주	보유 주식 수	지분율	주가
2003년 10월 22일	구본걸 등	11,378,556	16.73%	7,470
2004년 3월 26일	구본걸 등	12,144,851	17.86%	8,070
2004년 12월 7일	구본걸 등	13,392,151	19.69%	8,600
2005년 2월 3일	구본걸 등	14,341,384	21.09%	9,100
2005년 2월 22일	구본걸 등	15,267,114	22.45%	9,940
2005년 3월 10일	구본걸 등	17,001,004	25.00%	11,250
2005년 4월 1일	구본걸 등	18,882,163	27.77%	11,750
2005년 6월 20일	구본걸 등	21,648,108	31.84%	11,900
2005년 12월 22일	구본걸 등	22,085,883	32.48%	18,500
2006년 8월 29일	구본걸 등	22,456,283	33.02%	20,900

LG상사는 지표상 다소 고평가되어 있었음에도 대주주가 주식을 계속 사들였다.

로 시장에서 주식을 산다는 것은 투자 지표로서도 매우 훌륭한 지표라고 할 수 있다.

반대로 대주주가 주식을 매각하는 것은 매우 좋지 않는 신호이다. 특히 특별한 이유 없이 매도할 경우에는 우리도 같이 매도할 것을 고려해야 한다. 제일 주심해야 할 매도 사유는 '유동성 제고를 위하여…'라는 미명하에 자사주를 매각하는 것이다. 유통주식이 부족하다고 자사주를 시장에 내다 파는 것이 말이 되는 소리란 말인가?

여담 한 가지. 개인적인 얘기지만 나는 삼성물산 주식을 매우 좋아했었는데, 대주주 지분율이 낮아 주식을 사지 않았다.(이건희 회장이 보유한 삼성물산의 지분율은 1.41%다.) 삼성물산은 2003년 9월 기준으로 삼성전자 주식 4%를 보유하고 있었다. 시가로 계산하면 2조 2천억 원이었다. 당시 삼성물산의 주가와 시가총액은 각각 7,170원, 1조 1천억 원이었다. 만일 삼성물산을 1조 1천억 원을 주고 통째로 사서 삼성물산이 갖고 있는 삼성전자 주식을 처분하면 당장 2조 2천억 원이 들어온다. 공짜로 1조 원을 벌 수 있다는 계산이 나왔다. 뿐만 아니라 삼성물산이 갖고 있는 부동산, 현금 등은 덤으로 따라온다. 이것은 완전한 아비트리지 거래(차익거래)였다. 만일 내가 적극적인 매매를 하는 유형의 펀드(액티브 펀드)를 운용하는 사람이었다면, 삼성전자 주식을 몽땅 팔고 삼성물산 주식을 샀을 것이다. 그런데 이건희 회장의 지분율을 보고 겁이 덜컥 났다. 이건희 회장이 주식을 사들이지 않는 것도 이해가 되질 않았다. 혹시 대주주만 알고 있는 무슨 부실이 있는 것 아닌가, 라는 의구심이 나를 옥죄었다. 겁이 많고 소심한 성격 탓에 의구심을 벗어던질 수 없었던 것이다. 지금 생각하면 참 아까운 종목이었다.(생각해보면, 이건희 회장이 돈 몇 푼 더 벌겠다고 번거롭게 이런 일을 할 이유는 없었다.)

15 가치투자자와 삼성전자

> 우리가 첨단기술 사업을 다루지 않는 이유는 그 분야에 별로 소질이 없기 때문이다.
>
> _찰리 멍거

삼성전자가 절대 저평가될 수 없는 이유

주식 투자를 하다 보면 꼭 만나게 되는 주식이 있다. 초보자든 베테랑 펀드매니저든 간에 '삼성전자'는 주식 투자자의 주요 관심 대상이다. 삼성전자를 한 주도 갖고 있지 않는 사람이라도 삼성전자 주가에는 관심을 가진다. 한국을 대표하는 최고의 기업이고 국내 증권시장에 가장 큰 영향력을 발휘하는 삼성전자를 외면하는 투자자가 어찌 있을 수 있겠는가? 대한민국에서 주식으로 밥을 먹고 사는 사람이라면 누구나 한 번쯤은 사보았을 기업. 2005년 기준 매출액 57조, 순이익 7.6조, 시가총액 109조, 한국 주식시장 전체에서 차지하는 비중 16%(2006년 1월말 기준), 세계 100대 기업 중의 하나이기도 한 대한민국 최고의 기업. 이것이 삼성전자의 위상이다.

이런 삼성전자와 나와의 인연은 애석하게도 엇갈림의 연속이었다. 그래서 삼성전자 주식을 볼 때마다 이런 생각을 하곤 한다. '삼성전자는 과연 가치투자자들에게 어떤 의미의 주식일까? 계륵 같은 존재일까? 아니면 단지 그림의 떡에 불과한 것일까?' 어쩌면 삼성전자는 가치투자자가 반드시 사야만 할 종목일 수도 있다.

HSBC증권의 전 법인 영업 담당 이사였던 고재성 이사가 내게 이런 물음을 던진 적이 있었다.

"이 상무님, 삼성전자가 저평가될 수 있다고 생각하십니까?"

그는 내가 잠시 생각을 하자, 기다렸다는 듯이 스스로 답변을 내놓았다.

"저는 절대 저평가될 수 없다고 생각합니다. 전 세계 애널리스트들이 지켜보고 있고, 국내에서도 정부, 학계, 국세청, 시민운동단체 등 셀 수 없이 많은 눈이 삼성전자를 바라보고 있습니다. 우리는 삼성전자에 대한 모든 정보를 다 공유하고 있고, 삼성전자는 투명 경영과 주주 우선 정책을 누구보다도 앞서 훌륭히 수행해가고 있는 최고의 기업입니다. 삼성전자가 저평가되는 일은 아마도 없을 겁니다."

나는 이 말을 듣고 무릎을 쳤다. 그렇다. 저평가되기 위해서는 시장에서 소외되어야 하고 인기가 없어야 한다. 그리고 잘 알려지지 않은 기업이어야 한다. 주식은 알아보는 사람들이 없을 때 저평가되는 법인데, 삼성전자는 늘 누군가가, 그것도 엄청난 숫자의 사람들이 지켜보고 있으니 저평가되고 싶어도 저평가되지 못하는 것이다. 삼성전자가 널리 알려진 이후에는 항상 제값을 받고 있었던 것이다. 물론 세계 IT 경기가 좋아지면 큰 폭으로 주가가 오르겠지만 만약 예상이 틀리면 손해 볼 가능성도 있는 것이다. 가치투자라는 것은 가격과 가치의 차이를 취하는 전략인데, 불행히도 삼성전자의 가격과 가치는 일치하고 있었던 것이다.

삼성전자와의 엇갈린 인연

나는 2001년 이후 단 한 번도 삼성전자를 내가 운용하는 펀드에 제대로 편입해본 적이 없다. 물론 나도 다른 사람들처럼 처음에는 삼성전자를 당연한 듯 사들였다. 지난 1996년 처음 펀드를 운용할 때부터 2000년도까지 내가 운용했던 펀드의 상당 부분은 늘 삼성전자가 차지하고 있었다. 나는 동원투신에서 펀드를 운용하다 지난 2000년 4월 동원증권의 고유상품계정(회사 자금) 운용 담당자로 자리를 옮겼다. 투신에서 고객 돈을 운용하다 회사 돈을 운용하는 위치로 자리를 바꾼 것이다. 고유계정을 맡았던 당시 약 30억 원어치의 주식만이 편입되어 있었다. 약 4개월간 주식운용팀장 자리가 공석이었던 관계로 사실상 운용이 거의 중단 상태에 있었다. 종목도 SK 1만 주와 삼성전자 6천 주로 단 두 종목뿐이었다.

당시의 삼성전자는 반도체 의존도가 높은 경기 민감형 기업으로 반도체 사이클에 의해 수익 변동성이 높았다. 반도체 사이클이 정점에 도달하고 있었기 때문에 나는 삼성전자 주식을 37만 원에 전량 매도했다. 그리고 그 이후 지금까지도 삼성전자와의 인연은 계속 엇갈렸다. 물론 삼성전자는 그 이후에도 계속 올랐다.

하지만 후회하지는 않는다. 사실 나에게는 삼성전자의 내재가치를 계산할 능력도 미래의 수익을 예측할 능력도 없다. 만약 그때 내가 삼성전자의 내재가치를 분석하기 시작했더라면 아마 지금까지도 아무 일 못하고 그 일에 매달려 있었을 것이다. 그랬다면 이제 6년이 넘었으니 지금쯤 반도체 산업 정도는 분석을 끝냈을지도 모르겠다. 그 다음 LCD 산업, 휴대폰 산업, 가전 산업을 분석하는 데 한 20년은 더 걸릴지도 모르겠다. 새삼 소크라테스의 위대함에 경의를 표한다. 자기 자신의 한계를 안다는 것이 얼마나 중요한 일인가!

삼성전자는 진정 위대한 기업임에 틀림없고 최고의 경영진들에 의해 운영되고 있지만 나는 삼성전자가 10년 뒤에 어떤 모습으로 변할지에 대해서는 확신이 없었다. 더군다나 반도체 산업, TFT-LCD 산업, 휴대폰 산업, 가전 산업 등의 복잡 다양한 기술 산업의 미래를 전망한다는 것은 내게 마치 10년 후의 종합주가지수를 예측하는 것만큼 어려운 일이다. 물론 내 모든 시간과 남은 인생을 다 바쳐 삼성전자를 연구할 수도 있겠지만 그래 봤자 수년간 삼성전자만 분석해온 구희진, 민후식, 임홍빈, 전우종 등 기라성 같은 애널리스트들과 경쟁할 수 없을 것이다.

그나마 그 당시 내가 비교적 적은 시간을 들여 비슷하게나마 짐작해낼 수 있었던 유일한 내재가치는 재생산비용(reproduction cost)이었다. 당시 삼성전자 반도체 라인의 재생산비용은 주당 약 13만 원 정도로 추정되었다. 따라서 가치투자자의 입장에서 보면 삼성전자를 13만 원 이상에서 매입을 하게 되면 안전마진이 확보되지 않는 셈이었다.

삼성전자를 12만 원에 사서 60만 원에 팔아 번 돈과 롯데칠성을 6만 원에 사서 30만 원에 팔아 번 돈에 무슨 차이가 있겠는가? '만 원짜리 지폐에 이 돈은 삼성전자를 팔아서 번 돈 또는 이 돈은 롯데칠성을 팔아서 번 돈'이라고 적혀 있을 리는 만무한 것 아닌가?

하지만 나는 어쩔 수 없이 삼성전자를 다시 사게 된다. 자의가 아닌 타의였다. 2000년 7월에 39만 원을 돌파했던 삼성전자는 곧 급락하기 시작했다. 그 당시 나는 롯데칠성, 농심, 태평양 등을 비롯한 다수의 내수 우량주들을 헐값에 사서 보유하고 있었는데, 이러한 뛰어난 가치를 지닌 내수 우량주들이 다른 이들에게는 이상한 주식으로 보였는지 사내외에서 많은 구설수에 오르게 되었다. '이채원 팀장은 삼성전자는 한 주도 없고 거래도 잘 안 되는 이상한 주식만 보유하고 있더라' 는 말을 많이 들었다.

때마침 9월에 삼성전자가 30만 원이 무너지면서 사내에서 압력들이 들어오기 시작했다. 27만 원 정도까지 빠지면 사도 되는 것 아니냐는 등 상당히 구체적인 얘기까지 들렸다. 자세한 얘기는 생략하고 어쨌든 펀드매니저가 아닌 월급쟁이로서 어쩔 수 없이 삼성전자를 사야만 했다. 끝까지 버티다가 25만 원에 2만 주를 샀다. 그러나 잘 모르는 주식을 보유하는 것이 불안해서 도저히 견딜 수 없어 23만 원에 전량 매도했다. 한 달 만의 일이었다. 그 후로도 계속 급락해 불과 2개월 뒤인 10월 26일에 14만원까지 떨어졌다. 이때 나는 기적같이 15,000주를 재매수할 수 있었다. 7월 14일 39만 원에서 3개월 만에 거의 3분의 1 수준까지 하락한 상태였다. 그 3개월 동안 주식시장도 대폭락을 했다. 10월 31일 종합주가지수는 483포인트를 기록했다. 최악의 분위기였다.

이런 시장 분위기와는 반대로 나는 주가가 많이 빠지자 추가로 대량 매수하겠다는 야심찬 계획을 세워놓고 있었다. 전날 이미 자산운용 담당 임원인 이강행 이사(현 한국투자증권 전무)에게 이미 보고를 하여 흔쾌히 승낙도 받아놓은 상태였다.(지금도 이때의 기억이 생생하다. 이강행 전무는 일이 터졌을 때는 절대로 관망하는 스타일이 아니다. 주식을 사든 팔든 반드시 행동에 옮기는 성격이다. 종합주가지수가 폭락하던 그 날, 이강행 전무와 나는 주식을 대량 매수하기로 결정했었다.)

하지만 그때 하늘은 이미 나의 편이 아니었다. 노래 가사의 한 구절

2000년 10월과 2001년 9월, 삼성전자와의 인연은 엇갈리고 말았다.

처럼 삼성전자와의 인연은 엇갈리고 말았다. 바로 그 날 회사 차원의 중대한 결정이 내려진 것이다. 종합주가지수 500포인트가 무너지던 그 날 오전에 열린 임원회의에서 회사의 자금 운용상 상품주식 운용 규모 축소 결정이 내려지게 되어 추가 매수는커녕 오히려 전날 매입했던 삼성전자 15,000주와 1만 원에 매입했던 현대자동차와 LG화학 등(실로 금싸라기 같은 주식들. 두 번 다시는 이 가격에 매입할 수 없었다.)의 대형우량주를 150억~200억 원 가량 처분하게 되었다.

어쩔 수 없는 결정이었다. 펀드매니저는 고객의 자산운용 계획에 따라 운용할 수밖에 없는 존재다. 마치 투신사의 신탁펀드매니저가 고객들의 환매 요구 때문에 최고 바닥에서도 주식을 팔아야 되는 것처럼 말이다. 그리고 주가는 마치 나를 비웃듯이 10월 30일 내가 삼성전자를 138,000원에 팔고 난 바로 그 다음 날부터 급등하기 시작하여 3개월이 채 못 된 2001년 1월 19일에 235,000원까지 수직 상승하였다.

하지만 역시 주식시장은 경이로운 기회의 땅이었다. 영원히 오지 않을 줄 알았던 저가 매수의 기회가 역사에 남을 끔찍한 불행과 함께 찾아왔던 것이다. 9.11 테러 발생 다음 날인 9월 12일, 일단 남은 현금을 다 털어서 테러와 전혀 무관한 코리안리, 가스주 등을 매입하였고 회사에 상품 운용 한도를 300억 원 증액해달라는 기안을 올렸다. 보유 종목 중에 대형 우량주 비중이 너무 낮으니 삼성전자와 LG전자 같은 대형 우량주를 위주로 매수하겠다고 보고했다. 하지만 그러한 긴급 상황에서 이런 제안이 먹힐 리가 만무했다. 결국 최고 경영진은 적극 찬성을 했지만 그 외의 많은 이들이 반대하는 바람에 끝내 무산되고 말았다. 결국 삼성전자는 9월 27일 134,000원의 저점을 기록하고 63만 원을 향한 역사적인 대장정을 시작하였다.

나는 이런 경험을 통해 다음과 같은 말을 마음속에 새겨두게 되었다.

모사재인(謀事在人), 성사재천(成事在天).

'일을 꾀하는 것은 사람이나 일을 이루는 것은 하늘이다' 라는 뜻의 고사성어다. 위나라의 사마의가 제갈량의 계략으로 호로곡에 갇혀 불에 타 죽을 뻔하였으나 갑자기 내린 소나기로 인해 겨우 목숨을 구제할 수 있었다. 이 고사성어는 이때 제갈량이 했던 말이다.

16 10년간 보유하고 싶은 주식들

> 장기 투자를 유도하는 것은 현재 상황에 적합하지 않다. 결국 우리는 모두 죽는다.
> _존 메이나드 케인스
>
> 내가 선호하는 보유 기간은 영구적인 보유이다.
> _워런 버핏

10년 투자 포트폴리오

가치투자자로서 내가 좋아하는 주식은 지루해서 하품이 나오는 기업들이다. 한전이 그렇고 농심이 그렇고 유한양행이 그렇다. 삼천리는 또 어떠한가. 하품이 나오더라도 10년을 내다보고 투자할 수 있는 회사에 투자하는 것이 좋다는 게 나의 투자관이다.

하루는 큰 딸 현영이의 책상에서 글을 쓰다가 그대로 놓고 내 방으로 가서 잠든 적이 있었다. 그 다음 날 노트를 펼쳐보니 현영이가 노트 사이에 쪽지를 끼워놓았는데 그 내용을 보고 나는 깜짝 놀랐다. 서당 개 3년이면 풍월을 읊는다고 하더니 정말 사실이었다.

좋은 주식을 사서 기다리면 언젠가 올라간다는 사실은 초등학교 5학년 어린아이도 아는 일인데 우리는 왜 못하는 것일까?

과거 동원증권의 주식운용팀을 이끌던 시절, 사원들의 내부교육 과정 중에 2주에 한 번 투자와 관련한 세미나를 열었다. 어느 날 나는 직

때론 딸 아이도 내게 스승이 된다.

원들에게 특이한 조건으로 자료를 만들어볼 것을 요구했다. 그것은 바로 10년 동안 절대로 주식을 팔지 못하는 조건으로 종목을 선정하라는 것이었다.

언제든지 팔 수 있는 종목들로 포트폴리오를 구성하는 것과 절대로 팔 수 없는 종목들로 구성하는 것은 많은 차이가 있을 것이다. 사실 직원들에게 요구한 이 과제는 나 스스로에게 던진 질문이었다. '10년이면 강산도 변한다는데 이 기나긴 기간 동안 무사할 수 있고, 또 성장할 수 있다고 확신할 수 있는 기업이 몇이나 되겠는가?' 라는 생각도 들었다.

반면에 이 정도 자신 없이 어떻게 투자를 하는가, 라는 생각도 들었다. 그래서 나도 몇 날 며칠을 고민했다. '10년 동안 투자한다면 과연 어떤 종목으로 내 포트폴리오를 채워 넣을까?' 겨우 네 종목을 찾아낼 수 있었다.

10년간 보유하고 싶은 주식들

◈ 한국전력	· 대한민국 전역에 전기를 공급하는 독점적인 사업자 · 향후 10년간 절대로 망하지 않을 기업 1순위	21,700원
◈ 삼천리	· 경기 지역 도시가스 독점공급업체로 국내 시장 점유율 1위 · 수도권 도시가스업체 중 최저의 보급률로 향후 10년간은 성장이 보장	35,800원
◈ 농 심	· 라면 시장에서 독보적인 시장 지배력을 보유 · 중국 · 일본 · 미국 시장 공략으로 한국의 코카콜라를 꿈꾸는 기업	85,078원
◈ 유한양행	· 꾸준한 이익 증가, 신약 개발과 관련된 높은 성장성, 투명한 지배구조 등을 고루 갖춘 국내 제약업종 시가총액 1위의 회사	50,907원

(2001년 12월 28일 주가 기준)

제3장

가치투자의 사고 체계

욕심 많은 부정적 사고의 의심병 환자들 | 위험이 싫은 손실 혐오증 환자들 | 가치투자자는 '복리의 마술'을 믿는다 | 가치투자자는 사업 분석가 | 주식 투자는 일종의 임대사업 | 모든 자산에는 이익률이 존재한다 | 가치투자자의 부동산 투자법 | 시장이 효율적이라고? 천만에! | 택시 안에서의 명상 | 도대체 '가치'란 무엇인가? | 가치 분석의 방법들 | 경제학적 관점에서 본 가치투자

가치투자의 사고 체계

가치투자의 사고 체계를 한마디 말로 정의하기는 쉽지 않다. 가치투자의 창시자 벤저민 그레이엄 밑에서 공부했거나 일을 했던 사람들도 종목 선택에는 다양성을 보인다. 몇 가지 핵심 가치만을 공유할 뿐, 그것을 적용하는 방식은 투자자마다 다르다. 그 핵심 가치란 무엇일까? 이에 대해서는 가치투자의 적자(適者)인 버핏이 명료하게 정의하고 있다.

> 펄미터는 월터 슐로스가 소유하고 있는 것을 소유하고 있지 않다. 그는 빌 루안이 소유하고 있는 것을 소유하고 있지도 않다. 이런 실적은 독자적으로 올린 것이다. 그러나 펄미터가 주식을 사들일 때에는 언제나 지불하는 돈의 가치보다 더 큰 가치를 얻기 때문에 사들이는 것이다. 그는 오직 한 가지만을 생각한다. (중략) 이 기업은 얼마나 가치를 지니고 있는가? 오직 이 한 가지만을 물을 뿐이다.

버핏의 얘기처럼 가치투자 제1의 핵심 개념은 '가치'다. 가치투자자들은 오로지 가격과 가치에만 초점을 맞춘다. 가치투자자들은 '가격을 지불하고 가치를 산다.'

두 번째 핵심 개념은 '안전마진(safety of margin)'이다. 버핏은 지난 1976년 「파이낸셜 어낼리스트 저널」에 자신의 스승이자 고용주였던 벤저민 그레이엄의 『현명한 투자자』에 관한 글을 쓰면서 독자들에게 이 책의 8장과 20장에 있는 귀중한 충고를 귀담아 들을 것을 권했다. 8장은 시장 변동성에 관한 것이고, 20장이 바로 안전마진에 관한 것이다.

만일 자신이 분석한 기업의 가치가 20만 원이라고 생각해보자. 그런데 이 주식을 16만 원에 사는 것은 분명 가치에 비해 싸게 사는 것이다. 그러나 자신이 분석을 잘못할 수도 있고, 또 뜻하지 않은 상황으로 기업의 가치가 변할 수도 있다는 점을 감안하면, 16만 원에 사는 것도 부담스럽다. 16만 원이 아닌 10만 원, 아니 5만 원에 산다면 어떨까? 이런 경우에는 불가피한 상황이 오더라도 손해 볼 확률이 적어진다. 이것이 안전마진의 주요 개념이다. 안전마진이 높을수록 투자자들은 돈을 잃을 확률이 줄어든다.

세 번째 핵심 개념은 가치투자자들은 주식을 단순 주식으로 접근하는 것이 아니라 비즈니스로 접근한다는 것이다. 투자 목적으로 주식을 사는 것과 기업을 완전히 소유할 목적으로 사는 것, 이 둘을 구별하지 않는다. 버핏이 말하지 않았던가. "10년 동안 소유할 의사가 없는 대상은 10분 동안도 소유하지 말라"고.

만일 우리가 기업체 하나를 인수한다고 생각해보자. 우리는 아마도 그 회사의 자산과 부채에 대해 조사할 것이고, 시장에 나가 그 회사가 만드는 제품을 소비자들이 어떻게 평가하는지 듣고자 할 것이다. 뿐만 아니라 그 회사의 경쟁 업체 사람들도 만나 그 회사의 장단점이 무엇인지도 듣고자 할 것이다. 이런 식의 검토 결과, 그 회사를 인수하더라도 별 볼일 없을 것이라는 생각이 들면, 당연히 기업 인수를 포기할 것이다. 가치투자자들은 주식에 접근할 때, 이런 사고를 한다. 자신을 주식 투자자가 아닌 사업 분석가로 생각한다.

이 장에서 다루고 있는 내용은 이 세 가지의 핵심 개념을 바탕으로 내가 생각하는 가치투자의 사고 체계와 가치 분석 방법론을 정리한 것이다.

01 욕심 많은 부정적 사고의 의심병 환자들

장사꾼 기질을 가진 가치투자자들은 부정적 사고로 가득 찬 의심병 환자들이다. 당연히 '역(逆)의 사고'를 한다. 좋은 것을 찾는 게임을 하지 않고 먼저 나쁜 것을 제거해나간다. '역의 사고'의 수단은 숫자와 확률이다. 항상 숫자부터 찾는다. 기업 탐방을 나가 최고경영자들을 만날 때도 좋은 것보다는 나쁜 것을 먼저 묻는다. 이익에 대해 특히 민감하다. 워런 버핏도 이런 말을 했다.

> 5%의 이익을 남기는 1억 달러짜리 비즈니스보다 15%의 이익을 남기는 1,000만 달러짜리 비즈니스가 더 낫다.

손해 보지 않으려는 장사꾼은 이익에 초점을 맞출 수밖에 없는 것 아닌가? 마치 주판알을 튕기는 냉철한 장사꾼의 모습을 연상하면 될 것이다. 나쁜 것에 대한 질문을 던져 어느 정도 의심이 해소된다면 보다 철저한 조사에 들어간다.

이러다 어느 날 좋은 주식을 만나면 욕심쟁이로 돌변한다. 쩨쩨하게 이익을 따지고 이런저런 트집을 잡다가 갑자기 자신이 원하는 물건이 싸게, 그것도 대량으로 나오면 욕심을 내기 시작한다. 이런 전형적인 인물이 바로 버핏이다. 1973년, 버핏은 주가가 너무 높다고 판단하고는 "성욕이 넘치는 남자가 무인도에 있는 느낌이었다. 살 만한 것이 아무것도 없었다."라고 말했다. 1년 뒤 그는 생각이 바뀌었다. 주가가 싸졌기 때문이다. "성욕이 넘치는 남자가 하렘에 있는 기분이다. 이제 투자를 시작해야 할 때다."

버핏뿐만 아니라 대다수의 가치투자자들은 주가가 싸졌다고 생각하는 순간, 갑자기 태도가 돌변한다. 나 같은 펀드매니저의 경우 펀드의 포트폴리오 구성 때문에 10만 주밖에 살 수 없지만 마음은 100만 주를 사고 싶다. 나도 9·11 테러가 터졌을 때 주식을 더 사들이고 싶어서 미칠 지경이었다. 물론 한편으로는 불안에 떨기도 했지만.

9·11 테러가 발발했을 때 나는 한 신문사의 증권 담당 기자들과 함께 늦은 저녁 자리를 하고 있었다. 이런저런 얘기를 하고 있는데, 갑자기 기자들의 얼굴색이 확 변했다. 핸드폰으로 연이어 문자 메시지들이 날아들고 있었다. '사람들이 낙엽처럼 건물에서 떨어지고 있다' '테러로 미국 경제가 큰 위기에 몰렸다' 등등. 기자들 몇은 부랴부랴 사무실로 뛰어갔다.

다음 날 출근을 해보니 난리가 아니었다. 내가 운용하는 펀드는 하루 만에 97억 원이 사라져버렸다. 지난 6개월 동안 번 수익을 하루아침에 다 날렸다. 이렇게 많이 깨진 적은 처음이었다. 너무 많이 깨져서 오히려 담당 임원이던 김남구 부사장이 '너무 걱정 말라'며 위로 전화까지 해주었다. 하지만 내 눈동자는 크게 확대되어 있었다. 주가가 너무나 싸졌기 때문이다.

하지만 평소 펀드에서 현금 비중을 많이 가져가지 않는 스타일이라 들고 있는 현금은 50억 원밖에 없었다. 이 돈을 탈탈 털어 테러와 관계 없는 우량 회사들의 주식을 사들였다. 테러와 직접적인 연관이 있는 항공사나 여행업체는 제쳐놓았다. 농심과 KT&G에 먼저 눈이 갔다. 전쟁이 나도 라면은 먹고 담배는 피울 것이라는 생각이 들었다. 국내 유일의 재보험회사인 코리안리도 이때 사들였다. 재보험회사는 사고가 나면 나중에 보험료를 올려 그 손실을 메우는 비즈니스 모델을 가지고 있다. 언뜻 보면 단기적으로 손해 보는 것 같지만 사고가 나면 날수록 장기적으로는 돈을 버는 게 재보험회사다. 더구나 코리안리는 이 대재난으로 인한 직접적인 손실이 거의 없었다. 미안한 얘기지만 테러로 사람들이 고통을 받을 때 나는 흡사 바겐세일을 하는 백화점에 들어선 여성과 같았다. 얼마나 얄미운 매매 행위인가.

지난 2000년도의 일이다. 지금은 1백만 원 넘는 고가주인 롯데칠성이 당시 6만 원에 거래되고 있었다. 롯데칠성과 같은 기업이 이 가격대에 거래되는 것을 도저히 믿을 수도 없었고 인정할 수도 없었다. 8만 원대부터 본격적으로 매입을 시작했다.

하지만 나의 욕심은 두터운 현실의 벽에 부딪치고 말았다. 8만 원대부터 본격적으로 매입을 했던 롯데칠성은 1999년도 기술주 열풍에 휩쓸려 2000년 초에는 5만 5천 원까지 하락했고, 이 과정에서 나는 투자자들의 거센 항의와 건강상의 이유로 동원투자신탁의 주식운용부장 자리를 물러나고 말았다. 그러는 동안 롯데칠성의 기업 내용은 더욱더 좋아지고 있었다. 유통 시스템을 재정비하여 판매마진을 높였고 해태음료와의 가격 인하 전쟁도 종지부를 찍게 되었다. 게다가 '2% 부족할 때'라는 최고의 히트 상품이 가세했다. 수익은 증가 일로에 있었다. 이후 줄곧 상승해 롯데칠성은 100만 원이 넘는 고가주로 자리 잡았다.

　롯데칠성은 나에게 절반의 성공과 고통을 안겨준 종목이었다. 하지만 내가 당시 회사에 소속된 주식 운용 담당자가 아니라 개인 투자자였으면 이 바겐세일 기간에 전 재산을 쏟아 부어 이 종목을 샀을 것이다.

02 위험이 싫은 손실 혐오증 환자들

> 지금 10월은 주식 투자하기에 특히 위험한 달 중의 하나이다.
> 다른 위험한 달로는 7, 1, 9, 4, 11, 5, 3, 6, 12, 8, 2월이 있다.
>
> _ 마크 트웨인

투자를 할 때 흔히 듣는 얘기 중 하나는 '하이 리스크 하이 리턴'이라는 말이다. 위험이 큰 것은 그만큼 보상도 크다는 것이다. 그래서 돈을 한 번에 많이 벌려고 하는 사람들은 '베팅'을 한다. 주식을 할 때도 도박처럼 하는 이들이 전형적인 예다. 그러나 정작 주식으로 이 세상에서 가장 많은 돈을 번 워런 버핏은 '베팅'을 하지 않을 뿐만 아니라 '하이 리스크 하이 리턴'이라는 말도 믿지 않았다. 가치투자의 달인 버핏은 위험을 극도로 싫어하는 손실 혐오증 환자에 가깝다.

왜 나 같은 가치투자자들은 하이 리스크 하이 리턴의 영역에 속하는 주식에 투자하면서도 위험을 수용하려 하지 않는 것일까? 이를 이해하기 위해 가치투자자의 창시자 벤저민 그레이엄이 말한 투자의 정의를 다시 한번 살펴보자.

> 투자는 철저한 조사 분석을 통하여 투자 원금의 안정성이 보장되고 만족할

만한 수익이 예상되는 대상에 자금을 투하하는 것이며, 이러한 기준에 들어맞지 않는 활동은 모두 투기로 구분된다.

그레이엄이 말하는 투자의 요건은 첫째, 철저한 조사 분석을 할 것, 둘째, 투자 원금의 안정성이 보장될 것, 셋째, 만족할 만한 수익이 예상될 것, 이 세 가지로 정리할 수 있다. 이 중 재미있는 점이 바로 투자 원금의 안정성이 보장되어야 한다는 것이다. 주식이든 채권이든 부동산이든 투자 원금이 보장되지 않으면 그것은 투자가 아니라는 것이다.

리스크의 역사를 탁월하게 분석한 『신을 거역한 사람들』의 저자인 피터 번스타인은 가치투자의 이런 사고방식을 프랑스의 철학자이자 수학자인 파스칼에서 발견한다. 『팡세』의 저자로 잘 알려진 파스칼은 현세에서 신을 믿는 것이 신을 믿지 않는 것보다 리스크가 더 적다는 말을 했다. 만일 신을 믿지 않았는데 내세에 갔더니 신이 있으면 100% 리스크에 노출된다. 반대로 신을 믿었는데 신이 없다 하더라도 전혀 위험이 없다. 번스타인은 "파스칼이 현대에 태어났다면 뛰어난 가치투자자"가 됐을 것이라고 농담을 했다.

한마디로 '밑져야 본전'이 아니면 투자를 하지 않겠다는 것이 가치투자자들의 사고방식이다. 가치투자자들은 손실 가능성이 전혀 없는 10%의 수익이, 손실 가능성 있는 20%의 예상 수익보다 더 매력적이라고 생각한다. 잃는 게 싫기 때문이다.

이런 이유로 나는 고스톱보다 포커를 좋아한다. 대학 시절부터 친구들과 가끔씩 어울려 포커 게임을 즐기곤 했다. 특히 내가 포커 게임을 할 때 사람들은 내 옆자리에 앉길 꺼린다. 한번 베팅을 하면 크게 하기 때문이다. 그리고 확신을 가지고 베팅을 한 게임에서는 좀처럼 지지 않는다. 그런데 고스톱 게임은 절대 하지 않는다. 나만 그런 것이 아니다. 주변에서 가치투자를 자신의 투자 스타일로 받아들인 사람들을 보면, 대부분 고스톱을 싫어한다. 왜 그럴까?

포커는 자신의 패가 좋지 않으면 죽을 수 있지만 고스톱은 그렇지 않기 때문이다. 고스톱은 멤버가 구성되면 죽으나 사나 쳐야 한다. 게다가 상대방이 고(Go)를 하면, 하기 싫어도 울며 겨자 먹기 식으로 계속 따라가야 한다. 중간에 절대 죽을 수 없다. 싫어도 해야 한다. 잃는다는 것을 뻔히 알면서도 화투를 치는 것이 나는 싫다. 상대방이 쓰리고를 부른 판에서 내가 피박을 썼다고 상상해보라. 생각만 해도 끔찍하다. 고스톱에서는 리스크를 관리할 수 없다.

고스톱과 포커의 차이에 대해 생각할 때마다 나는 버핏이 말한 야구와 투자에 관한 비유가 생각난다. 미국 야구 역사상 최고의 타자이며 미국 메이저리그에서 4할대 타율을 기록한 마지막 선수인 테드 윌리엄스가 쓴 『타격의 과학』이란 책을 읽은 후, 버핏은 윌리엄스의 타격 기술과 투자가 동일한 것임을 얘기한 적이 있다. 윌리엄스는 스트라이크 존을 야구공만한 크기의 77개 칸으로 나누었다고 한다. 그리고 각 칸을 자신이 쳐낼 수 있는 확률에 따라 표시를 했다. 버핏은 이를 두고 이렇게 말했다.

> 공이 자기가 '가장 잘 치는' 칸으로 날아올 때에만 배트를 휘두름으로써 그는 4할이라는 타율을 달성할 수 있었다. 스트라이크 존 아래 끝 모서리의 '가장 못 치는' 칸으로 날아오는 공에 배트를 휘두르면 그의 타율은 2할 3푼으로 떨

어질 것이다. 다시 말해 좋은 공을 기다리면 (모든 야구 선수의 꿈인) 명예의 전당에 들어가게 되고, 닥치는 대로 휘두르면 마이너리그로 떨어진다는 뜻이다.

버핏의 비유를 통해 살펴보면 고스톱에서는 투수가 던진 공이 좋으나 나쁘나 무조건 배트를 휘둘러야 한다. 나쁜 공에 배트가 나가지 말아야 하는데도 배트를 휘두르면 당연히 승률이 낮아질 수밖에 없다. 하지만 포커에서는 나쁜 공이 들어올 때는 휘두르지 않으면 그만이다. 즉, 패가 나쁘면 죽으면 된다. 내가 좋아하는 공이 들어올 때만, 다시 말해 좋은 패가 들어올 때만 과감하게 베팅하면 된다. 네 번 실패 하더라도 한 번만 크게 따면 된다. 그러면 포커에서 돈을 잃지 않을 수 있다.

야구에서 훌륭한 타자의 기준은 타율 3할이다. 3할이라는 소리는 열 번 타석에 나가 일곱 번 죽고 세 번만 살아 나간다는 얘기다. 열 번 중 세 번만 확실히 안타를 치면 일류 선수가 될 수 있다. 투자도 마찬가지다. 한 번의 큰 성공을 위해서는 좋은 패가 들어올 때까지 기다렸다 과감히 베팅해야 한다. 가치투자자들이 언뜻 보기에 소심해 보이지만, 다른 면에서 과감해 보이는 것은 이런 식의 사고방식을 갖고 있기 때문이다.

03 가치투자자는 '복리의 마술'을 믿는다

> 절대로 깨지지 말라. 그리하면 복리의 마법 세상이 열리리라.

    가치투자자들의 책을 읽다보면, 자주 눈에 띄는 것이 바로 '복리의 마술'에 대한 믿음이다. 피터 린치는 1626년 맨해튼 땅과 24달러 상당의 장신구를 맞바꾼 맨해튼 인디언과 네덜란드 이주민들 사이의 구슬 거래를 예로 든다. 세계에서 가장 값비싼 땅을 24달러에 바꿔버린 이 인디언들은 정말 잔인한 조롱의 대상이 되어야 할까? 린치는 이에 대해 단연코 'NO'라고 말한다. 장신구를 현금으로 바꿔 연 8% 수익률로 운용했다면, 그 결과는 어떨까? 린치의 말을 들어보자.

>   24달러를 복리 8%로 그 오랜 세월 동안 계산해본다면, 그 인디언들은 지금쯤 30조 달러가 조금 못 미치는 자산을 갖고 있을 것이다. 그러나 맨해튼 지역의 최근 과세 기록을 들춰봐도 그 토지 가격은 공시지가로 281억 달러(1998년 기준)에 불과하며, 시가로 치더라도 공시지가의 두 배를 넘을 수 없음을 누구라도 알 수 있을 것이다.

린치가 이 역사적 에피소드를 다시 꺼낸 것은 복리의 힘을 설명하기 위해서다. 워런 버핏도 복리를 강조하기는 마찬가지다. 세계에서 가장 비싼 그림-사실 가격을 매길 수도 없지만-모나리자의 예를 들어 버핏은 다음과 같은 말을 하고 있다.

> 1540년 프랑스의 프랑수아 1세는 레오나르도 다 빈치의 그림을 2만 달러에 사들였다. 만일 그가 같은 액수를 세금 공제 후 6% 수익률로 투자했다면 1964년 무렵이면 그의 자산은 1,000,000,000,000,000달러, 즉 1,000조 달러가 됐을 것이다. 프랑수아 1세가 모나리자가 아닌 다른 데에 2만 달러를 투자했다면, 오늘날에는 1,000조 달러에 달하는 재산을 갖고 있을 것이다.

린치나 버핏이 할 일이 없어서 이런 공상을 했을까? 물론 그랬을 수도 있다. 하지만 나는 복리의 마술을 개인 투자자들에게 알리기 위해서 역사적 에피소드를 잠시 빌려왔던 것이라고 생각한다.

가치투자자들은 돈을 잃는 것을 싫어하는 사람들이다. 여기서 중요한 것은 잃지 않으면 복리를 내 편으로 만들 수 있다는 사실이다. 잃지 않는 것과 복리와 무슨 관계가 있을까?

다음의 표를 보면 가치투자와 일반적 투자의 차이를 잘 알 수 있다. 유형 1과 유형 2의 단순 수익률 합계는 50%로 같지만, 복리 수익률을 적용하면 엄청난 차이가 발생한다. 이런 격차가 발생한 이유는 유형 2의 경우 단 한 해도 마이너스를 기록하지 않았기 때문이다. 유형 2가 손실을 혐오하는 가치투자에 가깝다.

그런데도 사람들은 펀드에 투자할 때 이상하리만큼 '수익률 1위'에

기간	유형 1	유형 2
1년	-50%	0%
2년	60%	10%
3년	-50%	0%
4년	60%	10%
5년	-50%	0%
6년	60%	10%
7년	-50%	0%
8년	60%	10%
9년	-50%	0%
10년	60%	10%
단순합계	50%	50%
복리수익률	-68%	60%
원리금	320만원	1,600만원

수익률의 함정(1천만원 투자 시, 단위 %)

연연한다. 매년 말이면 각 언론에서 '베스트 펀드'를 발표하는데, 수익률 1등을 기록한 펀드에 시중 자금이 몰린다. 하지만 수익률 1등을 해도 그 다음 해에 손실을 크게 기록하면 아무 소용없는 일이다. 오히려 깨지지 않는 펀드들을 골라 장기 투자하는 것이 길게 보았을 때 더 높은 수익률을 올릴 수 있는 길이다. 전형적인 예가 바로 피터 린치다. 린치의 연간 수익률은 단 한 번도 상위 10%에 들어 본 적이 없으나 14년간 누적 수익률로는 독보적인 1위였다. 바로 복리 효과 때문이었다.

211쪽의 표는 내가 지난 6년 간 운용했던 한국투자증권의 고유계정 수익률을 정리한 것이다. 총 6년간 435%의 수익률을 올렸는데, 이 기

K펀드와 지수의 수익률 비교

구분	종합주가지수	지수 상승률(%)	운용 수익률(%)
2000년	860.94 → 523.22	-39.23	11
2001년	523.22 → 895.58	71.17	118
2002년	895.58 → 535.70	-40.18	-9
2003년	535.70 → 880.50	64.36	37
2004년	880.50 → 965.68	9.67	50
2005년	965.68 → 1346.49	39.43	18
기간 수익률 합계		105.23	225
누적 복리 수익률		56.40	435

주) 1. 이 수익률은 동원증권(현 한국투자증권) 고유계정 수익률임.
2. 2006년 2월 21일 펀드 운용을 종료함에 따라 2000년 4월부터 2006년 2월 21일까지 운용한 결과임.

간 동안 시장 수익률은 56.40%였다. 기간 수익률로는 각각 225%, 105.23%로 2배 조금 넘는 차이를 보였지만, 누적 수익률로는 여덟 배 가까운 차이를 기록했다. 하지만 연간 상승분으로 끊어서 보면 2003년과 2005년에는 종합주가지수 상승분의 절반 밖에 오르지 못했다. 그런데도 왜 이런 결과가 나왔을까?

나는 6년 동안의 이런 운용 성과가 썩 만족스럽지는 않다. 여러 가지 정책적인 문제도 운용에 다소 걸림돌이 되기도 했지만 그보다도 내 자신의 실수가 용납되질 않는다. 어쨌든 지금 생각해도 그다지 운용을 잘 했다고 평가하기는 어렵다. 그러나 딱 한 가지, 내가 정말 잘한 것이 있다. 그것은 바로 깨지지 않았다는 것이다. 6년간 종합주가지수가 2000년(-39.23%)과 2002년(-40.18%) 두 번의 대폭락을 겪었을 때도 나는 각각 +11%, -9%로 손실 방어를 할 수 있었다.

이 6년 누적수익률 435%라는 성과는 내가 투자 운용을 탁월하게 잘 해서 얻은 성과가 결코 아니라 오직 깨지지 않았기 때문에 얻을 수 있었던 것이다. 사실 운용 첫 해에 내가 만약 30%의 정도의 손실을 냈더라면 나에게 그 다음 해란 존재하지 않았을지도 모른다. 한번 큰 손실을 보게 되면 다시는 기회가 찾아오지 않는다는 사실을 잊어서는 안 될 것이다.

04 가치투자자는 사업 분석가

가치투자자는 자신을 사업가로 생각한다. 좀더 심하게 표현하면 '장사꾼 기질'이 있다. '손해 보고 파는 장사꾼이 없듯 가치투자자도 그렇다.' 워런 버핏을 포함해 뛰어난 가치투자자들 중에는 손실 혐오증 환자들이 많다. 장사꾼이 손해를 보지 않기 위해서는 제대로 물건 값을 매길 수 있어야 한다. 원가와 마케팅 비용 등을 잘못 산정하면 앞으로 벌고 뒤로 밑질 수 있기 때문이다. 제대로 가격을 매기는 것은 장사의 처음이자 마지막이다.

가치투자자들은 자신이 직접 경영을 하지는 않지만 사업을 하는 마음으로 주식을 산다. 주식을 사업하는 마음으로 산다고? 그렇다. 만일 당신에게 누군가 자신의 회사를 사라는 제안을 해왔다고 가정해보자. 당신은 어떤 회사를 사겠는가? 그리고 매입 가격은 어떻게 매길 것인가? 사업가인 당신은 회사의 재무 상태, 고객 기반, 영업력, 제품의 브랜드 등을 꼼꼼히 따질 것이다. 그런 후 당신은 어떻게든 싸게 살 궁리를 할 것이다. 웃돈을 얹어서 살 때는 당신이 그 회사의 향후 성장성을 높게 평가할 때뿐이다. 그렇지 않다면 당신이 비싸게 살 이유가 어디 있겠는가?

가치투자자들은 사업가의 눈으로 주식을 바라본다. 버핏은 "저와 찰리는 사업 분석가입니다. 우리는 시장 분석가도 거시경제 분석가도 심지어 증권 분석가도 아닙니다."라고 말한다.(여기서 찰리는 버크셔 해서웨이 부회장이자 버핏의 오랜 동반자인 찰리 멍거다.) 사업가의 눈으로 보면 주식에 대한 평가 기준이 달라진다.

지난 2000년 초의 일이다. 당시 IT 열풍 속에서 최고의 인기주는 새롬기술이었다. 시가총액이 무려 5조 원에 달했다. 새롬기술을 통째로 사려면 5조 원을 투자해야 했다. 그런데 이 회사의 이익은 불과 10억 원. 5조 원을 주고 산 회사가 10억 원의 이익밖에 올리지 못한다면 당신은 어떻게 하겠는가? 이 회사가 아무리 급성장을 한다고 해도 5조 원의 원금을 회수하려면 오랜 시간 기다려야 한다. 아이러니한 점은 당시 롯데그룹, 동양그룹 등 중견 5대 그룹의 시가총액을 다 합해도 새롬기술의 시가총액에 못 미쳤다는 점이다. 롯데칠성의 당시 시가총액은 780억 원, 롯데제과는 1,900억 원 정도였고, 이익은 각각 730억 원과 470억 원이었다. 롯데칠성과 롯데제과를 2,680억 원을 주고 사들인다면 1년 만에 롯데칠성에서 730억 원, 롯데제과에서 470억 원을 벌 수 있었다.

만일 당신이라면 5조 원을 주고 10억 원의 순이익을 내는 회사를 사겠는가, 아니면 2,680억 원을 주고 매년 1,200억 원의 순이익을 내는 두 회사를 사들이겠는가? 우리가 주식을 마치 언제든지 마음에 들면 샀다가 내키지 않으면 팔아버리는 단지 한 장의 종이 쪼가리로 여긴다면 5조 원의 시가총액으로 10억 원 버는 기업의 주식을 살 수도 있을 것이다. 왜냐하면 우리는 그 주식을 보유하기 위해 사는 것이 아니고 단기 차익을 취하고 팔기 위해 산 것이기 때문이다. 하지만 만일 우리가 그 기업을 통째로 사서 운영한다고 생각하면 반드시 후자를 선택할 것이다. 이것이 바로 가치투자자들이 주식을 바라보는 시각이다.

버핏은 자신에 대해 "나는 사업가이기 때문에 더욱 훌륭한 투자자이고, 투자자이기 때문에 더욱 훌륭한 사업가"라고 말한 적이 있다. 그의 머릿속에서 투자와 사업은 서로 다른 것이 아닌, 하나라는 것을 엿볼 수 있는 말이다. 가치투자자는 이런 원칙을 회사를 통째로 사거나 일부분의 주식을 사거나 동일하게 적용한다.

전설적인 펀드매니저이자 자신을 버핏과 같은 유형의 투자자라고 밝혔던 피터 린치는 주식시장이 폭락을 하든 폭등을 하든 "우량 기업은 성공할 것이고, 이류 기업은 실패할 것"이라고 말한 바 있다. 우량 기업이란 한마디로 현재도 돈을 잘 벌고 앞으로도 돈을 잘 벌 회사를 말한다.

그래서 버핏은 산업 전반이나 회사에 대한 지식을 얻기 위해 많이, 그것도 매우 많이 읽는다.

> 산업 전반이나 회사에 대한 지식을 얻으려면, 제일 먼저 그들에 대한 자료를 읽고 철저히 이해한 다음, 경쟁사와 고객, 공급업체, 전현직 직원 등 회사와 관련된 모든 사람들과 대화를 나누어야 합니다. 실제로 우리가 했던 일은 별다른 게 없었습니다. 단지 자료를 읽고, 회사의 영업 현황이나 제품의 장점 등 여러 가지를 질문하고 확인하는 것이 대부분이었습니다.

05 주식 투자는 일종의 임대사업

> 사업이라는 생각으로 하는 투자가 가장 현명한 투자이다.
> _벤저민 그레이엄
>
> 그레이엄의 이 말이야말로 투자에 관한 가장 훌륭한 말이다.
> _워런 버핏

    가치투자의 달인 버핏은 주식을 사업의 일부를 사는 것으로 바라본다. 이는 단 한 주를 사더라도 마치 그 회사의 오너가 된 것처럼 오너 입장에서 사라는 얘기다.

    역사적으로 그 수익성이 검증된 비즈니스 모델 중 하나가 바로 임대사업이다. 임대사업은 사놓은 기계(건물)가 매월 현금(임대료)을 꼬박꼬박 찍어내는 것에 비유할 수 있다. 그래서 전통적으로 부자들은 임대사업에 관심을 많이 갖고 전 세계적으로 많은 부자들이 부동산을 소유하고 있는 것이다. 주식 투자도 이런 임대사업의 관점에서 바라볼 필요가 있다.

    여기 두 개의 건물이 있다고 가정해보자. 하나는 체크무늬 빌딩이고 다른 하나는 빗살무늬 빌딩이다. 서울 도심에 위치한 이 두 빌딩은 시가 200억 원이고 모두 임대료 수입으로 매년 20억 원을 받고 있다. 이들 빌딩의 주변에는 아파트가 꽉 들어차서 더 이상 건물이 들어서기는

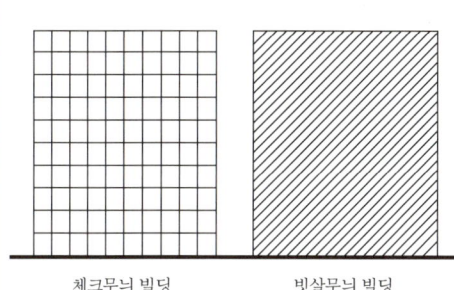

불가능한 상황이다. 그런데 어느 날, 체크무늬 빌딩이 갑자기 인기가 없어졌는지 아니면 주인이 급하게 이 빌딩을 처분하려는지 알 수 없지만, 갑자기 100억 원에 급매물로 나왔다. 그래서 몇몇 사람이 이 체크무늬 빌딩을 사들이기로 하고 돈을 모았다. 나도 여기에 5억 원을 투자했다. 그리고 가장 많은 금액을 투자한 사람이 이 빌딩의 관리를 맡기로 했다. 200억 원짜리 건물을 100억 원에 사서 임대료, 즉 연 수익 20억 원 중에 5억 원은 공동 매입자들에게 현금으로 배당하고, 나머지 15억 원은 매년 적립한 후 이 건물처럼 수익성 좋은 물건이 나올 경우에 재투자하기로 했다. 그리고 이후 마땅한 투자처가 발견되지 않으면 매년 적립한 15억 원도 공동 매입자들에게 배당하기로 합의했다. 만일 이런 건물에 투자했다면 투자자들은 매년 20억 원씩, 연 20%의 투자수익률을 올릴 것이다.

주식도 이와 마찬가지다. 먼저 내가 사는 주식이 임대료처럼 꼬박꼬박 수익을 내야 한다. 임대료가 나오지 않는 건물은 빛 좋은 개살구이기 때문이다. 문제는 그 건물을 얼마나 싸게 사느냐이다. 임대료가 잘 나오는 건물이라 하더라도 너무 비싼 값에 사들이면 투자수익률이 떨어지기 때문이다.

여기서 임대료가 잘 나오는 건물은 수익성이 좋은 기업과 같은 의미로 해석할 수 있다. 사업이라는 생각으로 주식 투자를 하는 사람은 기업이 주주들의 돈을 갖고 얼마나 돈을 잘 벌어들이느냐에 관심을 갖는다.

또한 주변에 비슷한 건물이 많이 들어서게 되면 경쟁이 치열해져서 임대수익률이 떨어질 가능성이 크기 때문에 주변 환경도 중요하다.

가치투자자들은 숲 속의 새 열 마리보다는 손안의 새 한 마리를 더 소중히 여긴다. 앞으로 천문학적인 돈을 벌어들일 거라고 뉴스에서 보도하는 기업보다는 지금 당장 많은 돈을 벌고 있거나 이미 많은 돈을 벌어 금고에 쌓아두고 있는 기업이 더 바람직한 투자 대상이다. 미래의 수익을 예측하는 것보다는 이미 벌어놓은 자산이 많고 싸게 거래되고 있는 기업에 투자를 하는 편이 더 확실하기 때문이다. 이는 마치 부동산을

건물과 주식의 수익률 비교

구분	실질가치	매수 단가	연수익률	배당수익률
건물	200억 원	100억 원	20%	5%
주식	2만 원(장부가치)	1만 원(주가)	PER 5배	5%

수익성 좋은 기업은 임대료 잘 나오는 건물과 다를 바 없다.

싸게 사는 것과 같은 것이다.

사실 이 체크무늬 빌딩은 다름 아닌 2003년 내가 보유하고 있던 주식 포트폴리오 그 자체다. 그 당시 내가 보유했던 기업들의 가중 평균 PER는 약 5배 정도였고, 평균 PBR는 0.5, 배당수익률은 약 5%였다.

06 모든 자산에는 이익률이 존재한다

사람들은 채권이나 부동산은 안전하고 주식은 위험한 것으로 생각한다. 하지만 내 생각은 다르다. 나는 주식이나 부동산이나 채권을 모두 같은 것으로 간주한다. 그리고 주식이든 부동산이든 채권이든 그 자산이 제공하는 '이익률'에 초점을 맞춘다.

몇 년 전에 로버트 기요사키의 『부자 아빠 가난한 아빠』라는 책을 읽었는데 조금 읽다가 그냥 덮어버리고 말았다. 이 책의 내용이 마음에 들지 않아서가 아니었다. 집을 소유한다는 것이 자산 계정이 아니고 부채 계정으로 분류된다는 책의 내용이 내가 생각하고 있는 개념과 완벽하게 동일해서 더 이상 책을 읽을 필요가 없었기 때문이다. 전 재산을 다 털어서 집에 투자하는 식의 방법으로는 결코 현금이 창출되지 않는다는 것이다.

만일 서울 강남에 10억 원짜리 40평 아파트를 소유하고 있다고 해보자. 이 아파트의 전세가격은 4억 원이라고 가정하자. 문제는 이 아파트를 단순히 소유해서는 전혀 현금이 생기지 않는다는 점이다. 하지만 이 집을 팔고 전세를 이용하면 6억 원이라는 현금, 즉 새로운 투자자금이 생긴다. 이 6억 원을 그냥 은행에 예치해놓아도 연 2,700만 원의 현금이 생긴다.(1년 만기 정기예금 금리를 4.5%라 가정) 아파트 가격이 오르지 않으면, 기회비용이라는 관점에서 볼 때, 이 아파트 소유자는 매년 2,700만 원씩 손해를 보고 있는 것이다. 10년이 지나면 약 3억 4천만 원이라는 엄청난 돈이 사라져버리는 셈이다. 사정이 이런데도 계속 소유하고 있다면 이런 사실을 모르거나 아니면 향후 이 아파트의 가격이 큰 폭으로 오를 것으로 보고 있기 때문일 것이다. 집을 소유하고 있는 것이 연 2,700만 원의 현금보다 더 가치 있다고 생각하는 사람은 그렇게 해도 된다.(물론 돈이 많고 이사 가기 귀찮아서 계속 이 집에 머무르는 사람은 예외다. 이것은 그의 라이프스타일의 문제이기 때문이다.)

부동산이든 금리든 주식이든 금이든 자산의 가격을 예측하기는 거의 불가능하다. 하지만 확실한 사실은 모든 자산에는 이익률이 존재한다는 점이다. 이것을 기준으로 서로 비교 평가하면, 어느 정도 가격 움직임을 가늠할 수 있을 것이다. 은행에 예금하면 이익률이 4.5%(이자율)다. 채권을 사면 이익률이 4.7%(국고채3년수익률)다. 심지어 주식에도 이익률이 있다. (여기서 말하는 이익률은 주가 상승률을 의미하는 것이 아니다.)

예를 들어 한국전력의 이익률이 10%라고 하자. 이는 한국전력의 PER가 10배라는 의미다. PER는 주가를 기업의 주당순이익으로 나눈 비율이다. 또한 이익률은 기업의 순이익을 시가총액으로 나눈 것과 같은 의미다. 따라서 PER가 10이라는 얘기는 이 기업에 투자하면, 다시 말해 통째로 사면, 투자 원금을 10년 만에 회수할 수 있음을 뜻한다. 이

각 자산별 수익률 비교

(서울 주요 지역 부동산 기준)

구분	1년 정기예금 이자율	채권수익률	주식이익률	건물임대 수익률	아파트 전세 수익률
수익률	4%	5%	10%	4~5%	2~3%
PER	25배	20배	10배	20~25배	33~50배

이 표를 보면 주식 자산의 PER가 제일 낮다는 것을 알 수 있다.

PER의 역수(1/PER)가 바로 이익률이다. 삼성전자의 시가총액이 100조 원이고 이익이 8조 원이라면 이 기업의 이익률이 8%이고 PER가 12배라는 것을 의미한다.

부동산에도 이익률이 있다. 건물임대료, 아파트 전세금, 월세금 등의 숫자를 보면 알 수 있다. 건물 시세가 10억 원인데 연 임대수익이 5천만 원이면 임대수익률은 5%인 셈이다. 교육의 중심지라는 서울 강남에 위치한 30평의 W아파트는 시세가 현재 10억 원이다. 거주용이 아닌 투자 목적으로 이 아파트를 소유하면서 현금을 만들 수 있는 방법은 전세나 월세를 이용하는 것 말고는 없다. 이 아파트의 전세금은 4억 5천만 원이고 전세금을 은행에 맡길 경우, 받을 수 있는 예금이자는 약 2,025만 원이다.(연리 4.5% 기준) 그럼 이 아파트의 이익률은 얼마일까? 2,025만 원을 아파트 시세 10억 원으로 나누면 2%의 이익률이 나온다. 강남의 W아파트의 이익률은 2%밖에 안 된다는 결론이 나오게 되는 것이다. 10억 원의 자산이 만들어낼 수 있는 현금이 2,025만 원밖에 안 된다는 것을 의미한다.

이러한 비정상적인 가격은 교육 환경, 주거 환경 등의 지나친 선호로 인하여 발생되는 일시적인 왜곡 현상일 수도 있다. 교육제도나 주변 환경이 바뀌면 물거품처럼 꺼져버릴 수도 있는 것이다. 물론 절대 그렇지 않다고 생각하는 독자들도 있을 것이다.

워런 버핏은 "모든 투자 수익(이익률)은 궁극적으로 서로 경쟁하는 관계에 있다"고 생각한다. 주식을 소유할 때의 수익과 채권 혹은 부동산을 소유할 때의 수익이 경쟁한다는 것이다. 우리는 기업의 일부를 사는 것이라 할 수 있는 주식과 은행 예금, 채권처럼 확정이자를 지급하는 투자처, 그리고 부동산의 수익을 서로 비교해야 한다.

07 가치투자자의 부동산 투자법

그럼 가치투자자는 부동산 투자를 어떻게 접근할까? 먼저 나의 아파트 매매일지부터 같이 살펴보자.

어릴 때부터 서울 서대문구 홍은동에서 살다가 대학에 진학한 후, 통학 거리가 너무 먼 탓에 반포로 이사를 하게 되었다. 당시 부모님은 외국에 계셨는데, 어머니께서 잠시 나오셔서 반포에서 제일 싸고 작은 아파트를 찾다가 삼호가든 아파트 21평을 4,300만 원을 주고 구입했다. 1986년도의 일이다. 5년 뒤, 부모님께서는 귀국하셔서 충청남도 아산에 자리를 잡으셨고, 나도 결혼을 앞두고 있어서 독립을 해야 할 상황이었다. 그래서 어머니는 아파트를 처분하기 위해 1억 2천만 원에 매물로 내놓았다. 그러나 좀처럼 매매가 이뤄지지 않았다. 그러던 어느 날 부동산 중개업소에서 자꾸 전화가 걸려오기 시작했다. 나중에는 1백만 원만 깎아주면 당장 구입하겠다는 연락까지 오기 시작했다.

그때 나는 어머니께 일단 매도 주문을 취소하라고 조언을 했다. 그리고 몇 개월 후에 다시 1억 4,500만 원에 내놓았다. 그러자 곧 팔렸다. 그 가격은 역사상 최고가였다. 이 일이 있은 후 나는 바로 결혼해 전세로 신혼살림을 시작했다. 1년도 안 돼 집값이 폭락하더니 1억 4,500만 원에 팔았던 21평 아파트가 1990년대 초에는 8,000만 원대에도 급매물이 출회되곤 했다. 이때 나는 5년간 모은 자금과 회사의 주택자금대출, 은행담보대출 그리고 모자라는 부분은 아버지께 빌려서 29평 아파트를 1억 3,200만 원에 구입했다. 운 좋게도 1년 만에 1,300만 원 싼 가격에 8평이나 큰 아파트를 살 수 있었던 것이다.

남들이 보기에는 매우 성공적인 부동산 매매였다고 말할 것이다. 파는 타이밍도 사는 타이밍도 절묘했으니 말이다. 하지만 이제 와서 생각해보면 얼마나 어리석고 무모한 투자였는지 등골이 오싹할 지경이다. 전 재산 다 털고 빚을 내서라도 일단 내 집 마련부터 하고 보자는 나의 과거 행동, 이러한 행위는 아마 대다수의 한국 사람들이 살아가는 전형적인 패턴일 것이다. 이러한 생각의 바탕에는 부동산은 절대로 깨지지 않는다는 '부동산 불패 신화'가 마음속 깊이 자리 잡고 있기 때문일 것이다.

앞에서도 언급한 바 있지만, 1988년에 5,000만 원 하던 삼호가든 아파트 21평은 지금 5억 원으로 열 배나 올랐다. 그런데 당시 회사채 금리는 13.5%였다. 이 금리로 18년간 복리 투자했으면 지금 10배 가까운 수익이 났을 것이고, 다음 해는 11.3배, 그 다음 해는 12.5배의 수익이 발생할 것이다. 이런 식으로 수익이 눈덩이처럼 늘어나게 돼 장기적으로는 부동산이 도저히 쫓아오지 못할 정도로 차이가 벌어지게 된다. 설마 몇 년 사이에 아파트 가격이 지금 가격의 두 배 이상으로 올라갈 리가 있겠는가?

하물며 빚을 내 집을 사게 되면 그 이자비용까지 부담해야 되니 실질적으로 큰 수익을 내기 어렵다. 1992년 1억 3,200만 원(그 당시 최저 시세) 하던 삼호가든 아파트 29평이 지금 7억 원 이상으로 올랐지만 차입금 8,000만 원에 대한 이자비용 1억 원을 제하면 14년간 4, 5배 정도 오른 셈인데 채권에 투자했어도 비슷한 수익을 얻었을 것이다.

집을 구입하자마자 곧 동경사무소 주재원으로 발령이 나 1993년 4월 일본으로 떠났다. 2년간의 주재원 생활을 마치고 동원투자신탁운용에서 근무하던 1999년에 큰 딸 공부방이 필요해 넓은 평수로 옮길 생각을 했다. 그래서 1993년에 1억 3,200만 원에 구입한 29평을 1억 6,500만 원에 팔고 다른 평수에 비해 상대적으로 대지지분율이 높으면서 구조나 공간이 29평보다 월등히 뛰어난 34평을 2억 1,250만 원에 샀다.

단지 전체에서 가장 입지가 좋은 곳이었고, 층도 사람들이 가장 선호하는 층이었다. 그 당시 시세보다 1,000만 원 비싸게 구입을 했어도 전혀 아깝지 않을 정도로 좋은 위치에 자리 잡고 있었다. 마치 1999년 9월 당시에 4만 원 하던 현대전자(지금의 하이닉스)를 사지 않고 삼성전자를 20만 원에 산 것과 같은 이유다.

과거에는 아무 생각 없이 감에만 의존하여 부동산 투자를 하였지만 가치투자에 심취해 있었던 1999년도에는 달랐다. 아파트에도 주식과 같이 가치평가 판단 기준이 있다는 것을 쉽게 깨달을 수 있었다.

아파트의 가치 = 자산가치 + 수익가치 + 성장가치

대부분의 자산이 그러하듯 아파트의 가치도 자산가치, 수익가치, 성장가치의 3대 요소에 의하여 형성된다. 일반적으로 경기가 좋을 때는 성장성 지표가 빛을 발하고 불황이 오거나 경제 위기가 닥치면 안정성 지표가 부각된다. 경기 상승기에는 주로 성장주가 득세를 하고 투자 심리가 불안할 때에는 자산가치가 높은 기업에 주목하는 것과 같은 논리다. 하지만 경기가 좋을 때나 나쁠 때나 영원한 가치 판단의 기준은 바로 수익가치이다. 은행의 이자율이나 건물 임대율, 아파트의 전·월세율, 주식의 이익률 등이 바로 수익가치를 나타내는 지표들이다. 그 지역의 교육 환경, 발전 가능성 등의 성장성에 따라 시세가 움직이게 되고, 오랜 세월이 지날수록 아파트 가격은 실제 자산가치(지분가치)에 근접하게 된다.

등기부등본을 보면 자신이 구입한 아파트의 지분(땅의 크기)을 알 수가 있는데 이것이야말로 가장 기본이 되는 그 아파트의 실질 자산가치이다. 지진이나 화재가 발생하든 수십 년의 세월이 지나 건물이 갈라져서 못 쓰게 되든 그 지분만큼의 땅은 그 아파트 소유자의 몫이다. 보통 지분이라는 것이 그 아파트 평수의 3분의 1 정도면 괜찮은 편이라고 생각하면 된다. 경기도 과천이나 서울 양천구 목동에 가면 동간 간격이 넓고 지상 주차 공간이 무척이나 넓다. 이러한 아파트는 대개가 지분이 높아 시세가 잘 떨어지지 않는다. 반면에 어떤 아파트는 주차 공간이 모자라 출퇴근 시간에 거의 전쟁을 치른다. 이런 아파트의 지분율은 상당히 낮을 것임에 틀림없다.

1999년 당시 내가 구입한 삼호가든 아파트 34평의 가치를 한번 평가해보자. 34평 아파트의 지분이 11.5평이었고, 그 당시 강남의 아파트 용지 가격은 평당 2,000만 원 수준이었다. 따라서 이 아파트의 실질 자산가치는 2억 3

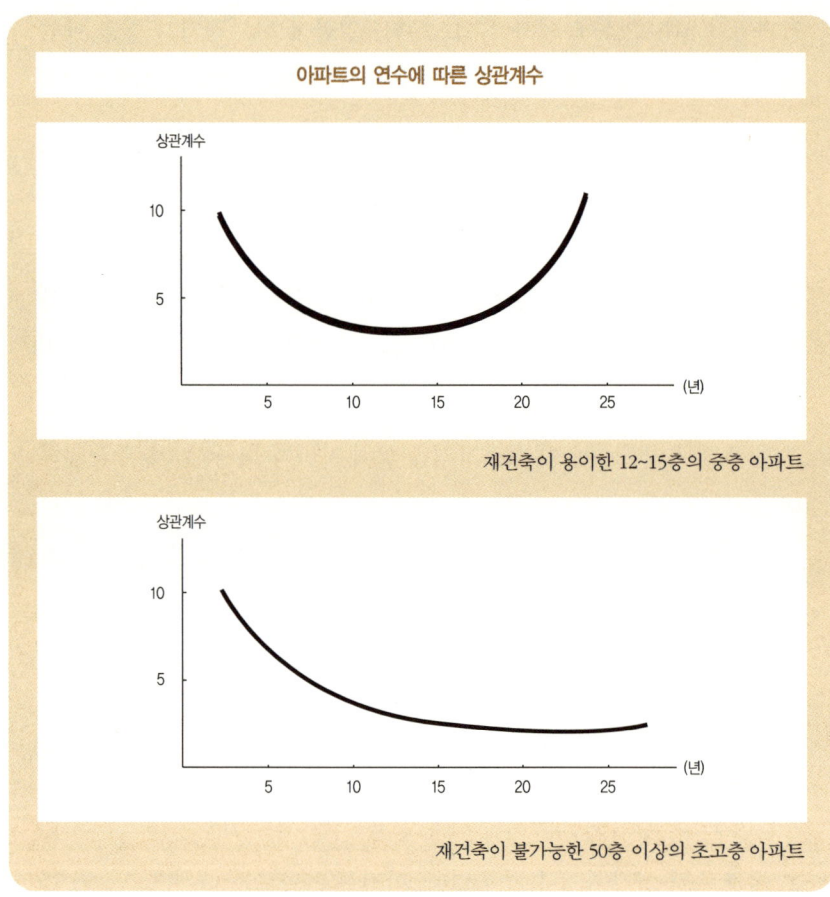

천만 원이었다. 어떠한 재난이 닥쳐도, 수십 년의 세월이 흘러 건물 값이 0이 되어도 땅값이 폭락하지 않는 이상 이 정도의 가치는 유지될 것이다.

아파트는 시간이 경과함에 따라 가치가 하락한다. 예를 들어 새 아파트가 10점이라면, 10년~15년 된 아파트는 1~2점이고 20년이 넘어가면 재건축 기대감 때문에 다시 10점이 된다. 즉, 강남의 새 아파트 40평이 8억 원이라면 20년이 넘은 강남의 아파트도 8억 원이라는 얘기다.

그 당시 삼호가든 아파트는 건축된 지 17년 정도로 가격이 올라가기 직전이었고 바로 옆에 있는 다른 아파트는 건축된 지 10년쯤 된 비교적 깨끗한 아파트였다. 하지만 삼호가든의 입지가 월등하게 좋았고 최고 층수도 삼호가든은 12층, 그 아파트는 15층으로 삼호가든의 지분율이 더 높았다. 그럼에도 불구하고 그 당시 삼호가든 34평이 2억 원일 때 그 아파트는 비교적 새 아파트라는 이유만으로 50%나 비싼 3억 원이라는 가격에 거래됐었다.

하지만 지금은 어떠한가? 시간이 지나면 모든 자산의 가격은 내재가치로 회귀하게 된다. 2억 원 하던 삼호가든은 재건축 기대 때문에 8억 원까지 올랐고 삼호가든보다 50% 비쌌던 그 옆의 아파트는 지금도 7억 원을 갓 넘은 시세에 거래되고 있었다. 잘못된 투자 판단은 이처럼 미래에 무서운 결과를 이처럼 가져온다.

가령 10년 전에 입지가 썩 좋지 않은 25층 새 아파트를 구입했다면, 그 시세는 어떻게 되었을까? 답은 이미 정해져 있다. 재건축 가능성이 희박한 고층아파트를 최고의 상관계수 시점인 건축 초년에 구입을 하였다면 지금도 아마 그 당시의 시세를 넘기기 어려울지 모른다. 재건축 가능성이 전혀 없는 낡아가는 아파트의 미래를 상상해보라. 영원히 재건축이 불가능한 것과 먼 훗날이기는 하지만 언젠가 재건축할 수 있는 것과는 하늘과 땅 차이인 것이다.

그렇다고 새 아파트나 지분율이 낮은 주상복합에 살지 말라는 얘기는 아니다. 사람마다 제각기 생활 방식 즉 라이프스타일이 같을 수는 없기 때문이다. 경제적 여유도 있고 새 아파트에 살아야 한다면 그렇게 하면 된다. 최고의 환경에 거주하면서 최고의 비용을 지불하고 있다는 사실을 잘 알고 산다면 아무 문제가 없다. 반대로 주택을 비용으로 생각하고 편리하고 깨끗한 새 아파트에 살고 싶은 사람은 새 아파트에 전세로 들어가면 된다. 2년에 한 번씩 이사를 가면 적은 비용으로 항상 새 아파트에 거주할 수 있다.

하지만 투자 목적으로 고층의 새 아파트나 주상복합을 구입한다는 것은 매우 어리석은 짓이다. 나는 지금 새 아파트나 주상복합이 비싸다고 말하는 것이 아니다. 이러한 최신 아파트는 비쌀 자격이 있다. 편리하고 깨끗하다. 하지만 사용료가 비싸다는 게 흠이다. 좋은 환경에서 살려면 그만한 대가를 지불해야 한다는 것이다. 그런데 이런 아파트는 빠른 속도로 감가상각 된다. 오랜 세월이 흘러도 가격이 쉽게 회복되지 않는다. 왜냐면 당신이 거주하면서 그 모든 가치를 소비하기 때문이다. 50층이 넘는 초고층 아파트의 30년 후를 한번 상상해보라. 현행 건축법이나 기술로는 200층짜리 아파트를 짓기는 쉽지 않을 것이다. 물론 홍콩의 올드피크 로드(Old Peak Road)에 자리 잡고 있는, 산꼭대기에서 바다가 한눈에 내려다보이는 최고의 절경을 자랑하는 몇 채 안 되는 아파트라면 예외가 될 수 있겠지만, 국내에는 얼마든지 새롭고 더 좋은 초고층 아파트가 생겨날 수도 있는 것이다.

참고로 서울 강남의 어떤 주상복합 60평형의 대지지분은 6.25평으로 시세 24억 원을 감안하면, 토지의 평당 가격은 3억 8,400만 원(24억 원/6.25평)이 된다. 강남 요지의 아파트 부지용 땅값 시세가 평당 4,5천만 원인 점을 감안하면, 거의 보유 토지 가치의 열 배에 거래되고 있는 셈이다. 주식으로 치자면 거의 줄기세포주에 비교될 수 있을 정도로 높

은 프리미엄을 받고 있는 것이다. 현재 이 아파트의 가격은 비싸지 않다. 이 아파트는 최고의 주거 환경을 갖추고 있는 훌륭한 주거 공간이다. 하지만 문제는 오랜 세월이 지나면 어떻게 되느냐는 것이다. 주식이든 부동산이든 성장의 동인(動因)이 사라지거나 오랜 세월이 흐르면 모든 자산의 시세는 반드시 내재가치 수준으로 회귀하는 법이다.

얼마 전 한 경제지에 난 기사를 보고 나는 기절할 듯이 놀랐다.

이 기사는 2006년 5월 29일 한국경제신문에 난 것이다. 이 기사를 읽어 보면 부동산의 내재가치를 결정짓는 대지지분이 실제 투자에서 얼마나 중요한 것인가를 잘 알 수 있다. 재건축단지인 서울 강동구 둔촌 주공아파트는 16평형과 23평형의 가격이 같다. 어떻게 평형이 다른데 가격이 같을 수 있을까? 그 비밀은 바로 '대지지분'에 있다. 16평형과 23평형의 대지지분은 5.6평으로 같다. 재건축이 임박해지면서 건물의 가치는 사라지고 아파트의 본질 가치인 대지지분의 가치로 가격이 수렴되는 현상이 나타난 것이다.

만일 여러분이 관악구 강남아파트에 살고 있었다면 어이없는 일을 당했을지도 모른다. 이 아파트는 단독주택처럼 건물과 대지 지분이 따로 등기가 되어 있었다. 통상 아파트나 연립 등 공동주택(집합건물)은 하나의 등기부등본에 건물과 대지 등기를 같이 하게 돼 있다. 그런데 이 아파트는 이상하게 분리 등기가 되어 있었던 것이다. 이 아파트 전체 876가구 중 60가구는 대지지분 등기가 되어 있지 않았다. 그럼 대지지분 등기가 없는 이들 60가구는 어떻게 될까? 이들은 전혀 보호받을 수 없다. 재건축이 추진되면서 이들은 땅에 대한 일체의 권리를 행사하지 못하고 일부 보상금만 받을 수 있었을 뿐이다. 아파트의 가치를 결정짓는 것은 건물이 아닌 땅이라는 사실을 모르고 집을 산 대가는 참으로 크다고 할 수 있다.

아파트 가치 평가 방법

세상 모든 자산은 성장성, 수익성, 안정성에 따라 평가된다. 이런 지표에 따라 때로는 자금이 금과 석유와 같은 실물자산으로 유입되기도 하고 주식이나 부동산으로 옮겨가기도 한다.

성장성	주거·교육 환경·정부 정책 등에 따라 가치평가가 이뤄진다. 미래 전망을 해야 하므로 가치 평가가 쉽지 않다.
수익성	전세율·월세율을 이용해 금리와 비교해 평가한다. 예) 서울 강남의 시가 10억 원인 아파트의 평균 전세금이 4억 원이고, 1년 만기 정기예금 금리가 4%일 경우, 이 아파트에서 발생하는 현금흐름은 1,600만 원(4억 원×4%)이다. 따라서 이 아파트의 연간 이익률은 1.6%(1,600만 원/ 10억 원)이다.
안정성	실제 아파트가 보유하고 있는 대지지분(자산가치) 대비 시세가 몇 배에 거래되고 있는지를 평가한다. 오랜 세월이 흘러 건물 가치가 하락하면 아파트의 시세는 자산가치로 회귀한다. 일반적으로 평수의 3분의 1 정도의 대지지분을 보유하고 있으면 양호한 수준이다. 예) 강남의 재건축 가능한 중층아파트(12~15층) 60평형의 평균 대지지분은 18평인 반면, 초고층 주상복합 아파트(50~60층)의 대지지분은 보통 6, 7평 수준이다.

08 시장이 효율적이라고? 천만에!

> 군중이 당신과 의견을 달리하는 것만으로는 당신은 옳지도 그르지도 않다.
> 당신의 데이터가 옳고 추론이 옳기 때문에 당신이 옳은 것이다.
>
> _벤저민 그레이엄

시장은 효율적인가? 나는 그렇게 생각하지 않는다. 이 세상 대부분, 아니 모든 가치투자자들은 시장이 효율적이라고 생각하지 않을 것이다. 사실, 효율적 시장 가설이란 주식시장이나 주가가 항상 기업과 경제에 관해 알려진 모든 정보를 반영하고 있다는 이론을 말한다. 이 이론은 현대 경제학의 중요한 이론 중 하나다. 하지만 가치투자자들은 이 이론을 믿지 않는다. 워런 버핏은 "시장이 효율적이기만 하다면, 나는 깡통을 든 거리의 부랑자가 되었을 것이다."라고 말할 정도다.

효율적 시장 가설의 신봉자들이 주식시장에서 선택한 최선의 투자 방법은 '인덱스 펀드'에 투자하는 것이다. 인덱스 펀드란 종합주가지수처럼 시장과 똑같이 움직이는 인덱스에 투자하는 펀드를 말한다. 주가에 모든 정보가 담겨 있기 때문에 이것저것 신경 쓰느니 차라리 시장 자체에 투자하는 것이 가장 좋은 방법이라는 것이다. 하지만 가치투자자들은 이에 동의하지 않는다.

그렇다면 가치투자자들이 생각하는 시장은 어떤 것일까? 먼저 버핏의 얘기를 들어보자. 그레이엄의 『증권 분석』 발간 50주년 기념사에서 버핏은 시장 효율에 대해 이렇게 말했다.

> 나는 시장 효율이 아주 낮다고 확신한다. 여기서 소개한 그레이엄과 도드 마을 출신의 투자자들(가치투자자들)은 가격과 가치의 차이를 성공적으로 활용해왔다. 가장 감정적인 사람, 가장 탐욕스런 사람 내지 가장 기분이 울적한 사람이 언저리에서 가격을 정하는 월스트리트에서는 하나의 주식 가격이 '군중'에 의해 영향을 받을 수 있다. 이런 상황에서 시장이 언제나 합리적으로 가격을 매긴다고 주장하기 어렵다. 실제로는 시장가격이 부조리할 때가 많다.

가치투자자들은 버핏처럼 가치와 가격의 차이를 활용할 뿐이다. 시장이 효율적이라면 가치와 가격이 일치할 것인데, 내가 경험하는 주식시장은 이런 불일치가 늘 연속적으로 일어난다. 그레이엄이 '미스터 마켓'으로 의인화한 주식시장의 성격을 가치투자의 살아 있는 전설 버핏을 필두로 수많은 가치투자자들이 인정하고 있다. 다음은 버핏이 버크셔 해서웨이의 주주들에게 보내는 주주 서한의 일부다.

> 나의 친구이자 스승인 그레이엄은 오래 전에 투자 성공에 필수적인 '시장 움직임'에 대한 마음가짐에 대해 언급했다. 그는 시장의 가격이라는 것이 아주 싹싹한 사업 파트너인 '미스터 마켓(Mr. Market)'으로부터 나오는 것으로 상상하라고 했다. 미스터 마켓은 매일 어김없이 당신 앞에 나타나 자신의 관심 품목을 당신에게 팔거나 당신의 관심 품목을 자신에게 팔 가격을 부른다.

비록 여러분이 갖고 있는 주식의 기업이 건전한 상태에 있다 하더라도 미스터 마켓의 가격은 항상 이와 동떨어져 있다. 왜냐하면 슬프게도 이 불쌍한 녀석은 치료 불가능한 정신병을 앓고 있기 때문이다. 어떤 때에는 행복감에 도취되어 긍정적인 요소들만 본다. 이런 상태에 있을 때는 이 녀석은 매우 높은 매매가를 부르는데 그 이유는 당신이 그의 관심 종목을 낚아채서 눈앞에 있는 자신의 이익을 가로챌 것을 두려워하기 때문이다. 어떤 때에는 심한 우울증에 빠져 기업과 세계 앞에 놓인 어려운 상황만을 보게 된다. (중략)

미스터 마켓은 사랑스러운 면도 있는데, 남들로부터 무시 당해도 별로 개의치 않는다는 것이다. 오늘의 가격이 당신에게 만족스럽지 못하면 내일 새로운 가격을 들고 찾아온다. 거래를 하고 말고는 전적으로 당신에게 달려 있다. 이런 상황에서 미스터 마켓의 조울증적인 행동이 강하면 강할수록 당신에게 유리하다. 하지만 무도회의 신데렐라처럼 당신도 한 가지 주의사항을 반드시 지켜야 한다. 그렇지 않으면 이 모든 것이 허사로 돌아갈 수 있다. 그것은 미스터 마켓은 당신에게 방향을 지시하기 위해 있는 것이 아니라 당신을 시중들기 위해 존재하는 것이라는 점이다. 미스터 마켓이 쓸 만한 이유는 그의 지혜가 아니라 그의 든든한 재력이기 때문이다.

가치투자를 받아들인 초기부터 나는 버핏의 이 비유를 마음에 담아 두고 있다. 가치투자는 어쩌면 인간의 영역을 벗어난 투자 방식일지도 모른다. 주식시장이라는 인간이 정해놓은 틀 안에서 인간의 본질과 속성을 벗어난 투자 행동을 요구한다. 가치투자는 인간의 본성인 욕망, 두려움, 질투, 조급함 등 모든 것들을 던져버리고 대신 인간이 가장 견디기 어려운 소외와 지루함을 이겨낼 수 있는 인내심, 절제력, 소박함을 가지라고 요구한다.

　가치투자자는 가장 사고 싶을 때(최상의 상황) 주식을 팔아야 하고, 가장 팔고 싶을 때(최악의 상황) 주식을 사야만 한다. 가치투자 성공의 열쇠는 어떤 전문 지식이나 내부자 정보보다도 자신의 감정을 다스리는 능력이다. 나도 인간인지라 이런 감정으로부터 자유롭지 못하다. 아마 어떠한 사람도 인간이 가진 본성, 즉 두려움과 욕망을 완전히 극복하지는 못할 것이다. 그리고 이러한 감정을 가진 인간들이 주식 거래를 하는 이상 시장은 효율적이기 어렵다.

09 택시 안에서의 명상

효율적이지 못한 시장의 변덕스러움에 자유롭지 못하기는 나도 마찬가지다. 그래서 나는 '택시 안에서의 명상'이라는 작업을 매일 가졌다. 나는 아직 운전을 못한다. 게을러서 면허 취득 기회를 놓친 것도 있지만 가장 큰 이유는 워낙 '길치'라 방향 감각이 너무 떨어져 체질상 운전하기에 적합하지 않기 때문이다. 그리고 솔직히 택시비보다 운전하는 데 들어가는 시간이 훨씬 더 아까웠다. 1999년부터는 그동안 신세를 지던 카풀팀이 해체되어 부득불 대중교통수단을 이용해야만 했는데 그때 나는 가장 비싼 교통수단을 선택했다.

택시를 이용하면 한 달에 30만 원이라는 거금이 소요되지만 번잡한 버스나 지하철에서는 얻기 어려운 여유가 생기게 된다. 누구에게도 방해 받지 않는 나만의 공간에 하루 한 시간 이상 머무를 수 있게 되는 것이다. 나는 실제로 지난 5년간 1,800만 원이라는 거금을 투자했지만 총 2,400시간 이상의 멋진 시간을 벌었다.

나는 택시 안에서 깊은 명상에 잠긴다. 수많은 질문을 던지고 스스로 답하곤 한다. 오늘의 일을 반성하고 내일 할 일을 정리하며 때로는 졸기도 하면서 지친 심신을 잠시 쉬기도 한다. 이렇듯 택시는 나에게 공부방이기도 하고 안식처이기도 한 중요한 공간이 되어버렸다.

주식 시황이 좋지 않을 때마다 이런 질문을 던진다.

'주식시장이 이렇게 안 좋은데도 주식을 계속 보유하고 있어야 하나?'

그러면 내 맘속의 또 다른 나는 이렇게 대답한다.

'종합주가지수가 하락하더라도 결국 우량 기업은 성공할 것이고 지수가 상승하더라도 부실 기업은 결코 성공하지 못할 것이다.'

지난 2001년 9월 12일에는 이렇게 물어보았다.

'9.11 테러가 한국 시장에 미치는 영향은 무엇일까? 이러다가 정말 세상의 종말이 오는 것은 아닐까?'

그때 마침 피터 린치가 나타나서는 너무도 명쾌한 답을 주었다.

하늘이 무너진다고 주식을 팔지 마라. 기업의 가치가 나빠지면 주식을 팔아라.

그때 나는 최소한 내가 보유하고 있던 대부분의 기업들(농심, KT&G, 가스주 등)이 테러와 전혀 무관하다는 것을 알 수 있었다. 그래서 주식을 오히려 늘렸던 기억이 난다.

또 저평가된 주식을 발견해서 미친 듯이 사들였는데 수개월이 지나도 꼼짝하지 않을 때도 많다. 그럴 때마다 떠올리는 의문들이 있다.

'왜 이런 꿈같은 기회가 나에게만 주어졌을까? 이렇게 싼 주식을 왜 다른 이들은 사려고 하지 않는 것일까? 혹시 이 주식은 내가 알지 못하

는 어떤 악재 때문에 영원히 저평가된 채로 머물러 있는 것은 아닐까?'

이런 의문이 생길 때마다 나는 또 피터 린치의 조언을 떠올리며 견디어낸다.

> 종종 몇 달간 혹은 심지어 몇 년간 주식 상승률과 그 기업의 내재가치는 상관관계가 없는 경우가 있다. 그러나 장기적으로 보면 기업의 내재가치와 해당 기업의 주가는 100% 상관관계가 있다. 인내는 보답을 받으며 성공적인 기업에 대한 투자 또한 보답을 받는다.

나는 어떠한 상황에서도 시장의 유행과 대중의 인기에 흔들리지 않고 오직 기업의 가치만을 바탕으로 투자할 것을 다짐하고 또 다짐한다. 수십 수백 번을 다짐하고 내 맘속에 무너지지 않을 철탑을 층층이 쌓아 올린다. 그래도 수시로 무너진다. 그 다음 날 무너지면 더 높게 또 쌓아 올린다.

나는 애석하게도 워런 버핏과 같은 환경에서 투자할 수 없고 그럴 능력도 없다. 사고 싶은 주식을 사고 싶은 만큼 사서 기업을 인수할 여건도 되지 않고, 여의도를 멀리 떠나 한적한 곳에 칩거하면서 사무실에 주가정보단말기를 전부 치워버린 채 내가 소유한 몇몇 기업에만 집중할 수도 없다. 버핏도 인간인 이상 월스트리트의 속삭임과 급변하는 종목 시세판을 보면 마음이 흔들릴 것을 두려워하여 저렇게 은둔 생활을 하는지도 모르겠다.

하지만 나는 다르다. 수많은 규제와 제한된 시간 속에 시시각각으로 변하는 시장 환경, 시도 때도 없이 속삭여대는 악마의 유혹이 나를 괴롭

힌다. 아무리 굳은 각오로 다짐해도 주가가 하루만 폭락하면 마음이 180도 바뀌어버리고 만다. 그럴 때마다 나는 이런 주문을 왼다. 수십 번이고 수백 번이고 왼다.

"어떠한 상황에서도 시장의 유행과 대중의 인기에 흔들리지 않고 오직 기업의 가치만을 바탕으로 투자할 것이다."

10 도대체 '가치'란 무엇인가?

Intrinsic value
내재가치, 고유가치, 본질가치

가치투자는 '가치'와 '투자', 이 두 말이 합쳐져 만들어진 단어다. 말뜻대로 풀어본다면 가치에 투자하는 투자 방법이라고 할 수 있다. 가치투자를 이해하는 키워드는 바로 이 '가치'라는 말에 있다. 가치를 더 엄밀히 말할 때는 '내재가치(intrinsic value)'라고도 한다. '가치 또는 내재가치란 무엇인가'에 답할 수 있다면 우리는 쉽게 가치투자를 이해할 수 있을 것이다.

가치투자란 간단히 말해 내재가치 밑으로 가격이 내려간 주식을 사서 가격이 내재가치에 이르렀을 때 파는 투자 방법이다. 때문에 내재가치 분석은 가치투자의 처음이자 끝이라고 할 수 있다. 그러면 도대체 내재가치란 어떤 것을 의미하는 것일까?

사실, 내재가치란 말은 이해하기 쉬운 개념이 결코 아니다. 가치투자의 아버지인 벤저민 그레이엄도 내재가치란 말은 보통사람들이 이해하기 힘든 개념이라고 말했다. 워런 버핏도 "내재가치를 이해할 수 있는 정해진 공식은 없다. 주식을 매입하려는 기업에 대해 자세히 연구하는 수밖에 없다"고 지적했다. 그래서 그는 "기업의 가치를 측정하는 건 예술인 동시에 과학"이라고 말한다.

처음에는 내재가치란 기업체의 장부가격 혹은 기업체의 순자산에서 부채를 차감한 잔액들이라고 생각했다. 그레이엄은 『증권분석』에서 "기업의 내재가치란 사실에 의해 평가되는 가치(value which is determined by the facts)"라고 정의했다. 여기서 말하는 '사실에 의해 평가되는 가치'란 현금 자산을 의미한다. 그러나 시간이 지나면서 기업의 가치를 정확하게 따지려면 순자산뿐만 아니라 향후 이러한 자산이 창출할 수익도 포함시켜 생각해야 한다는 쪽으로 발전했다. 결국 기업의 가치란 기업이 보유하고 있는 자산, 현재 벌어들이고 있는 수익의 힘, 그리고 향후 그 기업이 만들어낼 수 있는 현금의 총합계라고 말할 수 있다.(과거의 수익 + 현재의 수익 + 미래의 수익)

문제는 현재 보유하고 있는 자산이나 현재의 수익은 어떻게든 분석할 수 있지만 기업이 미래에 벌어들일 수익을 예측하기란 어렵다는 점이다. 따라서 전통적인 가치투자자들은 보이지 않는 미래의 수익을 예측하기보다는 '주머니 속의 동전', 즉 손안에 직접 움켜쥘 수 있는 실물인 현금이나 부동산 등을 더 선호해왔다. 주식이 회사가 보유한 현금이나 부동산보다 낮은 가격에 거래된다면, 설사 그 회사가 청산되더라도 절대 손해 볼 수 없기 때문에 이런 주식을 사야 한다는 것이다. 버핏은 이를 '담배꽁초 식 투자'라고 불렀다. 최악의 경우라도 마지막 한 모금을 피울 수 있기 때문에 안전마진을 확보할 수 있다는 의미다.

그래서 그레이엄을 비롯한 전통적 가치투자자들은 알 수 없는 먼 훗날의 일들을 예측하기보다는 먼저 기업의 자산을 파악하고 또 현재의 수익 능력을 봄으로써 기업의 내재가치를 산정한다. 그리고 미래의 성장에 대해서는 특수한 경우에만 인정을 한다.

이렇듯 전통적인 가치투자자들은 현재 가장 믿을 수 있는 가치 평가 요소에 가장 많은 비중을 둔다. 이것은 앞으로의 시장 변화를 예측하는 것보다 고정자산의 가치나 사업의 현재 수익성을 계산하는 것이 훨씬 용이하다는 것을 의미한다. 미래의 성장을 위해 기업이 설비투자를 늘린다 하더라도 그것이 반드시 좋은 결과를 낳을 수는 없는 법이다. 그러면 기업의 가치는 당연히 훼손될 것이다.

그래서 버핏을 비롯한 2세대 가치투자자들은 프랜차이즈란 개념에 주목하기 시작했다. 그레이엄에서 시작된 가치 분석이 주로 양적 분석에 주력했다면, 버핏은 양적 분석을 넘어 기업의 질적 분석을 포함하는 개념으로 '가치'를 분석하기 시작한 것이다.

11 가치 분석의 방법들

> 과거만이 미래를 예측할 수 있는 유일한 방법이다.
> _패트릭 헨리
>
> 자산가치라는 허리띠가 이익이라는 멜빵의 보호를 받을 때 가장 편안함을 느낀다.
> _세스 클라먼

가치투자는 기본적으로 기업의 내재가치에 비해 낮은 가격에 거래되고 있는 주식을 사서, 적절한 가치에 도달하면 파는 투자 방법이다. 기업의 내재가치를 분석하는 데 주로 활용되는 방법은 크게 3가지다.

첫째, 청산가치법이다. 청산가치법은 가장 보수적인 가치 평가 방법이다. 청산가치법은 '계속 기업의 원칙'을 적용하지 않아도 되는, 즉 회사가 망하더라도 손해를 보지 않는 보수적인 가치 분석법이다. 청산가치는 회사를 현재 시점에서 영업을 그만두고 청산하면 얼마가 남느냐 하는 것이다. 일반적으로 기업은 계속 운용해서 수익을 낼 수 있느냐라는 개념으로 자산을 계산한다. 회사가 갖고 있는 재고, 매출채권, 기계장치, 영업권, 무형자산 등은 영업을 계속한다는 전제가 없으면 사실상 큰 의미가 없는 자산들이다. 이와는 달리 현금성 자산이나 부동산 등은 회사가 영업을 계속하지 않아도 당장 현금으로 바꿀 수 있는 자산이다. 청산가치법에서는 특히 회사에서 보유하고 있는 현금이 가장 큰 비중을 차지한다. 가치투자자의 아버지라고 할 수 있는 벤저민 그레이엄은 현금성 자산에서 시가총액과 부채를 모두 빼고도 현금성 자산이 남는 기업의 주식을 사곤 했다. 이런 경우 거의 공짜로 회사를 사고, 현금까지 돌려받는 것이나 마찬가지이다. 이런 기업이 없을 것 같지만, 우리나라에도 이렇게 저평가된 기업들이 남아 있다.

청산가치법은 보수적이면서도 가장 확실하게 안전마진을 측정할 수 있는 방법이다. 청산가치법으로 계산해 현금성 자산이 시가총액과 부채의 합보다 더 큰 기업이 있다면 앞으로 영업이익을 낼 수 있는 기회, 정상적으로 영업을 하면 더 큰 금액을 받을 수 있는 재고나 매출채권, 기계장치와 같은 유형자산 등은 모두 보너스인 셈이다.

둘째, 시장가치를 통한 비교법으로 기업 가치를 판단하는 방법이 있다. 상대가치법이라고도 할 수 있다. 이 방법은 시장에서 비슷한 사업모델을 갖고 있는 기업과 비교해서 적정 가치를 계산하는 것이다. 만약 NHN(네이버)이 미국 야후와 비슷한 모델이라고 가정한다. 그 뒤 NHN의 이익 규모와 야후의 이익 규모, 방문자 수, 회원 수 등을 비교하고, 주가 수준을 비교해서 저평가 여부를 판단하는 것이다. 1999년과 2000년에 이런 방법이 많이 쓰였다. 이익이 제대로 나지 않는 인터넷 기업들의 가치 평가를 하려고 하다 보니 시장에서 형성된 가격을 기준으로 비교를 하는 것이다. 이런 평가법의 치명적인 약점은 기준이 흔들리면 비교가 되는 모든 기업의 주가가 같이 흔들린다는 점, 즉 기준이 되는 기업의 가치 평가가 잘못되어 있으면 비교가 되는 기업의 가치 평가도 같이 잘못되어버린다는 점이다..

셋째, 기업의 미래 현금흐름을 통해 기업의 가치를 평가하는 방법이 있다. 이 방법은 어떤 기업에서 미래에 벌어들일 돈을 전부 계산해서 그것을 현재가치로 환산하는 방법이다. 이것은 가장 이상적인 방법이지만, 가장 어려운 방법이기도 하다. 왜냐하면 회사가 미래에 돈을 얼마나 벌지를 예측한다는 것이 상당히 어렵기 때문이다.

이 방법을 주로 쓰는 사람이 미국의 워런 버핏이다. 버핏은 코카콜라나 질레트와 같이 이해하기 쉽고 브랜드 파워가 높은 회사를 사들임으로써 실적 예측의 어려움을 극복했다. 이런 기업들은 IT 주식에 비해 상대적으로 쉽게 수익을 예측할 수 있고, 꾸준히 이익이 늘어나는 특징이 있다.

내가 주로 활용하는 가치 평가 방법은 첫 번째와 세 번째 가치 평가 방법을 적절하게 섞어서 활용하는 것이다. 예전 투자 스타일이 벤저민 그레이엄에 가까운 '고전적인' 가치투자에 가까웠다면 시간이 지나면서 미래 현금흐름을 예측하기 쉬운 독점기업에 투자하는 버핏의 방법도 많이 활용하고 있다.

12 경제학적 관점에서 본 가치투자

'시장'을 옹호하는 경제학자들은 경쟁을 좋아하고 독점을 싫어한다. 경쟁이 원활하게 이뤄져야 시장이 잘 작동한다고 믿기 때문이다. 『경제학 콘서트』라는 책을 보면 시장 실패의 원인을 크게 세 가지로 꼽는다.

첫째, 시장은 희소성의 힘이 있을 때 제대로 작동하지 않는다. 컴퓨터 소프트웨어를 산다고 할 때, 시장이 가격 결정력을 가진 하나의 회사, 즉 마이크로소프트밖에 없기 때문에 높은 가격이 형성된다. 그래서 마이크로소프트가 독점하지 못하도록 해야 한다.

둘째, 의사결정자들에게 정보가 부족할 때 시장은 실패한다. 한 사람은 정보를 가지고 있고 다른 한 사람은 그렇지 못하다면, 가격이 일방적으로 정해지기 때문이다.

셋째, 거래와 상관이 없는 제삼자가 끼어들어 의사결정에 영향을 미치면, 시장은 제대로 작동하지 않는다. 이를 외부 효과(externality)라고 하는데, 정부가 경제 활동에 개입해 나타나는 부작용을 대표적으로 꼽을 수 있다.

이 세 가지 중 가장 중요한 게 첫 번째다. 왜냐하면 경제학은 선택과 희소성의 학문이기 때문이다. 재미난 점은 가치투자자들은 희소성을 가진 것들을 좋아한다는 점이다.

『경제학 콘서트』의 저자인 경제 저널리스트 팀 하포드는 1800년대 철도회사 주식에 대한 투기 열풍을 예를 들어 희소성과 주가의 관계를 분석하고 있다. 1835년에 그레이트 웨스트 레일웨이의 주식이 1주당 100파운드로 상장된 지 얼마 안 돼 철도 주식에 대한 투기 열풍이 불어닥쳤다. 이 회사의 주식은 10년 후인 1845년에 224파운드로 정점을 찍은 후 100여 년간 다시는 그 수준에 도달하지 못했다고 한다. 이 회사는 그나마 다행이었다. 다른 수많은 철도회사들은 파산의 운명을 겪어야 했다. 최고 수준의 회사였던 그레이트 웨스트 레일웨이가 이 정도니 다른 회사는 말할 것도 없었다.

왜 그랬을까? 철도산업의 발전으로 미국 경제의 전체 가치를 3~15%나 늘렸음에도 왜 철도회사에 투자한 사람들은 돈을 벌지 못했을까? 아니, 돈을 날려야 했을까? 그것은 바로 희소성 때문이었다. 경쟁자가 너무 많아 산업은 발전했지만 정작 개별 기업들의 수익성은 나빠졌던 것이다. 1990년대 말 인터넷 기업들과 너무나 흡사한 모습이다. 하포드는 이런 현상을 지적하며 이렇게 말하고 있다. "(새로운 비즈니스가 태어나) 경제가 아무리 변형된다고 하더라도 희소성이 없는 기업들의 수익성이 그다지 좋아질 리가 없기 때문이다."

그럼 희소성을 가진 기업이란 어떤 기업일까? 주가가 기업의 수익 창출 능력을 반영한다면, 희소성을 가진 존재일수록 주가가 높게 형성될 것이다. 그래서 하포드는 결론을 다음과 같이 내린다.

> 기업의 수익은 희소성에서 나온다. 예를 들어 희소한 토지의 소유권, 희소한 브랜드, 고유한 능력(경영 능력 등)을 지니고 있는 경우다. 따라서 기존 경제에 변형을 일으키는 신기술(철도, 인터넷 등)이 등장한다 하더라도 기업이 이를 통해 희소한 자원에 대한 통제 수준을 높일 수 있는 경우에만 주가는 상승한다. 어느 기업이 진입장벽으로 둘러싸여 있다면 희소성을 가질 수 있으며, 주요 진입장벽의 종류는 다음과 같다.
>
> ◇ 규모의 경제가 존재하는 경우 : 생산규모의 확대에 따라 원가 절감이 발생하면, 제품 단위당 원가가 하락하여 소규모 자본이 시장에 진입하기 어렵다.
> ◇ 법적 제한이 있는 경우 : 정부가 자격증 제도(의사, 변호사 등)를 통해 특정 부문의 시장 진입 자격을 제한하거나, 통신 전기 등 기간산업 부문에 공급자 자격 제도를 두면 시장 진입이 자유롭지 못하다.
> ◇ 특허나 상표권 등으로 배타적 권리가 보호되는 경우
> ◇ 몇몇 기업이 사실상 전체 자원을 통제하는 경우 : 다이아몬드, 석유 등

나는 이 내용을 보면서 깜짝 놀랐다. 가치투자의 달인 워런 버핏의 사고방식과 너무 흡사했기 때문이다. 버핏은 경쟁을 피할 수 있는 진입장벽이 높은 기업을 좋아한다. 그는 또 강력한 브랜드를 가진 회사를 좋아한다. 몇몇 기업이 시장을 나눠먹고 있는 기업들을 좋아한다.

그가 선택한 기업들은 대부분은 경제적 희소성을 가진 기업들이었다. 어쩌면 버핏은 살아 있는 경제적 동물일지도 모른다는 생각이 들었다.

제4장

가치투자에 대한 오해와 진실

가치투자자는 기술주를 싫어한다? | 가치투자자는 중소형주만 좋아한다? | 무조건 오래 들고 있어야 가치투자? | 이혼이 무서워서 결혼을 못 한다고? | 가치투자자는 '투기'를 싫어한다? | 성장주 투자와 가치주 투자는 다르다? | 가치주는 지수 상승기엔 오르지 않는다? | 지수 1300포인트나 아니면 6000(?)포인트나 : 종합주가지수에 대한 오해와 진실 | 주식이나 부동산이나 예금이나 : 수익률에 관한 오해와 진실

01 가치투자자는 기술주를 싫어한다?

가치투자와 기술주는 서로 상극일까?

많은 사람들이 가치투자자들은 코스닥의 기술주는 아예 쳐다보지도 않는 것으로 생각한다. 아마도 워런 버핏이 지난 1990년대 말 IT 열풍에도 아랑곳하지 않고 기술주를 사지 않았기 때문에 그렇게 생각하는 경향이 있는 것 같다. 하지만 이것은 사실이 아니다. 가치투자의 원리는 어찌 보면 매우 간단하다. 헐값에 사서 제값에 판다는 것은 가치투자의 기본 원리이다. 그것이 성장주든 기술주든 아니면 부동산에 투자하는 리츠든 상관하지 않는다. 단지 가치와 가격에 집중할 뿐이다.

내가 지난 2004년 코스닥의 기술주에 투자를 한 것도 이런 관점에서다. 2004년 4월부터 증시 침체로 코스닥 IT 종목 중에서 기업 가치보다 주가가 크게 낮은 종목들이 대거 생겨나기 시작했다. 나는 내가 이해할 수 있고 내재가치에 비해 낮은 종목이 있었기 때문에 코스닥의 기술주를 샀다. 가치투자는 업종과 종목을 가리지 않고 내재가치에 비해 주가가 싼 종목을 매수할 뿐이다. 나는 지금까지 단 한 번도 업종 프리미엄을 적용해본 일이 없다. 어차피 나에게는 어떤 산업의 미래를 예측할 능력이 없기 때문에 유망 업종이든 사양산업이든 구별을 두지 않는다.

가치투자 대가 중에 윌리엄 밀러라는 인물이 있다. 이 사람은 가치투자자들 사이에서도 꽤 논쟁이 되는 사람이다. 미국 볼티모어에서 레그메이슨 밸류 트러스트라는 가치주 펀드를 운용하는 밀러는 지난 1991년부터 2005년까지 단 한 해도 빼놓지 않고 S&P 500 지수보다 높은 실적을 기록한 바 있다. 이 기록은 역사상 가장 위대한 펀드매니저로 꼽히는 피터 린치를 능가하는 것이다. 그런데 재미난 점은 그의 핵심 보유 종목들의 면면을 보면 대부분 기술주들이다. AOL타임워너, 델 컴퓨터, 아마존닷컴 등이 한때 그의 포트폴리오를 차지하던 종목들이다. 전통적인 가치투자의 시각에서 보면 그는 가치투자자가 아니라 가치투자를 표방하고 있는 이단자일 수도 있다. 그래서 일부 가치투자자들은 그를 가치투자자가 아니라고 비판하기도 한다. 여기서 잠시 인터넷 서점 아마존을 가치주라고 주장하는 그의 얘기를 들어보자.

내재가치는 투자하는 동안 발생하는 미래 잉여현금흐름의 현재가치입니다. 우리는 아마존의 가치를 그 회사의 모델을 세우고 잉여현금흐름을 예측한 후 그것을 할인해서 결정했습니다. 우리도 다른 사람들처럼 아마존의 실제 현금흐름이 어떨지는 모르기 때문에 다양한 시나리오에 따라 다양한 종류의 현금흐름을 예측했습니다. 우리는 아마존의 직전 분기 수입과 손실, 그 해의 상황, 애널리스트 간 일치된 기대를 고려하면 회사의 가치가 주당 30달러 정도가 된다고 믿습니다. 15년간 수입이 성장한다고 가정하고 시나리오를 돌려보면 주당 100달러 이상의 가치를 얻게 되죠.

밀러는 자신의 방식대로 버핏처럼 미래 현금흐름에 따른 할인법을 통해 기업의 가치를 분석하고 있는 것이다. 그의 이런 방식을 두고 또 다른 가치투자자인 장 마리 에베이야르는 "그레이엄은 기본적으로 구 가치(old value)를 적용했고 워런 버핏은 신 가치(new value)를 적용했다. 레그 메이슨의 빌 밀러는 신신 가치(new new value)를 적용했다."라고 말하고 있다.

02 가치투자자는 중소형주만 좋아한다?

가치투자자는 대형주를 좋아할까 아니면 중소형주를 좋아할까?

사실 가치투자자에겐 별 의미 없는 질문이다. 가치에 비해 가격이 얼마나 싼가가 문제이지 크기가 중요한 것은 아니다. 그런데도 사람들이 왜 가치투자라고 하면 대형주보다는 중소형주를 떠올리는 것일까? 가치주 중에서 중소형주가 많은 이유는 시장의 관심권 밖에 있는 경우가 많기 때문이 아닐까 싶다. 중소형주는 삼성전자, 현대자동차와 같은 대형주만큼 시장에서 주목을 받지 못하는 탓에 상대적으로 저평가된 경우가 많은 것이다.

우리나라 산업 구조에서 큰 비중을 차지하는 이런 회사들은 연일 언론 지상에 오르내린다. 삼성전자의 경우, 지난 2005년 7월 기준으로 증권거래소 시가총액의 16.4%를 차지하고 있을 뿐만 아니라 한국 전체 수출의 17%를 혼자 감당하고 있다. 당연히 삼성전자의 주가 움직임과 실적은 증시 참여자뿐만 아니라 재계 관계자들에게 늘 초미의 관심사가 된다. 결국 대형주는 늘 주목을 받기 때문에 상대적으로 저평가될 확률이 낮은 것이다.

가치투자자에게 중소형주냐 대형주냐 하는 구분은 별 의미가 없다. 1998년 주식에 입문한 이래로 지금까지 수많은 주식을 사고팔았지만 나는 단 한 번도 대형주인가 중소형주인가, 또는 코스닥 종목인가 거래소 종목인가를 고민해본 적이 없다. 단지 그 기업의 가치에만 관심을 기울일 뿐이다.

외환위기 직후인 1998년 초반과 같은 시기에는 포트폴리오 대부분을 대형주가 차지하고 있었고, 인터넷 열풍이 불어 닥치기 시작한 1999년에는 코스닥 종목이 차지하는 비중이 거의 없었다. 2000년 블루칩 장세가 펼쳐질 때는 포트폴리오에서 대형주 비중을 줄였고, 코스닥 종목들의 인기가 바닥에 떨어진 2003년과 2004년 이후에는 나도 모르는 사이 코스닥 종목의 비중이 늘었다.

가치투자자에게 대형주냐 소형주냐 혹은 거래소 종목이냐 코스닥 종목이냐는 의미가 없다. 가치투자자에게 의미 있는 것은 기업의 가치와 가격뿐이다. 대형주든 소형주든 대중들로부터 소외돼 가치보다 낮은 가격에 거래된다면 나는 편견이나 선입견을 갖지 않고 저평가된 주식을 사들일 것이다.

03 무조건 오래 들고 있어야 가치투자?

가치투자자라도 그 속내는 장기 투자를 썩 좋아하지 않을지 모른다. 사실 아무도 장기 투자 그 자체를 좋아하는 사람은 없다고 말할 수 있다. 나 자신도 장기가 아니라 단기간에 원하던 수익률이 올릴 수 있으면 좋다. 오늘 사서 일주일 만에 2, 3배가 올라준다면 얼마나 좋겠는가. 하지만 장기 투자를 할 수밖에 없는 이유는 시장 가격이 기업 가치에 도달할 시점을 알 수 없기 때문이다.

예전에 매년 SK가스 주식을 산 적이 있는데, 이런 종목은 시간이 지날수록 배당금이 증가하여 매입가 대비 실질 배당수익률은 더 올라간다는 장점이 있다. 그러면 배당수익률을 노린 투자자들이 늘어 자연스레 주가가 오르게 된다. 그런데 그 상승 시점을 누구도 정확하게 판단할 수 없기 때문에 그냥 사놓고 기다리는 것이다. 만일 가격이 단기간에 급속히 상승해 내가 생각하는 가치 이상이 됐다면 보유 기간에 상관없이 판다.

다만 여기서 착각하지 말아야 할 부분은 원치 않는 장기 투자와 진짜 장기 투자를 혼동해서는 안 된다는 것이다. 새롬기술처럼 당대 가장 인기 있었던 종목을 십만 원이 넘는 가격에 산 다음 주가가 폭락해서 어쩔 수 없이 갖고 있다면 그것은 장기 투자라고 말할 수 없다. 이런 투자자들은 '어쩔 수 없이 장기 투자자가 된 사람들'이다.

일본의 대표적인 가치투자자로 일본 최초의 독립계 투자신탁회사 사와카미 펀드를 설립해 펀드 운용의 전범(典範)을 보여주고 있는 사와카미 아쓰토 사장은 올바른 투자 방법에 대해 이렇게 말하고 있다.

> 투자란 커다란 조류의 흐름이 밀려오는 것을 간파하여 미리미리 배를 띄워두는 것이다. 얼마 뒤 조류가 밀려올 때에 배는 조류를 타고 크게 진전할 것이다. 원래 가치가 높은 것이 이상하다 싶을 정도로 싸게 팔릴 때 사두고, 그 낮은 곳에 방치된 가격을 시정하려는 조류가 차오르기까지 그냥 기다린다. 얼마나 기다리면 되는지는 아무도 모른다. 그러나 원래 가치 있는 것을 싸게 사둔 것이므로 두려울 것은 없다. 얼마든지 기다릴 수 있다.

제 가격을 찾을 때까지 기다려야 하기 때문에 장기 투자를 해야 한다는 구체적 근거는 가치주 펀드의 전설로 불리는 트위디 브라운의 조사 결과로도 알 수 있다. 이 회사는 가치투자의 창시자 벤저민 그레이엄이 거래한 유일한 회사였고, 그의 직계 제자 중 한 명인 톱 냅이 펀드 운용자로 활동했다. 게다가 워런 버핏이 초창기 버크셔 해서웨이 주식을 살 때, 이 회사를 이용했다. 당대의 가치투자 거물들과 모두 인연을 맺고 있는 회사로 지금도 좋은 투자 성과를 보여주고 있다. 지금은 창업자인

하워드 브라운에 이어 아들인 크리스토퍼 브라운이 회사를 경영하고 있다.

이들은 오랜 투자 경험과 그것에 대한 조사를 바탕으로 "투자 수익의 80~90%는 전체 보유기간의 2~7% 기간 동안 발생한다."는 것을 알게 됐다고 한다. '2~7%의 기간'을 놓치지 않는 것이 중요하다는 것이다. 하지만 이 기간이 언제 올지 어떻게 알 수 있단 말인가? 이런 이유 때문에 가치투자자들도 사람인지라 빨리 승부를 내고 싶지만, 어쩔 수 없이 장기 투자를 하는 것이다. 장기 투자를 좋아서 하는 사람은 이 세상에 없다.

워런 버핏은 "사람들은 서서히 부자가 되는 것보다 당장 다음 주에 복권에 당첨될 가능성에 더 큰 희망을 건다."고 인간의 본성을 꼬집고 있다. 나 역시 버핏의 지적에서 크게 벗어나지는 못한다.

04 이혼이 무서워서 결혼을 못 한다고?

내가 보유했던 일부 종목들은 최악이라 할 정도록 평소 거래가 잘 안 되었는데 이를 두고 많은 사람들이 오랫동안 반복적으로 질문을 던져왔었다.

"아니, 이렇게 거래가 안 되는데 도대체 어떻게 파실 겁니까?"

이 질문에 대한 답은 이렇다.

옛날 어느 마을에 예쁘고 착하고 게다가 똑똑한 한 아가씨가 살고 있었다. 어느 날 이 마을에 여자를 한번 사귀면 금방 결혼했다가 3일을 못 가 이혼을 하는 한 바람둥이가 찾아와 이 처녀를 보고 첫눈에 홀딱 반하고 말았다.

그러나 그 바람둥이 입장에서 볼 때 이 처녀는 두 가지의 결정적인 문제점을 지니고 있었다. 첫째는 그녀가 너무 내성적이라 사귀는 데 많은 시간과 정성이 필요하다는 점이고, 둘째는 이 처녀는 성격이 너무 보수적이라 한번 결혼을 하면 절대로 이혼을 안해줄 것 같다는 것이다.

그래서 그 바람둥이는 결국 그 처녀를 포기하고 쉽게 접근하여 사귈 수 있고, 또 이혼도 잘 해줄 것 같은 이웃마을 다른 처녀를 찾아 길을 떠난다.

이 바람둥이는 간단히 말해 '이혼이 무서워서 결혼을 못 하는 성격의 소유자'다. 나는 우리나라의 많은 투자자들, 특히 펀드매니저들에게서 이 바람둥이의 모습을 발견하곤 한다. 우리나라에서 활동하는 대부분의 펀드매니저들이 종목을 선정할 때 실질적으로 가장 높은 비중을 두는 것 중의 하나는-물론 당사자들은 인정하려 들지 않겠지만-유동성에 대한 우려일 것이다. 그들은 환상적인 가격에 거래되고 있는 소형주를 단지 거래량이 적다는 이유만으로 외면하곤 한다.

지난 2000년, 롯데칠성이 6만 원에 거래되던 시절의 일이다. 나는 최소한 100명도 넘는 동종업계 사람들에게 롯데칠성에 대해 얘기해준 적이 있었다. 평소 업계에서 주식 얘기를 하지 않는 것으로 유명한 나로서는 정말 보기 드문 일이었다. 사실 나는 주변의 두세 명을 제외하고는 누구와도 주식에 대한 얘기를 하지 않는 편이다. 그것은 주가를 평가하는 잣대가 너무 상이하기 때문에 대화의 접점을 찾기가 어렵기 때문이다. 대화의 공통점도 공통점이지만 내가 롯데칠성이란 주식에 대해 워낙 애착이 강했던 것도 사실이다. 너무 사랑하면 콩깍지가 씌워 다른 사람들로부터 신뢰를 얻기 어려운 것은 사랑이나 주식이나 마찬가지인 것 같다. 하지만 다른 펀드매니저들은 나와 생각이 달랐다. 회사는 좋을지 모르겠지만 유통 주식수가 너무 적어 유동성이 떨어진다는 것이었다.

그 누구도 롯데칠성 주식을 매입하지 않으려 했지만 2년 뒤에 주가는 14배가 오른 89만 원을 기록하게 되었다. 그제야 수많은 분석가들이 이 종목을 취급하게 되었다. 이렇듯 대부분의 사람들은 매입 후 하루 만에 쉽게 팔고 빠져나올 수 있는 유동성을 중시한 나머지 이런 주식은 애당초 보유할 가치도 없는 것으로 생각했던 것이다.

유동성이 높다는 이유만으로 한 기업의 수익 악화, 주가 하락 그리고 투자 손실을 막을 수는 없을 것이다. 어떤 주식이 급락하면 그 주식의 거래량이 많다고 덜 손해 보는 것은 아니다. 이 모든 것은 종목에 대한 확신이 부족하기 때문이다. 처음부터 올바른 선택을 하였으면 수년간 주식을 팔아야 할 이유가 없는 것이다. 중요한 것은 유동성이 아니라 기업 그 자체다. 그래서 역사상 가장 위대했던 펀드매니저로 꼽히는 피터 린치는 이렇게 말하지 않았던가.

> 유동성이 작다고 그 주식을 사지 않는 것은 마치 결혼도 하기 전에 이혼을 걱정하는 것과 같다.

대한민국의 펀드매니저 중에는 나보다 더 훌륭한 장기 가치투자자들이 많이 존재한다. 그런데 왜 이들은 이런 환상적인 중소형주를 살 수 없는 것일까? 바로 그 첫 번째 이유가 유동성 부족 때문이다. 대다수의 국내 펀드는 환매 제한이 90일로 되어 있어 마치 90일짜리 상품처럼 여겨질 때가 적지 않다. 때문에 3개월 후 운용 성과가 좋지 않으면 일부 투자자들은 환매 요청을 하게 되고, 펀드매니저는 어쩔 수 없이 그 금액만큼 주식을 팔아야 한다. 유동성이 부족한 중소형주의 경우 매도하는 과정에서 큰 손실을 입을 수도 있다. 때문에 펀드매니저들이 이런 종목을 피하는 것이다. 결코 펀드매니저들이 이런 종목들이 좋다는 걸 몰라서 사지 않는 것이 아니다.

일반적으로 언제든지 추가 가입이 가능한 추가형 펀드는 만기가 없다. 10년이고 20년이고 장기 투자 했다가 돈이 필요할 때 그때 일부 자금을 환매하면 된다. 하지만 아직까지 국내 펀드 투자자들의 인식은 선진국 수준에 미치지 못하는 모양이다. 향후 장기 투자 문화가 정착되고 국내에도 장기투자 펀드가 생기게 되면 중소형주 기피 현상도 사라지게 될 것이다.

두 번째 이유는 펀드매니저의 권한 부족이다. 소신 있는 많은 펀드매니저들이 부딪히는 가장 큰 벽은 그들의 상사 내지는 그들에게 자금을 맡긴 기관투자가들이다. 주가가 오르면 왜 주식을 더 사지 않았느냐고 호통을 치고, 반대로 주가가 떨어지면 왜 미리 팔지 않았느냐고 야단을 치는 사람들이 사라지지 않는 이상 펀드매니저가 소신 있게 종목을 선택하는 것은 불가능한 일이다. 몇 년 전 내가 아는 한 펀드매니저가 동아타이어를 한 번 샀다가 자금을 집행했던 모 연금 담당자에게 이상한 주식을 샀다고 혼이 난 후 즉시 그 주식을 매도한 사례도 있을 정도이다.(정말 이상한 주식이긴 했다. 주가가 2,000원인데 부채를 다 차감한 주당순현금이 3,800원이었으니 말이다.)

05 가치투자자는 '투기'를 싫어한다?

가치투자자들은 '투기'를 싫어할까? 그렇다. 싫어한다. 투자란 벤저민 그레이엄의 말처럼 "세밀하게 검토한 후에 투자 원금이 보장되고 만족할 만한 수익이 예상되는 대상에 자금을 투입하는 것"이기 때문이다. 하지만 용납은 한다. 왜냐하면 수익을 올릴 수 있다면 굳이 가치투자를 고집할 필요가 없다고 여기기 때문이다.

세계적인 선물 옵션 대국이 바로 우리나라다. 선물 옵션은 기본적으로 손실을 회피하기 위한 헤지 수단으로 개발됐다. 하지만 일부 사람들이 이것을 적극적인 수익 실현 목적으로 사용하면서 이쪽에 관심을 갖는 사람도 늘어났다. 선물 옵션은 현물 주식처럼 실제적인 절내 가치를 내포하고 있는 투자 자산이 아니다. 또한 변동성이 크고, 그 향방을 예측하기 힘들어 투기적 성격이 강하다고 할 수 있다. 따라서 선물 옵션 그 자체에 투자를 한다면 도박을 하는 것과 같다. 주변에서 선물 옵션 투자를 잘한다는 사람을 많이 봤지만, 꾸준히 수익을 내다가도 하루아침에 그동안 힘들게 쌓아놨던 수익이 날아가는 경우를 많이 봤다. 가치투자자들이 선물 옵션을 가장 꺼리는 이유가 바로 하루아침에 돈이 날아갈 수 있기 때문이다. 가치투자자들은 돈을 잃기 싫어하기에 투기를 싫어하는 것이다.

꼭 투기를 하고 싶다면 가치투자의 창시자이자 투자의 달인 워런 버핏의 스승인 벤저민 그레이엄의 얘기를 명심하자.

> 투기를 하기 위해서는 세 가지 원칙을 지켜야 한다.
> 첫째, 투기를 하려면 없어도 될 절대 여유자금을 가지고 하라.
> 둘째, 두 눈을 똑바로 뜨고 정신 바짝 차려 하라.
> 셋째, 본업에 지장을 줄 정도까지 너무 빠지지 마라.

하지만 나는 그레이엄의 이 얘기를 하나도 지키기 힘든 사람이다. 이유는 이렇다.

첫째, 회사의 자산은 주주의 돈이고 개인 자산 또한 힘들게 모은 돈이기 때문에 나에게는 모두 소중하다. 잃어버려도 될 정도의 여유자금이 내겐 없다. 둘째, 나는 예측력이 떨어지고 게을러서 앞으로 일어나는 일들을 모두 예측하고 그때마다 기민하게 대응할 만큼 똑똑하거나 부지런하지 않다. 셋째, 난 투자만으로도 충분히 즐겁고 스릴이 넘치기 때문에 굳이 투기에까지 신경을 팔 시간이 없다.

투기를 싫어하는 워런 버핏은 '현명한 투자'에 대해 버크셔 해서웨이의 주주들에게 보내는 주주 서한에서 이렇게 말하고 있다. 투기로 인해 실패를 경험한 투자자라면 참고할 만한 얘기다.

현명한 투자는 쉽다고 말할 순 없지만 복잡하지는 않습니다. 투자자에게 필요한 것은 선택한 사업체를 정확히 평가하는 능력입니다. '선택한다' 라는 말에 주목하십시오. 여러분은 모든 회사들에 관해 전문가가 될 필요는 없습니다. 그저 여러분의 능력 범위 안에 있는 기업들을 평가할 수 있으면 됩니다. 그 규모는 그다지 중요하지 않습니다. 성공적인 투자를 하기 위해 여러분은 베타 계수, 시장의 효율성, 현대 포트폴리오 이론, 옵션 가격, 이머징 마켓 등을 이해할 필요는 없습니다. 사실 이것들은 아예 모르는 게 상책입니다. 물론 나의 얘기가 대부분의 경영대학원에서 주장하는 지배적 견해는 아닙니다. 경영대학원의 금융 커리큘럼은 그러한 과목들로 채워지는 경향이 있습니다. 우리 생각에 투자를 배우는 학생들에게 가르쳐야 할 것은 단 두 가지밖에 없습니다. '어떻게 기업의 가치를 평가할 것인가' 와 '시장 가격을 어떻게 생각할 것인가' 입니다.

06 성장주 투자와 가치주 투자는 다르다?

성장주 투자는 꿈을 꾸는 투자이다. 큰 성공을 거둘 수 있지만, 큰 실패를 맛보게 될 가능성도 상존한다. 성장주는 기본적으로 예전에 없던 분야에서 새로운 성장 동력을 찾는 경우가 많다. 그래서 IT 신기술과 같은 신산업에서 이런 성장주들이 많이 나타난다. 성장주를 잘만 고른다면 정말 큰 수익을 올릴 수 있다. 삼성전자나 인텔과 같이 고성장의 길을 걸어온 기업을 20년 전에 투자했다면 그 사람은 정말 높은 수익률을 올렸을 것이다. 하지만 문제는 성장주 투자가 어렵다는 점이다. 그 이유는 다음과 같다.

첫째, 어떤 산업이 가장 유망한 업종인지 알 수가 없다. 어떤 기업이 가장 성장성이 높은지 예측한다는 것은 거의 불가능에 가깝다.

둘째, 고성장 산업은 이미 긍정적인 전망이 가격에 모두 반영되어 있는 경우가 많아 고평가된 가격에 주식을 살 가능성이 높다. 에스원이 대표적인 사례가 될 것이다. 이 회사의 주가는 먼저 성장에 대한 기대감을

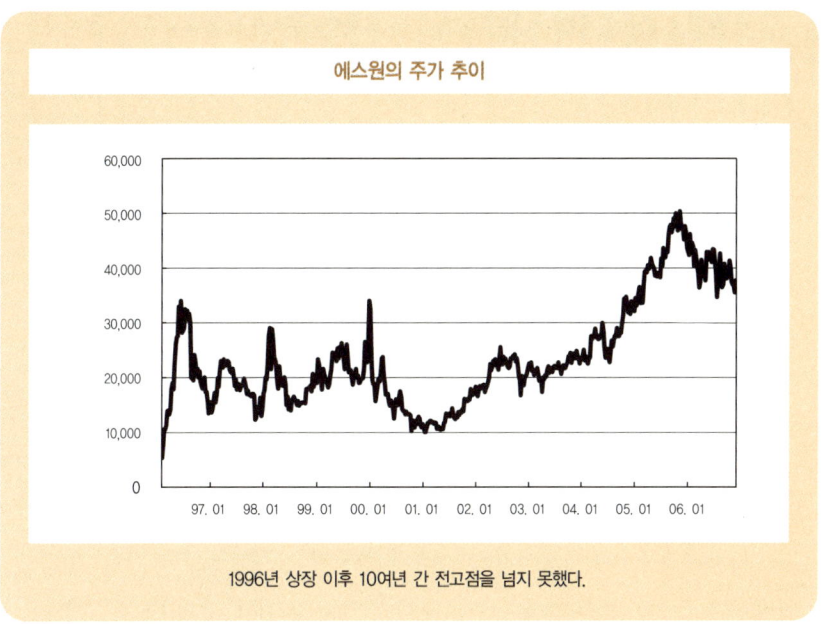

에스원의 주가 추이

1996년 상장 이후 10여년 간 전고점을 넘지 못했다.

반영하여 폭등한 후 그 뒤에 순이익이 올라 현재의 가치를 정당화해준 경우다. 성장에 대한 프리미엄이 가격에 먼저 반영되었던 것이다.

셋째, 고성장 산업은 경쟁력을 유지하기 위해 끊임없는 기술개발과 투자가 필요하여 수익성이 저하될 우려가 있다.

넷째, 고성장 산업의 성장세가 꺾일 경우 주가는 바뀐 미래 전망을 먼저 반영하여 폭락하는 경우가 많다.

내가 꿈꾸는 주식은 성장하는 주식이다. 가치투자자로서 최고로 꼽는 종목은 가치가 성장하는 주식이다. 성장주냐 가치주냐의 논쟁은 별 의미가 없다는 게 개인적인 생각이다. 성장하지 못하는 기업은 결국 시장에서 도태될 수밖에 없는 것이 아닌가. 그래서 기업의 가치가 성장하는 기업의 주식이 좋다. 나는 이를 '가치 성장주'라고 부른다.

나는 이런 의문을 갖고 있다. 닷컴 주식이 과연 성장주인가? 기업의 가치, 즉 자산과 수익이 늘어나지 않으면 그것은 성장이란 말을 붙이기 어려운 것 아닌가? 오히려 가치주는 구닥다리 업종을 영위하고, 성장주는 첨단 기술주를 의미한다는 이분법적 사고가 우리의 판단을 흐리게 하는 것 아닐까? 기업의 가치가 성장하지 않으면 그것은 성장이 아니다. 신기루를 보고 오아시스가 있다고 주장하는 것과 별반 차이가 없다. 가치투자의 대가 워런 버핏도 성장주가 좋은가 가치주가 좋은가에 대한 논쟁은 별 의미가 없다고 단언한 바 있다.

진정한 성장주란 가치가 성장하는 주식이다. 나는 단순 저평가 회사보다 조금 돈을 더 주고서라도 기업의 가치가 성장하는 회사가 더 좋다. 1970년대 이후 해묵은 성장주냐 가치주냐의 논쟁은 이제 설 자리가 없어졌다고 나는 생각한다.

사실 모든 투자는 다 가치투자라고 말할 수 있다. 단지 과거를 중시하느냐 현재를 중시하느냐 또는 미래를 중시하느냐에 따라 가치투자의 스타일이 달라지는 것이다. 성장주를 사는 이유는 당연히 미래의 성장가치를 보고 투자하는 것이다.

07 가치주는 지수 상승기엔 오르지 않는다?

직업이 펀드매니저인지라 신문에 실리는 펀드 기사를 눈여겨볼 때가 많다. 종합주가지수가 하락해 펀드 수익률이 마이너스가 되면 빠지지 않고 등장하는 기사가 있다. '지수 하락기에는 가치주 펀드나 배당주 펀드에 투자하라'는 것이다. 과연 이 말은 맞는 것일까?

맞을 수도 있고 맞지 않을 수도 있다. 가치투자자들은 안전마진을 생각하고, 돈을 잃는 것을 싫어하기 때문에 늘 최악의 상황을 머릿속에 그리면서 방어적인 투자를 한다. 그러다 보니 주가가 급락해도 다른 유형의 투자 스타일을 추구하는 펀드보다 마이너스 폭이 작은 경우가 많다. 배당주 펀드도 이와 비슷하다. 배당금이라는 안전장치가 있는 수식에 주로 투자하기 때문에 주가가 급격하게 변동하는 경우가 적다. 이런 의미에서 신문에서는 지수 하락기에 가치주 펀드나 배당주 펀드에 투자하라는 식의 기사를 내보내는 것 같다.

하지만 실제로는 그렇지 않다. 가치투자자들은 지수를 쳐다보지 않는다. 지수와 상관없이 오로지 개별 종목에만 초점을 맞춘다. 주가가 폭발적으로 상승하더라도 주가가 싸면 살 것이고, 반대로 주가가 하락하더라도 주가가 내재가치에 도달했다면 팔 것이다. 피터 린치의 얘기처럼 "장세는 상관하지 않고 업체를 보고 투자"한다.

흔히 펀드의 성과를 평가할 때 지수(종합주가지수) 대비 몇 %의 수익률을 냈느냐를 중시한다. 지수가 -20%를 기록했는데, 펀드 수익률이 -10%라면 지수 대비 초과 수익을 냈다고 여긴다. 하지만 대부분의 가치투자자들은 이런 식의 평가를 받아들이지 않는다. 그들은 손해 보지 않는 것을 제1의 과제로 삼기 때문에 지수 대비 몇 %의 초과 수익률을 냈느냐보다 위험 없이 얻을 수 있는 1년 만기 정기예금 금리를 기준으로 한다. 즉, '1년 만기 정기예금 금리 $+\alpha$'를 추구하는 것이다.

여기서 '가치주는 과연 지수 상승기에는 오르지 않을까' 라는 질문을 생각해보자. 가치투자자들은 인기 전략이 아닌 비인기 전략을 구사한다. 한 달 후에 인기 있을 종목을 어떻게 맞힐 수 있단 말인가. 지수가 오른다는 것은 시장이 활황세를 보인다는 것을 의미한다. 활황장에는 그 시대에 이슈가 되는 테마주나 인기주, 기관 선호주 등이 주로 시세를 분출하는 경향이 있다. 다시 말해 전망이 밝고 많이 알려진 주식들이 주로 오른다.

그런데 가치투자자들은 이미 수년 전에 인기가 없고 저평가되어 있을 때 이런 주식들을 미리 사두었기 때문에, 가치투자자들에게 활황세는 주식을 사는 시기가 아니라 오히려 파는 시기다. 또한 가치투자자들은 항상 남보다 먼저 다소 비싸게 주식을 매입하는 경향이 강하고 팔 때도 남보다 앞서 싸게 파는 경우가 많다. 때문에 밖에서 보기에 활황 장세, 즉 지수 상승기에는 단기적으로 가치주가 덜 오르는 것처럼 보인다. 일종의 '착시 현상'이 발생하는 것이다. '가치주는 지수 상승기에 오르지 않는다'는 말은 가치투자자들이 주식에 투자할 때 인기에 영합하지 않는 비인기 전략을 쓰는 데서 나온 오해라고 할 수 있다. 지수가 상승하면 좋은 기업의 주가는 지수보다 훨씬 더 오르게 마련이다.

08 지수 1300포인트냐 아니면 6000(?)포인트냐
종합주가지수에 대한 오해와 진실

흔히 한국에선 주식으로 돈 벌기 어렵다고 한다. 뭐니 뭐니 해도 부동산에 묻어두는 것만큼 안전하고 수익성도 높은 것은 없다는 게 일반적인 생각이다. 그래서 생겨난 것이 '부동산 불패 신화'다. 이런 믿음은 정말 근거가 있는 것일까? 근거 없는 믿음은 미신을 낳는다. 부동산 불패 신화가 진실이기 위해서는 그에 걸맞은 근거가 있어야 한다. 주식으로 돈 벌기 어렵다는 믿음도 마찬가지다. 어렵다는 근거가 있어야 한다. 하지만 사람들은 근거를 따지기에 앞서 겉으로 드러난 현상만 보려 한다. 나는 부동산 불패 신화도 한국에선 주식으로 돈 벌기 어렵다는 미신도 믿지 않는다.

주식으로 돈 벌기 어렵다는 생각의 밑바닥에는 종합주가지수로 인한 착시 현상이 자리 잡고 있다. 500~600포인트와 1000포인트를 왔다 갔다 했던 박스권 장세로 인해 주식은 늘 제자리걸음을 하고 있다고 사람들은 생각한다. 이와 반대로 부동산은 장기적으로 가격이 올랐다고 여긴다. 주식은 주기적으로 제자리걸음을 하고 부동산은 조금씩이라도 꾸준히 오르니 역시 부동산 투자가 최고라고 지레 판단해버린다. 나의 의문점은 여기서 출발한다. 나뿐만 아니라 주식을 조금이라도 해본 사람이라면 이런 의문을 가지고 있을 것이다.

'왜 우리나라 증시는 늘 박스권에서 왔다 갔다 하는 것일까?'

주가가 한 나라의 경제를 비추는 거울이라고 한다면, 박스권 장세는 우리나라 경제가 그동안 성장을 하지 못했음을 의미한다고도 볼 수 있다. 하지만 우리나라는 엄청난 속도로 경제성장을 해왔다. 삼성전자를 비롯한 대부분의 우량 기업들 또한 마찬가지로 비약적인 발전을 했다.

지금까지 종합주가지수는 1988년, 1999년, 2005년 모두 세 차례(?) 1000포인트대를 돌파했다. 첫 1000포인트를 돌파했던 지난 1988년 나는 서울 강남의 삼호가든 아파트 21평형에 살고 있었다. 1988년도 이 아파트의 시세는 약 5천만 원 정도였다. 현재 시세는 5억 원 정도 된다. 1988년에 이 아파트에 투자했다면 대략 산 가격 대비 10배 정도의 수익을 올릴 수 있었을 것이다. 아파트가 아닌 채권에 투자에 투자했다면 역시 10배 정도 수익을 올렸을 것이다. 당시 금리가 13~15% 정도였으니, 채권에 복리로 투자했다면 아파트보다 좋은 투자 성적을 거둘 수 있었다. 그러면 대신 삼성전자나 SK텔레콤에 투자했다면 어떤 결과가 나왔을까? 삼성전자에 투자했으면 29배, SK텔레콤은 100배 정도 수익을 올렸을 것이다. 태평양, 롯데칠성, 신세계 등 다른 우량 기업들도 모두 마찬가지로 높은 상승률을 기록했다.

여기서 의문이 드는 것은 경제가 그렇게 고도성장을 해왔고, 집값도 큰 폭으로 상승했으며, 우량 기업의 주가도 올랐는데 유독 종합주가지

수만 다람쥐 쳇바퀴 돌듯 항상 500~1000을 왔다 갔다 했느냐 하는 것이다. 여기에 대해 나 스스로도 의문을 가지고, 1년 동안 각종 데이터와 변수를 입력해서 분석을 해보았다. 결론은 간단했다. 종합주가지수 산정 방식이 IMF 외환위기를 겪으면서 엄청나게 왜곡되는 현상이 벌어졌던 것이다.

흔히 수십 년 동안 박스권 장세를 보이는 종합주가지수는 주식 투자의 무용성을 주장하는 사람들에게 좋은 핑계 거리가 되어온 것이 사실이다. 그리스 신화의 시지프스가 언덕 위로 돌을 올리는 것처럼 상승과 하락을 반복하는 우리 증시에서 주식 투자를 통해 돈을 벌기는 어렵다는 것이 그 주장의 요지이다. 여기에 비해 미국 다우지수는 꾸준히 지수가 상승해서 주식에 투자한 사람들은 돈을 벌었다는 것이다. 하지만 이 주장에는 오류가 숨어 있다.

앞서 말했듯이 그 오류는 종합주가지수를 산정하는 방식 자체에 있다. 한국의 우량 종목들의 경우 미국의 기업처럼 꾸준히 주가가 상승했다. 한국에서도 우량 기업을 골라 장기투자를 했다면 충분히 수익을 올릴 수 있었다.

하지만 현재 종합주가지수는 업종 대표성과 시장 지배력을 전혀 고려하지 않은 채 시가총액을 가중 평균하는 방식으로 산정되고 있다. 이 경우 고평가된 기업이나 업종의 주가가 폭락할 경우 종합주가지수가 심하게 왜곡되는 현상이 발생한다. 대표적인 사례가 1990년의 은행주들로 인한 경우이다.

1990년의 시가총액 순위에서 한일은행이 3위, 제일은행 4위, 조흥은행이 5위였다. 이때 상위를 차지하던 5대 시중은행들은 대규모 감자와 유상증자를 단행하였다. 1988년에 2만 원대이던 이 기업들의 주가는 외환위기 때 1,000원대까지 빠지면서 종합주가지수 또한 같이 빠졌다. 결과적으로 부실 은행주들이 지수를 잡아먹고 사라져버린 것이다. 하지만 부실기업 혹은 고평가된 주식의 주가가 폭락하면서 생긴 종합주가지수의 공백은 영원히 메울 수 없게 된 셈이다. 이 공백을 메우기 위해서는, 만일 5대 시중 은행들이 감자를 하지 않고 유상증자도 하지 않았더라면 주가가 다시 2만 원대까지 상승하여 쉽게 지수 1000포인트까지 갔을 것이다.

4만 원을 호가하던 현대건설, 5~6만 원대에 거래되던 증권주들, 그리고 1999년도에 급등했던 IT 기업 등 한때 시장을 풍미했지만 나중에 주가가 폭락해버린 주식들은 결과적으로 종합주가지수를 왜곡시킨 주범들이다. 따라서 종합주가지수를 한국 경제를 대표할 수 있는 지수로 볼 수 없다. 사람들이 "주식은 할 만한 게 못 돼!!"라고 말하는 이유는 종합주가지수가 낳은 착시 현상 때문이다.

그래서 나는 우리나라에서 다우지수에 편입됐을 만한 시장 지배력을 갖춘 업종 대표 종목들을 중심으로 19종목을 선정해서 다우지수 방식으로 지수를 구해보았다. 다우지수는 우량 30종목을 선정해서, 가격 가중(price-weighted) 방식으로 지수를 산정하고, 질적인 측면을 고려해서 기업을 선택한다. 그리고 필요한 경우 종목을 교체한다. 다우지수를 벤치마킹해서 나는 이를 '한국핵심지수(KCI, KOREA CORE INDEX)'라고 명명했다.

주관적이긴 하지만 우리나라의 종합주가지수가 미국의 다우지수처럼 시장 지배력을 가진 우량 종목들을 기준으로 하고, 단순 주가 평균

방식을 취했다면 큰 폭의 성장을 했을 것이라는 것이 연구 결론이었다. 1992년의 지수 624포인트를 기준으로 이들 19종목의 상승률을 지수로 산정해보니, 2005년 기준으로 한국의 주식은 그동안 퇴보하지 않았고, 오히려 꾸준한 상승세를 그려왔다. 꾸준한 상승을 보였지만 지수 산정 방식의 오류 때문에 한국 주식이 오르지 않았던 것처럼 보였던 것일 뿐이다.

이 KCI지수 연구를 통해 얻은 결론은 우량주에 장기 투자하면 부동산보다도 더 좋은 투자 성과를 얻을 수 있다는 점이다. 나는 하루빨리 이 땅의 수많은 투자자들이 종합주가지수가 주는 미혹에서 벗어나길 바란다. 그래야만 잘못된 미신이 이 세상에서 사라질 것이기 때문이다. 주식 투자에서는 장세를 보지 말아야 한다. 오로지 기업에 초점을 맞춰야 한다. 종합주가지수와 같이 장세를 보는 방식으로는 제대로 사물을 분석할 수 없다.

종합주가지수를 이용해야지 휘둘려서는 안 될 것이다. 지수가 올라가면 시장이 활황이니 조심해야겠다는 생각을 하고 종합주가지수가 폭락을 하면 매수 기회로 삼아야 할 것이다. 어디까지나 종합주가지수는 보조지표로 활용해야 함을 잊어서는 안 될 것이다.

'장세를 보고 투자하지 말고 기업의 가치를 보고 투자하라.'

나는 이 말을 이 책의 시작이자 끝이라고 말하고 싶다.

09
주식이냐 부동산이냐 예금이냐
수익률에 관한 오해와 진실

"신사는 채권을 선호한다."

미국 자본주의 여명기의 은행가이자 예술품 수집가였던 앤드류 멜런 (1855-1937)의 얘기다. 정말 그의 말대로 점잖은 신사가 되려면 주식이 아닌 채권에 투자해야 하는 것일까?

1999년의 기술주 버블 붕괴에 따른 주가 대폭락 이후에 대부분의 투자자들은 채권으로 관심을 돌렸다. 사실 주식이냐 채권이냐 하는 문제에 대해서는 명확한 해답이 있을 수는 없다.

그러면 주식에 투자했다면 어떤 결과가 나왔을까? 장기간에 걸쳐 투자했다면 미국 역사상 주식 투자는 채권 투자보다 명백히 더 나은 수익을 올려왔다. 1927년부터 1987년까지 주식은 연평균 9.8%의 수익을 올려온 반면, 미국의 재무성단기채권은 3.4%의 수익률을 기록하였다. 그동안의 소비자물가지수에 나타난 장기 인플레이션율(물가상승률) 연 3%를 감안하면, 주식은 연 6.8%의 실질 수익률(명목 수익률－물가상승률)

을 올렸던 것이다.

가장 보수적이면서 합리적인 금융 수단으로 알려진 재무성채권의 실질수익률은 0.4%에 불과했다. 과거 60년간 폭락이나 디플레이션, 전쟁, 경기 후퇴, 10차례에 걸친 행정부 교체, 스커트 길이의 수없는 변화 등에도 불구하고 주식은 전반적으로 재무성채권의 30배도 넘는 수익을 남겨주었다.

우리나라는 어떤 결과를 낳았을까?

우리나라의 경우 지금까지 부동산의 투자 수익률이 가장 높았던 것으로 판단된다. 일반적으로 후진국이나 개발도상국에서는 부동산의 수익률이 가장 높다고 한다. 우리나라도 외환위기를 겪었지만 대부분의 비선진국의 경우 경제적 위기를 겪으면서 주식과 채권에 투자한 많은 자금들이 휴지조각으로 변해 버린 일이 적지 않았다. 하지만 부동산은 절대 부도가 나지 않는다. 여러분들 중에 땅이 부도나거나 망한 것을 본 적이 있는 사람은 하나도 없을 것이다. 그렇기 때문에 선진국에서는 부동산의 수익률이 가장 낮고, 그 다음이 채권이고 가장 수익률이 높은 것이 주식이다.

수익률뿐만 아니다. 주식 투자는 인류가 멸망하지만 않으면, 국가가 부도나지 않는다는 확신만 있으면 경제성장의 과실을 가장 많이 딸 수 있는 투자처다. 그 중에서도 좋은 주식을 고르면 더 많은 수익을 올릴 수 있다. 주식은 기업의 주인이 되는 증서이기 때문에 그 성장의 과실을 공유할 수 있다는 장점이 있는 것이다. 예금이나 채권은 정해진 이자만 받을 수 있다. 하지만 주식은 배당과 함께 기업 성장에 따른 주가 상승을 맛볼 수 있다.

주식은 인플레이션에 대해 헤지를 할 수 있다는 장점이 있다. 부동산뿐만 아니라 재고 자산, 상품, 브랜드, 현금 등 다양한 자산을 보유하고 있고, 인플레이션이 되면 즉 물가가 오르면 제품 가격을 올려 받을 수 있기 때문에 인플레이션으로부터 자신의 재산을 효과적으로 보호할 수 있다.

전쟁 기간이라도 이익을 내는 활동을 할 수 있고, 전쟁이 끝나고 나면 다시 그 사업을 할 수도 있다. 나는 오히려 전쟁이 나면 예금을 갖지 않고, 주식을 살 것이다. 전쟁 중에는 엄청난 인플레이션을 동반한다. 예금은 이자를 그대로 받을 수 있다고 하더라도 실질 가치는 엄청나게 떨어질 수 있다.

단적인 예가 독일이다. 제1차 세계대전 이후 독일에서는 현금을 리어카에 담아서 물건을 사러 다니는 광경이 벌어졌다. 전쟁 중 군수물자 조달을 위해 독일 정부는 무한정 화폐를 찍어냈고, 결과적으로 초인플레이션이 일어났다. 화폐가치는 폭락했고 심지어 빵을 사는 데도 돈을 보따리째 들고 가는 진풍경이 연출됐다. 초인플레이션의 정점에 달했던 1923년 말에는 빵 1킬로그램의 가격이 무려 4,280억 마르크에 이르렀다고 한다. 하루에도 시간 단위로 물가가 올랐기 때문에 노동자들은 임금을 하루에 세 번 나눠 받았고, 이를 곧바로 부인에게 전달하면, 부인은 지체 없이 물건을 구매했다. 지폐보다 종이가 비싸 도배지 대신 돈으로 도배를 하는 진풍경까지 연출됐다고 한다.

주식은 그 어느 자산보다도 이런 인플레이션에 효과적으로 대비할 수 있다. 게다가 우리나라는 주식으로 번 돈, 즉 주식 양도 차익에 대해서는 세금이 없다. 부동산은 양도소득세, 재산세 등 각종 세금 문제가 있다. 이에 비해 주식은 세금이 거의 없다. 개인투자자의 경우 자본차익에 대해 전혀 세금을 물지 않는다.

물론 땅 자체는 주식과 달리 절대로 부도가 나지 않는다는 장점이 있다. 하지만 이 말은 부동산이 그만큼 리스크(위험)가 적다는 의미다. 부동산의 수익률은 장기적으로 채권 수익률을 넘어서기 힘들다. 채권은 부동산보다 리스크가 크기 때문에 장기적으로 수익률 또한 크다. 대신 주식은 그 리스크만 줄일 수 있으면 수익률이 훨씬 더 크다고 할 수 있다.

장기적으로 봤을 때 이익률간의 괴리율이 벌어지면 이익률이 높은 자산을 사고, 이익율이 낮은 자산을 팔아야 한다. 물은 항상 높은 곳에서 낮은 곳으로 흐르지만 돈의 흐름은 정반대다. 세상에서 가장 현명하고 냉정할지도 모르는 이 돈이라는 존재는 항시 이익율이 낮은 곳에서 이익율이 높은 곳으로 흐르게 마련이다.

IMF 때는 임대수익률이 20%가 넘는 부동산이 많았다. 그때는 물론 그러한 건물에 투자하는 것이 옳다. 하지만 만약 부동산의 임대수익률이 2, 3%대까지 떨어진다면 굳이 채권을 팔아서 부동산에 투자할 필요는 없을 것이다. 지금 우리나라의 모든 상장기업의 가치(시가총액)는 약 600조 원대로 추정된다. 그리고 이러한 기업들이 연간 창출해내는 이익은 약 60조 정도 된다고 한다. 그렇다면 한국 기업들의 가중평균이익률은 약 10%가 된다. 이는 한국 기업들이 창출해낼 수 있는 이익의 힘이 약 10%라는 얘기다. 특히 어떤 환경에서도 쉽게 흔들리지 않고 절대적이고 지속적으로 이익을 창출해낼 수 있는 초우량 기업, 즉 진정한 우량주가 10% 이상의 이익률을 유지한다면, 이런 기업에 투자하는 것이야말로 가장 현명한 투자가 될 수 있을 것이다.

그리고 아이러니하게도 주식이 가장 위험하기 때문에 가장 수익률이 높다. 거듭 강조하지만 'Low Risk Low Return, High Risk High Return(저위험 저수익 고위험 고수익)'이라는 불변의 진리를 거역할 수는 없는 것이다.

제러미 시겔 교수에 따르면, 1802~1997년 동안 미국의 장기채권은 약 1만 배가 올랐고, 그동안 미국의 주식은 약 747만 배가 올랐다고 한다.(미국의 경우 주식의 장기 리스크 프리미엄은 약 3%라고 한다.)

나는 가끔 이런 상상을 하곤 한다. 만약 타임머신이 있다면, 나는 타임머신을 타고 200년 전으로 돌아가 이조 백자를 팔아 2만 달러를 만든 다음 미국 주식에 투자할 것이다. 그랬다면 200년이 흐른 지금쯤 1,494억 달러를 손에 쥐게 될 것이다. 이 150조 원에 가까운 자금으로 전 세계에 흩어진 대한민국의 모든 보물들을 되찾아올 수 있었을 것이다.

그런데 여기서 절대로 간과해서는 안 될 부분이 있다. 아무 주식이나 아무 가격에 매수해서는 안 된다는 것이다. 우리는 좋은 주식을 좋은 가격에 매수하여 장기 보유해야 한다. 이는 높은 이익률(낮은 PER와 같은 뜻이다)을 가진 우량 기업에 투자해야 한다는 의미이다.

어떠한 상황에서도 시장의 유행과 대중의 인기에 흔들리지 않고 오직 기업의 가치만을 바탕으로 투자해야 할 것이다.

| 마치며 |
가슴 뛰는 기업을 찾아서

사실 이 책의 내용은 매우 단순하다. 그동안 접해왔던 투자 대가들의 사고와 철학을 조각조각 짜 맞추고 그 위에 나의 지난 작은 경험을 더한 것 그 이상도 그 이하도 아니다. 사실 내가 다른 이보다 조금 더 잘한 것이 단 한 가지라도 있다면 그것은 단지 벤저민 그레이엄이 선물한 '가치투자'라는 지혜의 안경을 빌려 세상을 잠시 바라본 것에 지나지 않을 것이다. 물론 그 안경은 무지하고 소심했던 나에게 지식과 용기를 비춰 준 행운의 요술 안경이었다.

그레이엄의 안경은 다소 소심하고 차분하며 인내심이 많은 사람, 돈을 벌기보다는 잃지 않으려고 애쓰는 사람, 변동성이 심한 큰 수익보다는 꾸준하고 작은 수익을 추구하는 사람들에게 잘 맞는 안경이다.

누구에게나 다 맞는 완벽한 투자 기법이란 것은 세상에 존재하지 않는다. 그래도 누구에게나 그 자신의 소질이나 적성에 꼭 들어맞는 투자 방식 한 가지 정도는 있게 마련이다. 그것이 조지프 그랜빌의 기술적 분석이든 조지 소로스의 재귀성 이론이든 상관없다. 본인에게 가장 잘 맞는 투자 방법, 그것이야말로 완벽한 투자 기법인 것이다. 이런 의미에서 나는 가치투자가 최선의 방법이 아님을 겸허하게 받아들이는 편이다. 가치투자를 신봉하는 사람들 입장에서는 이런 이야기가 생뚱맞게 들릴지 모르겠다. 하지만 확실한 것은 만고불변의 유일무이한 투자 방법은 이 세상에 존재하지 않는다는 것이다. 따라서 나는 성공 투자를 바라는 독자 여러분께 하루 빨리 '내 몸에 맞는 투자법'을 찾으라는 말씀을 드리고 싶다. '지피지기면 백전백승'이라는 손자병법의 지혜와 마찬가지로 나를 아는 것이 시장 흐름이나 종목 분석보다 먼저인 것이다.

가치투자가 최선의 투자 방법이 아님을 인정하듯이 내가 주목했던 많은 기업들이 나에게는 가슴 뛰는 완벽한 주식이었지만 모든 이들에게 다 그런 것만은 아닐 것이다. 이 책에 실리지는 않았지만 지금도 수많은 훌륭한 기업들이 시장에 존재하고 있다. 아직도 좁은 시야를 가진 나에게 보이지 않았을 뿐이다. 만일 여러분이 잘 이해할 수 있는 사업을 영위하고 그 사업의 가치를 제대로 평가할 수 있다면, 그리고 그런 기업이 내재가치보다 낮은 가격에 거래되고 있다면, 그 기업이야말로 독자 여러분에게 가장 완벽한 주식인 것이다.

펀드매니저로서 나는, 지금까지도 그랬고 앞으로도 그러겠지만, 내 가슴을 뛰게 하는 기업을 찾기 위해 각종 보고서를 읽고 기업을 탐방하고 사람들과 대화를 나눈다. 이 책은 가슴 뛰는 기업을 찾아 고민하고 연구했던 과거의 기록이다. 한 사람의 기록이 대단할 것은 없겠지만, 실패에 고통스러워하고 성공에 환희하는 대한민국의 한 펀드매니저의 열정과 고민을 담기 위해 노력했다는 점만큼은 감히 말씀 드릴 수 있다. 나의 고민과 경험이 독자 여러분의 투자에 자그마한 아이디어를 제공할 수 있는 기회가 된다면, 내게 더할 나위 없는 기쁨이 될 것이다.

많은 사람들의 도움이 없었다면 이 책에 담긴 내용들을 실제로 투자에 적용하는 것이 불가능했을 것이다. 어려웠던 시기에 K펀드 투자를 결심하고 흔들리는 장세에도 변함없는 신뢰를 보여준 김남구 부회장을 비롯한 한국투자금융그룹 임직원 모두에게 감사의 뜻을 전한다.

그동안 실수도 많았지만 지금까지 비교적 성공적인 투자의 길을 걸어오는 데 노력과 지원을 아끼지 않은, 같이 근무하는 자산운용부 직원들의 노고에 짧게나마 감사의 뜻을 전하고 싶다. 도시가스 산업을 누구보다 깊이 이해하고 그 숨겨진 가치를 매수한 김동영 매니저, 자산주를 찾아내고 복잡한 계량분석을 처리해낸 김동은 매니저, 제일 두툼한 탐방노트를 끼고 많은 기업들을 방문한 방원석 매니저, 기업지배구조를 파헤치고 일찍부터 건설주를 사들이던 배준범 매니저, IT 업종에서도 가치투자가 가능하다는 것을 일깨워준 엄덕기 매니저, 중소형주 발굴에서 발군의 Stock-Picking 능력을 보여준 최웅필 매니저, 그리고 막내들인 이승혁, 김은형 매니저, 언제나 성실하게 나를 도와주는 정은영 씨에게 고맙다는 말을 전하고 싶다. 이들의 도움이 없었다면 투자의 길이 너무나 힘들고 외로웠을 것이다.

마지막으로 세상에서 제일 소중한 내 가족인 아내와 두 딸에게 사랑한다는 말로 이 책을 마무리하고자 한다.

이 채 원